실크로드에서
다도茶道를 묻다

강판권·윤중숙·이재정

실크로드에서 다도茶道를 묻다

발 행 일 | 2022년 4월 15일
저　　자 | 강판권, 윤중숙, 이재정
펴 낸 곳 | 소통
펴 낸 이 | 최도욱
디 자 인 | 조해민
주　　소 | 주소 서울시 금천구 시흥대로 193 아람아이씨티타워 1110호
전　　화 | 070-8843-1172
팩　　스 | 0505-828-1177
이 메 일 | sotongpub@gmail.com
홈페이지 | http://www.sotongpub.com
가　　격 | 20,000원
I S B N | 979-11-91957-11-2 03910

이 책의 내용은 저작권법에 따라 보호받고 있습니다.

실크로드에서
다도茶道를 묻다

스통

목차

머리말 ·· 6

1부 차나무의 원산지와 게놈 분석

   1. 차나무의 원산지와 차의 이름 ··· 11

   2. 차나무의 게놈 분석과 생태 ·· 22

2부 제다와 각국의 명차

   1. 다서의 제다와 제다의 사례 ·· 29

      (1) 다서의 제다 ··· 29

      (2) 차 종류별 제다 ··· 34

      (3) 제다의 사례 ··· 44

   2. 차 산지의 명차 ·· 49

      (1) 중국의 명차 ··· 49

      (2) 대만의 명차 ··· 64

      (3) 한국의 명차 ··· 70

      (4) 일본의 명차 ··· 76

      (5) 인도 및 스리랑카의 명차 ·· 78

3부 음다 풍속과 차 문화

   1. 음다의 역사와 방법 ·· 95

2. 찻물과 차 그릇 ·········· 98
　(1) 찻물의 기준과 평가 ·········· 98
　(2) 중국과 일본의 차 그릇 ·········· 105
　(3) 러시아의 차 그릇 ·········· 125

3. 세계 각국의 차 문화 ·········· 134
　(1) 중국·한국·일본의 차 문화 ·········· 134
　(2) 중앙아시아의 차 문화 ·········· 151
　(3) 러시아의 차 문화 ·········· 157

4. 차의 효능 ·········· 166

4부 차 생산 및 유통

1. 중국의 차밭과 생산 및 유통 ·········· 171
　(1) 당대와 송대의 차밭 ·········· 171
　(2) 현대의 차밭과 생산 및 유통 ·········· 181

2. 한국의 중국차 수입과 차밭 ·········· 215

3. 대만과 일본의 중국 차 수입과 차밭 및 유통 ·········· 246

4. 인도·스리랑카·자바·수마트라의 중국 차 수입과 차밭 및 유통 ··· 255

5. 중앙아시아의 차 수입과 유통 ·········· 266

6. 러시아의 차 수입과 차밭 ·········· 281

맺음말 ·········· 305
참고문헌 ·········· 307

머리말

　중국의 차는 비단 및 도자기와 함께 세계의 명품이다. 차는 현재 비단과 도자기가 지난날의 영광을 누리지 못하는 것과 달리 지금까지도 영광을 누리고 있다. 중국의 세계 3대 명품의 공통점은 모두 중국의 고대 문명 단계인 청동기시대 혹은 그 이전부터 시작되었다는 사실이고, 차이점은 차와 비단은 차나무와 뽕나무를 원료로 만들었지만, 도자기는 흙으로 만들었다는 점이다. 차와 도자기의 공통점은 음식과 관련한 것이고, 비단은 의복과 관련한 것이다. 비단과 도자기는 일찍부터 세계인의 관심을 끌었지만, 차는 상대적으로 관심을 끌지 못했다. 그 이유는 비단길이 세계사적으로 큰 영향을 주었기 때문이다. 그런데도 중국의 비단과 도자기는 현재 예전의 명성을 거의 상실한 반면, 차는 시대에 따라 부침을 거듭했지만 지금도 그 명성을 거의 그대로 유지하고 있다.

　중국의 차가 세계에서 옛 명성을 그대로 유지하고 있는 비결은 융합이다. 차는 자연과학에서 인문학에 이르기까지 모든 학문과 연결되어 있을 뿐 아니라 '차학(茶學)'을 만들 만큼 다양한 요소를 갖고 있다. 차는 비단 및 도자기와 차원을 달리할 만큼 인류의 삶에서 필수불가결한 특징을 갖고 있다. 차의 가장 중요한 특징은 차의 원료인 차나무가 중국의 황하 유역의 일부 지역은 물론 황하이남 어디든 재배할 수 있다는 점이다. 그래서 차는 중국의 국토 중 아주 많은 곳에서 원료를 쉽게 확보할 수 있다. 차나무의 재배 기술과 제다 기술도 비단과 도자기에 비하면 짧은 기간에 습득할 수 있다. 이 같은 차의 장점은 중국을 넘어 세계 각국으로 전파된 중요한 배경이었다. 특히 차는 생산만이 아니라 유통 측면에서도 큰 장점을 갖고 있다. 비단과 도자기는 다른 지역으로 운반하는 데 무게와 보관 때문에 적잖은 어려움이 있지만, 차는 상대적으로 운반에 편리하다. 물론 육로로 차를 운반하는 과정은 힘들지만, 이는 차가 험한 길을 통해서도 운반할 수 있다는 뜻이기도 하다.

차는 생산자와 소비자 모두에게 이익을 준다. 차의 가장 큰 이익은 바로 건강이다. 인류가 지금까지 차를 마시는 가장 큰 이유도 건강 효능 때문이다. 더욱이 차는 다양한 음식과 융합하면서 자신의 위치를 공고하게 만들었다. 차는 비단과 도자기와 달리 무한 변용이 가능한 물질이다. 그래서 차는 어떤 음식이든 도움을 주고, 제다에 따라 효능도 바뀌는 마법을 지니고 있다. 그러나 차의 이 같은 다양한 특징은 차를 이해하는 데 큰 어려움을 준다. 이는 지금까지 차에 대한 연구가 꽤 오랜 역사를 갖고 있지만, 단편적인 수준에 머물고 있는 배경이기도 하다.

그간 차에 대한 연구는 주로 중국 중심으로 이루어졌다. 이 같은 연구 경향은 차가 중국에서 시작했다는 점을 감안하면 당연하다. 더욱이 중국의 차에 대한 연구만 해도 한 사람이 감당할 수 없을 만큼 버겁다. 중국의 경우 차와 관련한 문헌만 해도 엄청나서 아직도 활용하지 못한 자료가 많이 남아 있다. 그러나 차는 중국을 넘어 세계 전역에 보급되었다. 중국의 차가 세계로 나간 방법은 크게 두가지였다. 하나는 중국의 차씨 혹은 차나무를 직접 심는 것이고, 다른 하나는 만든 차를 수입하는 것이었다. 차씨와 차나무를 직접 수입한 국가는 한국, 일본, 인도, 스리랑카 등 차나무를 재배할 수 있는 토양과 기후를 갖춘 경우이고, 몽골, 러시아, 중앙아시아, 서아시아, 유럽 등은 차나무를 직접 심을 수 없는 경우이다.

차는 국가마다 시기는 다르지만 거의 세계 전체가 다양하게 마시는 물질이다. 이처럼 한 그루의 나무에서 얻은 물질 중에서 차만큼 세계사에 미친 영향이 큰 경우는 찾아볼 수 없다. 그러나 차가 세계사적인 의미를 지녔는데도 아직 실크로드에 비견할 수 있는 '티로드(Tea Road)'에 대한 개념조차 제대로 정립되어 있지 않다. 그 이유는 차에 대한 이해 부족과 함께 차를 물질 가치로써 제대로 평가하지 않았기 때문이다. 이 같은 현상은 '씰크로드학'을 정립한 정수일의 연구에서 차를 찾아볼 수 없는 데서 확인할 수 있다. 티로드 확립은 차의 역사에서 반드시 필요하지만 그 과정은 아주 어렵다. 무엇보다도 차 자체에 대한 이해 과정이 비단이나 도자기와는 차원이 다를 만큼 어렵기 때문이다. 즉 티로드를 확립하기 위해서는 중국을 비롯해서 세계 각국의 차나무 현장 답사·차 관련 문헌 정리·차 만드는 방법·차 마시는 풍속·차 도구·품평 등에 대한 이해가 필요하다.

　본서는 우리나라는 물론 세계에서 거의 시도하지 않은 티로드에 대한 기본 정보를 제공하는 데 목적이 있다. 본서 중 1부에서 주목한 부분은 차나무의 원산지와 게놈 분석이다. 가장 먼저 차나무 자체에 대해 언급한 이유는 차가 차나무를 통해서만 얻는 물질이기 때문이다. 2부에서 주목한 것은 찻잎으로 차를 만드는 과정과 명차이다. 중국의 차는 시대에 따라 만드는 과정이 달랐으며, 세계 각국도 시대마다 다른 중국차를 수입했다. 차는 만드는 방법에 따라 각각 다른 차가 탄생하고, 차 맛도 각각 다르다. 3부에서 주목한 것은 음다 풍속과 문화이다. 차를 마시기 위해서는 우선 물과 그릇이 필요하다. 그래서 차의 발달과 함께 차 그릇도 함께 발달할 수밖에 없다. 그러나 차는 같은 차 종류라 하더라도 마시는 풍속은 각각 다르다. 그래서 세계 각국의 차 풍속도 함께 검토했다. 마지막 4부에서는 중국을 비롯해서 세계 각국의 차밭을 역사적으로 검토했다. 본서의 이 같은 구성은 세계 최초의 차 전문서인 중국 당나라 육우의 『다경(茶經)』에서 모방한 것이다. 다만 본서의 구성은 『다경』에서 빌렸지만, 중국만 다룬 『다경』과 비교할 수 없을 만큼 내용이 풍부하다.

　본서는 저자들의 능력 한계 탓에 놓친 부분도 적지 않지만, 티로드의 기본 틀을 제공하는 데 일조할 것이다.

2022년 3월
쥐똥나무·강판권

1부

차나무의 원산지와 게놈 분석

1. 차나무의 원산지와 차의 이름

차나무의 원산지와 운남의 야생 차나무

식물의 원산지는 아주 중요하지만 확인하는 과정은 결코 쉽지 않다. 식물의 원산지를 이해하는 방법 중 하나는 학명이다. 학명은 식물 연구자들의 연구 결과이기 때문이다. 그래서 차나무의 원산지를 이해하는 방법 중 하나도 학명이다. 차나무의 학명[*Camellia sinensis* (L.) Kuntze]에는 중국 원산으로 표기하고 있다. 차나무의 학명을 붙인 사람은 칼 폰 린네(Carl von Linne, 1707-1778)이다. 그는 스웨덴 출신의 식물학자이자 학명을 체계화한 사람이다. 그래서 모든 동식물의 학명은 린네가 만든 '이명법(二名法)'을 따라야만 한다. 왜냐하면 이명법은 세계 표준이기 때문이다. 이명법은 속명과 종소명을 뜻하고, 반드시 라틴어로 표기해야 한다. 그런데 속명과 종소명은 표기 방법이 다르다. 속명(*Camellia*)의 첫 글자는 대문자이고, 종소명(*sinensis*)의 첫 글자는 소문자이다. 이명법의 또 하나 특징은 속명에는 해당 동식물의 특징을 기록하고, 종소명에는 원산지를 표기한다는 점이다. 단지 원산지를 알 수 없으면 종소명에 동식물의 또 다른 특징을 기록하거나 해당 동식물의 연구에 도움을 준 사람을 표기한다. 학명 표기에서 정말 주의할 것은 속명과 종소명은 반드시 글자를 15도 정도 기울게 표기하는 '이탈리아체'여야 한다는 사실이다. 그러나 인터넷 정보나 우리나라 식물원 혹은 수목원의 이름표에는 이 같은 원칙을 위반한 경우가 아주 많다. 심지어 국가 기관에서 운영하는 수목원이나 식물원조차도 이런 오류를 쉽게 발견할 수 있다.

학명은 라틴어로 표기하기 때문에 읽을 때도 라틴어로 읽어야 한다. 차나무의 속명 '카멜리아'는 '동백나무'라는 의미이고, 종소명 '시넨시스'는 '중국'이라는 뜻이다. 학명 표기에서 주의할 것은 학명 붙인 사람을 잊지 않는 점이다. 그러나 인터넷 동식물 정보에는 학명 붙인 사람을 생략한 경우가 아주 많다. 심지어 식물도감조차도 학명 붙인 사람을 생략한 경우도 있다. 학명을 붙인 사람도 이명처럼 당연히 라틴어로 표기하고 읽어야 한다. 차나무의 학명을 붙인 린네는 라틴어로 표기하면 Linaeus이고, 리나이우스로 읽어야 한다. 그런데 학명을 붙인 사람은 반드시 이탈리어체로 표기하지 않고 명조체로 표기한다. 학명을 붙인 사람은 대부분 약어로 표기하는 경우가 많다. 린네의 경우는 L.이다. 약어이기 때문에 대문자 L 다음에 반드시 점을 찍어야 한다. 학명을 붙인 사람은 동식물의 특징을 이해하는 데는 도움을 주지 않지만, 식물의 역사를 이해하는 데는 아주 중요하다. 동식물의 학명을 붙이는 순간, 해당 동식물의 정보가 세계 표준으로 등재되기 때문이다. 한번 학명으로 정하면 정말 특별한 경우가 아니면 영원히 수정할 수 없다.

학명의 원산지는 학명을 붙인 사람의 연구 결과이지만 세계의 모든 지역을 대상으로 연구한 결과는 아니다. 그래서 학명은 학명을 붙인 사람의 '선택'에 따라 특징이나 원산지가 다를 수 있다. 차나무의 경우도 린네가 중국을 원산지로 표기했지만, 중국이 유일한 원산지라는 뜻은 아니다. 식물은 기후와 토양에 따라 얼마든지 다양한 곳에서 자생할 수 있기 때문이다. 게다가 학명을 붙인 사람의 경우 세계 전역을 직접 답사한 후 학명을 붙일 수도 없다. 린네가 활동한 시기는 18세기이다. 그는 일본을 방문한 적은 있지만 중국을 방문할 기회를 갖지 못했다. 그러나 독일의 식물학자 오토 쿤체(Otto Kuntze Kuntze, 1843-1907)는 1874-1876년 카리브해, 미국, 일본, 중국, 동남아시아, 아라비아반도, 이집트 등을 여행했다. 그 결과물로 1881년 『세계일주』(Around the World)를 편찬했다. 그래서 차나무의 학명에는 린네와 함께 그의 이름을 표기했다.

학명처럼 차나무의 원산지에 대해서는 많은 식물학자들이 동의하고 있다. 다만 중국 전체가 원산지일 수는 없다. 중국의 경우 땅이 워낙 넓어서 차나무가 살 수 없는 곳도 있기 때문이다. 식물학자 외에 중국의 차나무 원산지를 이해하는 데 당나라 육우의 『다경(茶經)』은 중요한 정보를 제공한다. 『다경』은 『차경(茶經)』으로도 읽을 수 있지만, 우리나라에서 익숙한 발음대로 읽되 다른 경우에는 편의 따라 읽고자 한다. 『다경』은 중국은 물론 세계 최초의 차 전문서이다. 『다경』은 중국의 당나라 이전의 차와 관련한 내용을 집대성했다. 그래서 중국의 차에 관한 내용은 대부분 『다경』에 크게 의존해야 한다. 더욱이 한국과 일본의 차 역사에서 『다경』의 권위는 매우 높다.

『다경』의 첫 구절이 차나무의 원산지에 대한 내용이라는 사실도 주목할 필요가 있다. 육우가 『다경』을 편찬하면서 차나무의 원산지와 관련한 내용을 가장 먼저 언급했다는 사실은 그가 차나무의 터전이 차의 역사에서 얼마나 중요한지를 잘 알고 있었기 때문이다. 그가 차나무의 원산지와 관련한 정보를 첫 구절에서 언급할 수 있었던 것은 현장을 직접 보았기 때문이었다. 그는 차에 대한 강한 열정으로 중국 전역의 차나무를 만나는데 적지 않은 시간을 보냈다. 육우의 현장 답사는 그 이전에 그 누구도 도전하지 않았던 일이었다. 그가 중국의 차나무를 직접 만날 수 있었던 것은 '안록산(安祿山)과 사사명(史思明)의 난', 즉 '안사의 난' 덕분이었다.

755-763년까지 8년 동안 지속된 안사의 난은 당 왕조의 최대 위기였다. 이 기간에 당나라 황제였던 현종이 죽었으며, 황하 유역의 경제는 큰 타격을 받았다. 육우는 안사난을 피해 강남으로 피난했다. 그런데 육우는 안사의 난으로 강남으로 갈 수밖에 없는 힘든 시간을 보내야 했지만, 그 덕분에 중국차의 주요 산지인 강남의 차나무를 만날 수 있는 절호의 기회를 가질 수 있었다. 그가 『다경』의 첫머리에서 "차나무는 남방(南方)의 가목(嘉木)"이라는 구절을 기록할 수 있었던 것도 안사의 난으로 남쪽의 차나무를 직접 만날 수 있었기 때문이다. 육우가 언급한 '남방의 가목'은 그의 차나무에 대한 인식을 보여주는 구절이다. 가목은 '상스러운 나무'의 뜻이다.

육우는 차나무를 그냥 나무라 부르지 않고 의미를 부여했다. 이는 차나무가 인간에게 큰 가치가 있다는 뜻이다.

육우가 언급한 차나무의 크기는 일 척에서 수 십 척이며, 가지를 베야만 잎을 딸 수 있었으며, 둘레는 두 사람이 함께 껴안아야 했다. 육우의 기록을 전적으로 믿는다면 차나무는 30센티에서 10미터 이상까지 다양하다. 차나무의 크기는 식물학적으로 늘푸른떨기나무다. 떨기나무는 나무의 높이가 10미터 이하까지 자란 상태를, 큰키나무는 10미터 이상까지 자란 상태를 의미한다. 따라서 육우가 언급한 차나무는 떨기나무에서 큰키나무까지 다양하다, 이 같은 육우의 차나무에 대한 기록은 현재 살고 있는 나무의 종류와 크게 다르지 않다. 현재 중국에 살고 있는 차나무 중에는 떨기나무도 살고, 큰키나무도 살고 있다. 게다가 인도 아삼 지역에는 큰키나무가 살고 있다. 나무는 지역과 기후에 따라 성장이 다를 수 있다. 예컨대 소나뭇과 반송의 경우도 떨기나무지만 경북 구미 독동의 반송과 경북 상주 상현리의 반송처럼 큰키나무가 존재한다. 그래서 육우가 언급한 차나무의 크기는 어디에 살고 있느냐가 매우 중요하다. 육우가 언급한 차나무가 살고 있는 곳은 파산(巴山)과 협천(峽川)이다. 두 지역은 연구자마다 위치를 달리 파악하지만,『다경』중 차나무의 산지를 기록한 「팔지출(八之出)」에서 언급한 '산남다구(山南茶區)'에 해당한다. 산남다구는 육우가 차 산지 중에서 가장 먼저 언급할 만큼 중국의 차 산지 중에서도 핵심이다. 이곳은 지금의 사천성, 섬서성, 감숙성, 호북성, 호남성, 하남성을 포함한다.

육우가 언급한 차나무는 19세기 말 영국의 윌슨(A. Wilson, 1876-1930)도 사천 중북부 산비탈에서 발견했다. 윌슨이 중국에 온 것은 1899년 4월, 그의 나이 23살 때였다. 윌슨을 중국에 파견한 곳은 영국의 '제임스비치앤드선즈'사였다. 이 회사가 그를 중국에 파견한 이유는 1880년대부터 식물 다양성이 널리 알려지기 시작했기 때문이었다. 게다가 중국이 제2차 아편전쟁에서 패한 탓에 외국인의 중국 여행이 훨씬 쉬워졌다. 윌슨은 1917년 5월 한국에도 들어와 단풍나뭇과의 당단풍나무와 복자기, 물푸레나뭇과의 수수꽃다리, 차나뭇과의 노각나무, 장미과의 갈기조팝나무와 만리화, 측백나뭇과의 눈측백나무, 진달래과의 참꽃나무 등을 채집한 인물이다.

　윌슨이 사천에서 발견한 차나무는 단순히 육우가 언급한 차나무를 확인하는 차원이 아니라 차나무의 원산지 논쟁과 밀접한 관계가 있다. 그간 차나무 원산지를 둘러싼 논쟁은 꽤 오래 지속되었다. 1877년 삼넬 바일돈(Samnel Baildon)의 인도 자생설, 1923년과 1924년 영국 출신 부르스(R. Bruce)와 부르스(C.A. Bruce) 형제가 각각 중국과 인도 변경 사디야(Sadiya)와 시브사가(Sibsagar)에서 발견한 야생 차나무는 차나무 원산지를 둘러싼 논쟁에 한몫했다. 그러나 차나무 원산지에 대한 논쟁은 1939년 중국 귀주 무천현(務川縣)에서 발견한 높이 7.5미터의 차나무, 1940년 귀주 무천현 서북부 노응산(老鷹山) 해발 1,400미터에서 발견한 높이 6.6미터의 차나무 10여 그루, 1957년 귀주 적수현(赤水縣) 황금구(黃金區) 화평향(和平鄕) 해발 1,400미터에서 발견한 높이 12미터 차나무 등은 차나무의 중국 원산을 확인시켜주는 중요한 증거였다. 특히 1951년 운남성 맹해현(勐海縣) 남나산(南糯山)에서 발견한 800살의 차나무를 비롯해서 맹해현 파달의 대흑산(大黑山)에서 발견한 높이 32미터 나이 1,700살의 차나무, 운남 진원현(鎭沅縣) 천가채(千家寨)에서 발견한 2,700살의 차나무 등은 차나무의 중국 원산을 확인시켜준 주인공들이다. 특히 맹해현 동부에 위치한 남나산은 가장 좋은 보이차를 생산하는 곳이다.

평균 해발 1400미터의 남나산은 평균 강수량이 1500-1750mm, 연평균 기온은 16-18°C 정도이다. 이처럼 남나산은 차나무 재배에 최적의 조건을 갖추고 있다.

남나산 고차수

　남나산의 '남'은 태족어(傣族語)로 '물'을, '나'는 '죽순'을 뜻한다. 남나산은 곧 죽순이 무성한 산이라는 뜻이고, 죽순은 곧 대나무가 많다는 뜻이니 차나무 재배에 가장 이상적인 조건이다. 남나산의 차나무에는 삼국시대 촉나라 제가량과 관련한 전설이 있다. 제갈공명은 촉나라에 반기를 든 맹획(孟獲)을 이른바 '칠종칠금(七縱七擒)'한 즈음, 남나산을 지나다가 풍토병에 적응하지 못한 사병들이 눈병에 걸려 전투를 살 수 없었다. 이에 제갈량이 지팡이 하나를 들어 남나산 병영의 돌에 꽂았는데 갑자기 지팡이가 차나무로 변하고 나무에서 파란 찻잎이 돋았다. 병사들이 찻잎을 따서 마시자 눈병이 나았다. 제갈량의 지팡이에서 태어난 차나무가 남나산의 첫 차나무이다. 그래서 사람들은 남나산을 '공명산(孔明山)', 차나무를 '공명수(孔明樹)', 공명을 '차조(茶祖)'라 불렀다.

　운남의 난창강(瀾滄江)은 이 지역의 차나무 지배에 큰 영향을 주고 있다. 난창강 밖에는 남나·하개(賀開)·맹송(勐宋)·경마(景邁)·포랑(布朗)·파달(巴達) 등 '육대차산(六大茶山)'이 위치하고 있다. 특히 맹해현의 포랑산 자락의 노반장(老班章)·신반장(新班章)·노만아(老曼峨) 마을에서 생산한 차가 유명하다. 난창강 내에는 이른바 유락(攸樂) 혹은 기낙(基諾)·의방(倚邦)·망지(莽枝)·만살(曼撒) 혹은 이무(易武)·혁등(革登) 등 '고육대차산(古六大茶山)'이 위치하고 있다. 특히 이무의 차나무 산지에는 이무를 비롯해서 마흑(麻黑)·낙수동(落水洞)·괄풍채(括風寨)·노정가채(老丁家寨)·만수(曼秀)·대칠수(大漆樹) 등 고차수 마을이 많다. 그래서 이곳에서는 명말청초부터 이름난 차를 생산했으며,

특히 청말에는 홍경호(鴻慶號)·동경호(同慶號) 등 유명 차창이 등장했다.

차의 다양한 이름

차나무를 의미하는 한자는 차(茶)이지만, 차의 글자가 탄생하기까지는 꽤 많은 시간이 필요했다. 『다경』「일지원」에서도 차나무 이름의 유래를 소개하고 있다. '차'는 풀을 강조한 이름이고, 나무를 강조한 이름은 '도(檟)'이고, 풀과 나무를 함께 강조한 이름은 '도(荼)'이다. '차' 자는 『개원문자음의(開元文子音義)』에, '도(檟)' 자는 『본초(本草)』에, '도(荼)' 자는 『이아(爾雅)』에 나온다. 이 같은 차나무의 한자 이름의 유래는 현재 일반적으로 사용하고 있는 '차'자가 육우가 살았던 당나라 때의 이름이라는 것을 알 수 있다. 『개원문자음의』의 '개원'은 당나라 현종의 연호이고, 육우는 현종 때 살았던 사람이다. '도(檟)'를 수록한 『본초』는 삼국의 위(魏)나라 오보(吳普, ?-?) 등이 찬술한 『신농본초경(神農本草經)』을 의미한다. '도'를 수록한 『이아』는 편찬자를 알 수 없지만 중국 최초의 문자사전이다.

차나무 이름에서 가장 중요한 것은 그 유래를 중국 문자 사전에서 가장 이른 시기에 등장한 『이아』에서 찾고 있다는 점이다. 『이아』는 단순히 차나무의 이름을 이해하는데만 중요한 것이 아니라 차나무의 특징과 찻잎의 용도를 이해하는 데도 중요하다. 특히 『이아』의 차나무에 대한 내용은 육우가 언급한 차나무에 대한 소개의 근거이기도 하다. 『이아』에서 차나무의 이름을 '도(荼)'라고 부른 것은 가(檟)를 '고도(苦荼)'로 설명하면서 사용한 단어다. 그런데 '가'는 차나무의 또 다른 이름으로 사용하고 있지만, 번역자에 따라 나무의 이름이 달라서 주의해야 한다. 우리나라 번역본 『다경』에는 '가'를 가래나무[楸]로 번역했다. 그런데 한자 '가'는 가래나무를 비롯해서 개오동나무, 호두나무 등으로 쓰이는 글자이다. 한자는 상황에 따라 사용의 효용성을 높이기 위해 같은 글자를 다양하게 활용한다. 나무 이름의 경우도 '가'처럼 같은 글자를 여러 종류의 나무로 사용하는 사례가 적지 않다. 중국 전통시대 나무의 경우, 한자를 통해 나무의 종류를 이해하는데 다소 어려움이 뒤따른다. 그래서 번역자마다 차 중 하나로 언급한 '가'를 달리 해석한다. 그런데 『중국차문헌집성(中國茶文獻集成)1』에 수록된 『이아주소삼종(爾雅注疏三種)』의 내용 앞에 각각 다른 4컷의 그림을 실었다. 그 중 2번째와 3번째 그림이 각각 '오동(梧桐)'과 '차(茶)'이고, 1번째와 4번째 그림은 글씨가 희미해서 무슨 나무인지 알 수 없다. 두 번째 그림도 짙게 표시한 글자는 정확하게 판독하기 어렵지만 아래쪽에 따로 오동이라 표기해서 알 수 있다. 그러나 그림을 보니 오동이 아니라 벽오동에 가깝다. 전통시대에는 분류학을 정확하게 몰랐기 때문에 오동과 벽오동을 엄격하게 구분하지 않았다. 3번째 그림의 경우도 짙게 표시한 글자는 '가고도(檟苦荼)'이다. 1번째와 3번째 그림은 무슨 나무인지 정확히 모르지만, 잎 모양만 보면 가래나무는 아니다.

중국 동진(東晋)의 훈고학자 곽박(郭璞, 276-324)이 『이아』를 풀이한 『이아주(爾雅注)』에는 아래처럼 차나무의 또 다른 이름이 등장한다.

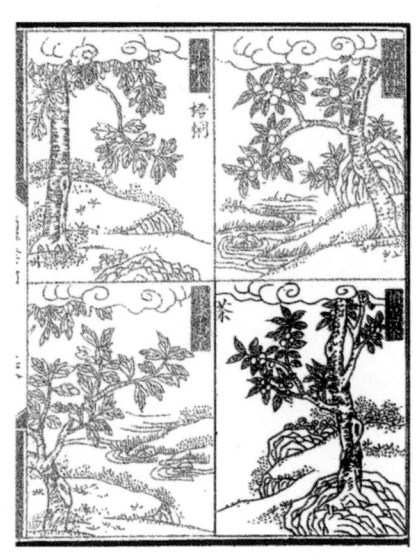

이아주소

> 나무는 치자처럼 작으며, 겨울에 나는 잎은 삶아서 국을 만들어 먹을 수 있다. 지금 일찍 따는 것을 도(荼)라 하고, 늦게 따는 것을 명(茗)이라 한다. 또 다른 이름인 천(荈)의 경우 촉인(蜀人)은 고도(苦荼)라 한다.

『이아주』의 내용 중 나무를 치자나무에 비유한 것은 육우가 『다경』에서 차나무의 잎을 치지나무와 비유한 것과 다른 내용이다. 육우는 곽박이 차나무를 치자나무에 비유한 것을 차나무의 잎과 비교한 셈이다. 그런데 중국 북위(北魏)시대 가사협(賈思勰, ?-?)의 『제민요술(齊民要術)』에는 『이아주』의 내용을 '도(茶)'가 아닌 '도(梌)'로 소개하고 있다. 『이아』 이후 차나무의 이름 중 '도'를 사용한 사례는 서한(西漢) 왕포(王褒)의 『동약(僮約)』에서 확인할 수 있다. 『동약』은 촉 땅의 노비 매매 문건이다.

육우는 차나무의 이름을 소개하면서 기존의 자료와 다른 글자를 사용하고 있다. 그 중 하나가 '도(茶)'를 '차(茶)'로 사용한 것이다. 육우가 사용한 '차'는 글자에 점을 하나 없앤 것이다. 『다경』에서 '도' 대신 '차' 자를 사용하고 있는 것을 보면 당나라 현종 이전부터 '차'자를 본격적으로 사용했을 가능성이 아주 높다. 특히 『다경』이 보급되면서 '도'의 사용 빈도는 줄고 점차 '차'자로 자리를 잡았으며, 당나라 무종(武宗) 회창(會昌) 원년(841) 유공권(柳公權)의 『현비탑비명(玄祕塔碑銘)』에 '차'자의 사용은 그 이후에 큰 영향을 주었다.

육우는 차 이름의 종류를 차와 가외에도 설(蔎)·명(茗)·천(荈) 등을 소개하고 있다. 육우는 '가'에 대해서는 주공(周公), '차'와 '명'과 '천'에 대해서는 곽홍농(郭弘農), 즉 곽박, '설'에 대해서는 양집극(揚執戟)의 주장을 인용해서 차 이름에 대해 각각 설명하고 있다. 그 중 '가'는 '고도(苦茶)', '차'는 일찍 딴 것을 의미하고, '명'과 '천'은 늦게 딴 것을 뜻하고, '설'은 촉의 서남 사람들이 사용했다. 육우가 언급한 차의 이름은 차와 가를 제외하면 모두 풀 '초' 변을 사용한 것으로 보아 풀을 강조한 것이다.

당나라 구양순(歐陽詢, 557-641) 등이 편찬한 『예문유취(藝文類聚)』에는 당나라 이전 차 명칭의 사례를 소개하고 있다. 그런데 『예문유취』에서 차 이름 사례를 소개하면서 제목은 '명(茗)'이다. 『예문유취』의 내용은 『다경』에서도 똑같이 인용하고 있다. 차와 명을 사용한 사례는 『삼국지(三國志)·오지(吳志)』 중 '위요전(韋曜傳)'에서 확인할 수 있다.

> 손호(孫皓)는 매번 잔치를 베풀 때 참석한 사람마다 반드시 일곱 되의 술을 마시도록 했다. 비록 모두 마시지 못하면 입에 억지로 부어야만 했다. 그런데 위요의 주량은 두 되에 지나지 않았다. 그래서 손호는 처음에 특별히 예우해서 몰래 차천(茶荈)을 줘서 술을 대신토록 했다.

위요전은 차와 천을 구분하지 않고 함께 사용한 사례다. 그런데 한 가지 중요한 것은 삼국시대의 자료에 '차'자가 등장한다는 사실이다. 이는 일반적으로 '차' 자가 본격적으로 사용한 시기를 당나라 때로 이해하고 있는 사실과 다른 것이다. 만약 『삼국지·오지』의 글자를 믿는다면, 육우가 '차' 자를 처음 만들었다는 것은 믿을 수 없다. 다만 육우는 기존의 '도' 자 대신 '차' 자를 사용한 데 불과하다.

산겸지(山謙之)의 『오흥지(吳興志)』에서는 오정현(烏程縣) 서쪽 온산(溫山)에서 나오는 '어천(御荈)'을 소개하고 있다. 이른바 온산어천은 지금의 절강성 오정현을 대표하는 차이자 절강성은 물론 중국 최초의 공차(貢茶)이다. 온산의 차가 유명한 이유 중 하나는 태호(太湖) 주변에 위치하고 있을 뿐 아니라 주변에 소나무와 삼나무가 울창한 곳이기 때문이다. 온산어천에 대해서는 『다경』「칠지사(七之事)」에서도 소개하고 있다. 『속수신기(續搜神記)』에서는 '명' 자의 사례를 확인할 수 있다.

> 진(晉)나라 무제 때 신성(新城) 사람 진정(秦精)이 언제나 무창산에 들어가 차[茗]를 따다가 열자가 넘는 키에 온 몸에 털이 난 사람을 만났다. 그는 진정을 이끌고 산 아래로 가서 차가 촘촘히 돋는 숲을 보여주고 가버렸다. 얼마 후 다시 돌아와 품속에 있던 귤을 꺼내서 진정에게 주고 가니, 진정이 두려워 차를 가지고 돌아와 버렸다.

『다경』「칠지사」에는 『예문유취』에서 언급하지 않은 차 이름의 사례를 소개하고 있다. 그러나 『다경』과 『예문유취』에는 차 이름 중 유독 '설'의 사례를 찾아볼 수 없다. 지금의 섬서성 빈현(彬縣) 출신의 송나라 도곡(陶穀, 903-970)이 편찬한 『천명록(荈茗錄)』은 차나무의 이름 중 '천'과 '명'을 사용한 유일한 다서(茶書)이다. 그러나 『천명록』에는 '천'과 '명'에 대한 의미를 분석한 것이 아니라 차에 대한 내용을 수록하고 있다. 다만 이 작품은 송대에 천과 명을 함께 사용했다는 것을 잘 보여주는 문헌이라는 점에서 가치 있는 자료이다. '명'자를 사용한 다서에는 명나라 때 현재 복건성 복주 출신의 서발(徐燉, 1563-1639)의 『명담(茗譚)』과 현재 절강성 영파 출신의 도본준(屠本畯, 1542-1622)의 『명급(茗笈)』, 지금의 사천성 기주부 출신 만방녕(萬邦寧, ?-?)의 『명사(茗史)』가 있지만, 차나무의 이름에 대한 설명은 없다. 일본에서 '명'자를 사용한 사례는 도쿄 출신 오쿠겐보오(奧玄寶, 1836-1897)의 『명호도록(茗壺圖錄)』에서 확인할 수 있다.

차의 이름과 관련해서 덧붙일 것은 『이아주소』에서 초(椒)나무의 잎과 함께 차와 명을 만든다는 내용이다. 초나무에 대해서는 『본초강목』에 진초(秦椒)·호초(胡椒) 등 여러 종류를 언급하고 있다. 우리나라에서는 초나무 중 초피나무와 산초나무가 살고 있다. 초피나무와 산초나무의 차이는 초피나무의 경우 가시가 마주나면서 5-6월에 꽃이 피는 반면, 산초나무는 가시가 어긋하면서 7-8월에 꽃이 핀다. 촉 지방 사람들은 차를, 오 지방 사람들은 명을 만들면서 초나무 잎을 뭉쳐서 향을 만들었다.

차의 다양한 이름은 따는 시기와 지역에 따라 다르지만, 시간이 지나면서 크게 구분하지 않고 편의에 따라 사용하기 시작했다. 우리나라 조선시대의 『다산시문집(茶山詩文集)』에서도 이 같은 사례를 찾아볼 수 있다.

> 「유합쇄병을 부쳐온 운에 화답하다/和寄餾合刷瓶韻」
>
> 이놈의 옴 근질근질 늙도록 낫지 않아 / 癬疥淫淫抵老頹
> 몸뚱이를 차 볶듯이 찌고 쬐고 다 했다네. / 身如**茶荈**備蒸焙
> 데운 물에 소금을 타 고름도 씻어내고 / 溫湯淡鹵從淋洗
> 썩은 풀 묵은 뿌리 뜸 안 뜬 것이 없다네. / 腐草陳根莫炙煨
> 벌집을 배게 걸러 거기에서 즙을 짜고 / 密濾蜂房須取汁
> 뱀허물을 재가 안 되게 살짝만 볶은 다음. / 輕熬蛇殼恐成灰
> 단사 넣어 만든 약을 동병상련 마음으로 / 丹砂已熟憐同病
> 자산의 사환 오기만 두고서 기다린다네. / 留待玆山使者來

2. 차나무의 게놈 분석과 생태

게놈 분석과 차나무의 정체성

차나무의 정체성은 현대과학을 통해서 밝힐 수 있는 분야다. 그래서 전통시대에는 차나무의 정체성을 정확하게 파악하지 못했다. 차나무의 학명에도 차나무의 정체성을 이해할 수 있는 정보는 전혀 없다. 생물의 정체성은 게놈(genome)을 통해서 확인할 수 있다. 게놈은 한 생물의 모든 유전 정보를 이해할 수 있다. 게놈은 '유전체'라 부른다. 일부 바이러스의 RNA를 제외한 모든 생물은 DNA로 유전 정보를 구성하고 있기 때문이다. 게놈은 독일 함부르크 대학의 식물학자 빙클러(H. Winkler, 1877-1945)가 1920년에 처음 만들었다. 그는 유전자(gene)와 염색체(chromosome)를 합쳐 '게놈'이라는 단어를 창안했다. 현대 생물학에서 게놈을 연구하는 학문을 '유전체학(genomics)'이라 부른다. 유전자 파악 연구는 게놈 프로젝트(genome project)이다.

차나무의 게놈을 밝힌 것은 2017년 중국과학원(CAS)과 한국 생명공학기업 마크로젠 등이 참여한 국제공동연구진이었다. 연구진은 차나무의 유전체 염기서열을 분석한 결과를 국제학술지 '분자식물'(Molecular Plant)에 발표했다. 연구에 따르면 차나무의 유전체 크기는 3.02Gb(기가베이스·1Gb=10억 염기쌍)에 달한다. 이는 커피나무 유전체 크기의 5배에 해당한다. 차나무의 유전체 크기가 커피나무보다 상당히 높다는 것은 그만큼 분석이 어렵다는 뜻이다. 차나무의 게놈 분석은 그간 차나무에 대한 정보와 비교하는 데 큰 도움을 준다. 특히 전통시대 차 관련 자료에 언급한 정보와 비교하면 무척 흥미로운 내용을 발견할 수 있을 것이다. 게놈의 구조를 분석한 결과 차나무 조상과 이별한 것은 9000만~1억 년 전이었다. 차나무는 3000만~4000만 년 전 또 한 차례 조상과 이별했다. 따라서 차나무는 두 차례에 걸쳐 전체게놈복제(whole-genome duplication)가 일어났던 것이다. 이는 차나무가 새로운 기능을 가진 존재로 태어났다는 것을 의미한다.

차나무 게놈 분석 연구진이 밝힌 녹차의 맛은 떫은맛, 쓴맛, 감칠맛 등이다. 물론 이 같은 녹차의 맛은 기존의 연구에서도 밝힌 것이지만, 이번 연구에서는 떫은맛의 주성분인 '카테킨'(catechin)을 합성하는 유전자 14개, 쓴맛 성분인 '카페인'(caffeine)을 합성하는 유전자 4개, 감칠맛 성분인 '테아닌'(theanine)을 합성하는 유전자 6개를 찾았다. 이 같은 차나무의 유전체는 차나뭇과의 동백나무도 가지고 있지만 차나무가 상대적으로 많다. 이러한 차의 유효 성분 3요소인 카테킨, 카페인, 테아닌은 '이차대사물질(secondary metabolite)'이다. 이차대사물질은 광합성이나 성장 등 기본 기능 외에 방어 등의 목적으로 생산하는 것이다. 차의 이 같은 다양한 성분은 다른 식물에서는 거의 찾아볼 수 없는 특징이다. 따라서 차는 기본적으로 쓴 맛만 가진 커피와는 차원이 다르다.

차나무의 카테킨은 잎 싹과 어린잎에 많이 들어 있다. 따라서 어린 찻잎으로 만든 녹차일수록 고급차이다. 차나무가 카테킨을 많이 만드는 이유는 해충을 쫓고 미생물에 저항하기 위해서다. 결국 차나무는 자신을 보호하기 위해서 카테킨을 많이 만들고, 인간도 그 물질을 통해 건강을 유지한다. 차나무의 테아닌은 아미노산이다. 이는 차나무가 몸속에 질소를 저장하기 위해서이다. 차나무의 게놈 분석은 차의 성질을 이해하는 데도 중요하지만, 고품질의 찻잎을 생산하는데도 매우 중요한 정보를 제공한다. 과학자들이 게놈을 분석하는 이유도 바로 여기에 있다. 게놈 분석 자료는 앞으로 찻잎의 생산이나 병충해에 강한 차나무를 만드는데 활용할 수 있기 때문이다.

연구진이 분석한 차나무는 중국종(var. sinensis)과 아삼종(var. assamica)이다. 중국 종의 게놈 크기는 31억 4000만 염기이고 아삼종은 30억 2000만 염기다. 이는 사람 게놈과 거의 같다. 두 종의 게놈을 비교한 결과 약 100만 년(38만~154만 년) 전에 갈라진 것으로 드러났다. 중국 종의 특징은 나무와 잎이 작은 대신 추위에 강하다. 중국종의 또 다른 특징은 향과 맛이 섬세하고 카페인 함량이 낮다. 이 같은 중국종의 특징은 녹차와 홍차 등 다양한 차로 만든다. 아삼종은 주로 인도 북동부와 중국 남서부 등지에서 재배한다. 아삼종은 중국종보다 나무와 잎이 크지만 추위에 약하다. 아삼종의 또 다른 특징은 카페인 함량이 높다. 아삼종의 이 같은 특징은 대부분 홍차용이다. 우리나라의 전남 보성이나 경남 하동의 차나무도 대부분 중국종이다.

차나무의 몸: 뿌리, 줄기, 가지, 잎, 꽃, 열매

육우의 『다경』 「일지원」에는 차나무의 몸에 대한 정보를 수록하고 있다. 『다경』의 차나무 몸에 대한 정보는 당말·오대 모문석(毛文錫)의 『다보(茶譜)』를 비롯해서 중국의 다서에 절대적인 영향을 주었다. 차나무의 몸은 뿌리, 줄기, 가지, 잎, 꽃, 열매 등으로 구성되어 있다. 차는 차나무의 잎만으로 만든 것이지만 차나무의 잎은 몸을 통해서 이해해야 한다. 잎은 몸 없이는 생산할 수 없기 때문이다.

육우는 차나무를 "과로(瓜蘆)와 같다"고 했다. 육우가 차나무를 '과로'에 비유한 것은 사람들이 차나무를 잘 모르는 대신 과로를 잘 안다고 생각했기 때문이다. 그러나 우리나라 사람들은 차나무를 알지만, 오히려 과로를 잘 모른다. 과로는 고로(皐蘆)의 다른 이름이다. 『광주기(廣州記)』나 『본초강목(本草綱目)』 등에서는 고로를 차나무 잎과 닮은 점을 강조하고 있다. 『본초강목』에서는 남월지(南越志)의 내용을 인용하면서 고로의 잎을 달여서 먹으면 밤새도록 잠을 자지 않는다고 했다. 현재의 사천인 촉 사람들이 차를 마시는 것처럼, 남쪽 사람들은 고로로 차를 만들었던 것이다.

육우는 차나무의 뿌리에 대해 나무의 설명 중 마지막에서 언급했다. 그는 차나무의 뿌리를 호도와 닮은 것으로 보았다. 그 이유는 뿌리가 아래로 뻗기 때문이다. 차나무와 호도처럼 뿌리가 아래로 뻗는 경우를 직근성(直根性) 식물이라 부른다. 차나무의 뿌리는 아래로 곧게 뻗고 깊이가 2~4m이며, 곁뿌리는 길이가 15~20cm이고, 가는 뿌리가 많다. 차나무 뿌리의 이 같은 특징은 차나무의 문화에도 영향을 주었다. 예컨대 딸을 시집보낼 때 차 씨를 주는 것은 차나무처럼 변치 말고 잘 살라는 뜻을 담고 있다.

육우는 차나무의 줄기를 정향(丁香)에 비유했다. 정향은 그 종류가 아주 다양해서 이해하는데 아주 까다롭다. 더욱이 육우는 차나무의 줄기를 정향에 비유하면서도 차나무를 비유한 과로와 열매를 비교한 병려(栟櫚)와 달리 구체적인 설명을 하지 않았다. 그래서 육우가 언급한 정향이 어떤 것인지를 이해하는 데 어려움이 있다. 『다경』의 번역자 중에는 육우가 언급한 차나무의 줄기를 의미하는 '경(莖)'에 대해 약재로 보면 줄기를 의미하고, 판본에 따라 체(蒂·蔕)로 표기한 예를 들어 꼭지나 꽃받침으로 해석해도 무방하다고 이해했다. 이 같은 해석은 간혹 '경'을 '엽(葉)'로 표기한 판본도 있지만, 잎이 치자와 닮았다는 구절에서 잎을 언급한 상태이기 때문에 가능성은 거의 없다. '경'에 대한 해석은 판본에 따라 글자가 다르기 때문에 분분할 수밖에 없지만, 차나무를 표현한 글의 구성을 살피면 거의 정확하게 파악할 수 있다. 육우는 차나무를 설명하면서 가장 먼저 나무 자체를 과로에 비유한 후 잎, 꽃, 열매, 줄기, 뿌리 순으로 설명했다. 이는 육우가 차나무의 모든 요소를 같은 단위로 설명했다는 것을 의미한다. 따라서 '경'을 줄기가 아닌 다른 것으로 해석하는 것은 설명의 순서상 맞지 않다.

『다경』에서는 차나무의 잎을 치자나무에 비유했다. 육우가 차나무의 잎을 꼭두서니과의 늘푸른떨기나무 치자나무에 비유한 것은 중국인들에게 치자나무가 흔했기 때문이다. 물론 치자나무의 잎은 차나무 잎보다 약간 크지만, 차나무 잎을 설명하기에 아주 적합한 나무다. 현재 우리나라에서도 계명대학교 한학촌 문다헌 뒤편 차밭에서 보는 것처럼 육우가 언급한 내용에 따라 차 밭에 치자나무를 심곤 한다. 그런데 치자나무의 잎은 긴타원형이라는 점에서 닮았지만, 가장자리에 둔한 톱니가 있는 차나무 잎과 달리 밋밋하다.

『다경』에서는 차나무의 꽃을 백장미에 비유했다. 차나무의 꽃은 잎겨드랑이와 가지 끝에 흰색으로 핀다. 꽃은 지름이 2-3센티이고, 꽃잎은 5-7장이며, 수술은 많고 꽃밥은 노란색이다. 그런데 요즘 백장미는 대부분 겹꽃을 볼 수 있기 때문에 차나무 꽃과 비교하는데 어려움이 있다. 오히려 장미과의 찔레꽃과 비교하면 쉽게 짐작할 수 있다.

『다경』에서는 차나무의 열매를 병려(栟櫚), 즉 야자나뭇과의 늘푸른큰키나무 종려나무의 열매에 비유했다. 종려나무의 열매를 보면 차나무의 열매와 많이 닮았다. 차나무의 꽃과 열매는 특별한 의미를 갖는다.

왜냐하면 꽃과 열매가 만나기 때문이다. 차나무는 꽃이 핀 후 열매를 맺지만, 열매는 이듬해 꽃이 필 때까지 달려있다. 그래서 차나무를 열매와 꽃이 만난다는 '실화상봉수(實花相逢樹)'라 부른다.

차나무의 후손 만들기

『다경』에는 차나무의 번식에 대한 아주 간단한 방법만 언급하고 있을 뿐 구체적인 내용은 없다. 차나무의 번식 방법은 두 가지다. 하나는 가지를 꺾어서 심는 방법이고, 다른 하나는 씨앗을 심는 방법이다. 여기서는 씨앗 파종법만 소개한다. 씨앗 파종법은 중국 당나라의 농서 『사시찬요(四時纂要)』에 자세하다. 『사시찬요』의 차 씨앗 파종법은 원나라의 농서인 『농상집요(農桑輯要)』에 거의 그대로 실렸다.

> 2월 중 나무 아래나 북쪽 음지의 땅에 둘레 3자, 깊이 한 자 정도 구덩이를 파서 괭이로 흙을 부드럽게 해서 거름을 흙과 섞어 준다. 매 구덩이에 60-70알의 차 종자를 파종하고, 흙은 한 치 두께 남짓 덮어준다. 풀과 나무가 자라면 김을 매야한다. 구덩이의 간격은 2자 거리로 한다. 가물면 쌀뜨물을 부어준다. 차나무는 햇빛을 꺼리므로 뽕나무 아래나 대나무 그늘 아래 심으면 모두 좋다. 2년 후에는 김을 맬 수 있다. 오줌, 희석한 거름 및 누에똥을 뿌리거나 덮어준다. 또 거름이 아주 많으면 뿌리가 약해질 수 있다. 차는 대체로 산속의 경사지나

> 비탈진 곳이 좋다. 만약 평지에 파종하면 이랑의 양쪽에 깊게 고랑을 파서 이랑의 물을 빼야 한다. 뿌리가 물에 잠기면 나무가 죽는다.
> 3년 후 그루마다 차 8냥[兩(약 41.3그램)]을 수확할 수 있다. 매 무당(畝當) 240그루면 차 120근을 수확할 수 있다.
> 차나무가 충분히 성장하지 않았는데 주위 빈 땅에 대마의 수 그루, 기장, 검은기장 등을 심어서 방해하면 안 된다.
> 차나무의 열매가 익었을 때 종자를 거두어서 젖은 모래와 흙을 섞어 광주리에 담아 두고 짚과 풀로 그 위를 덮어둔다. 그렇지 않으면 곧 얼어 싹이 트지 않는다. 2월에 꺼내 파종한다.

『사시찬요』에서 언급한 씨앗 파종 중에서 파종 장소와 관련한 내용은 찻잎의 품질에 결정적인 영향을 준다. 이는 육우의 『다경』「일지원」에 언급한 내용과 일치한다. 즉 육우의 『다경』「일지원」에 따르면, 차나무 중 난석(爛石)에서 자란 것이 가장 좋고, 역양(礫壤)에서 자란 것이 그 다음이고, 황토에서 자란 것이 하등품이다. 난석은 사암이나 석회암이 풍화작용을 일으켜 푸석푸석한 땅이며, 역양은 난석보다 더 풍화된 작은 자갈이 섞여 표토가 깊고 물이 잘 빠진다. 반면 황토는 거의 부식된 토질이라서 비에 휩쓸려 평지에 쌓여 일반 농작물 재배에는 적합하지만, 차나무에는 적합하지 않다. 그래서 육우도 차나무는 평범한 솜씨로는 심어도 충실하지 못하고 옮겨 심어도 무성하지 않으니, 오이를 심는 법과 같이 심으면 3년 후에 차를 딸 수 있다고 했다. 『사시찬요』에는 차나무와 마찬가지로 2월에 파종하는 오이 심는 법을 자세하게 소개하고 있다.

1939년 중국의 한 연구에 따르면, 중국의 차나무 번식 방법은 차 씨를 통해 이루어졌다. 그러나 차 씨는 변종이 많이 발생하기 때문에 차 생산과 품질에 적지 않은 문제가 발생했다. 그중 하나가 차밭 관리의 문제였다. 즉 서로 다른 차나무가 있으면 관리에 문제가 발생했던 것이다. 차나무의 종류가 다르면 차의 싹이 돋는 시기도 다르다. 이는 제다(製茶), 즉 차 만들기에도 바로 영향을 주었다. 그래서 품종 개량은 차의 생산과 제다에 많은 영향을 주었다. 19세기 말부터 중국이 세계 시장에서 경쟁력을 잃은 이유 중 하나도 품종 개량과 밀접한 관계가 있었다. 19세기 말부터 세계 차 시장에서 영국과 일본이 두각을 나타낸 이유도 품종 개발 덕분이었다. 대만도 개량 품종을 통해 세계 시장에 큰 영향력을 행사할 수 있었다. 그러나 중국은 과학적인 방법을 활용하기보다는 여전히 전통 방법을 묵수하고 있었다. 중국은 20세기 중엽부터 차나무를 과학적인 방법을 통해 재배하려고 무척 노력했지만, 성과를 거두기까지는 많은 시간이 걸렸다.

중국 차 심는 장면

2부
제다와 각국의 명차

1. 다서의 제다와 제다의 사례

(1) 다서의 제다

　차를 처음 제다 가공한 나라는 중국이다. 모든 차의 종류는 차나무의 잎을 사용한다는 공통점을 갖고 있다. 그러나 차나무의 재배 지역, 우려낸 차의 색깔과 맛, 제다 방법에 따라 수백 수천의 차로 분류할 수 있다. 중국에서 처음 사용한 제다법은 증청(蒸靑)해서 만든 녹차의 고형차(固形茶)였다. 송대에는 증청하여 만든 고형차를 주로 생산했으나 명대의 주원장이 홍무(洪武) 24년(1391년)에 단차(團茶)에서 산차(散茶)를 공차로 진상하도록 함에 따라 제다법의 주류는 고형차에서 산차로 바뀌었다.
　차의 특성 중 하나는 중요 성분이 같더라도 차나무 산지의 토양이나 기후 조건, 차 나무의 품종, 잎 따는 시기, 찻잎 크기와 제다 방법에 따라 차의 성분 소성 비율이 변하여 차의 풍미를 변화시킨다. 차는 제다 방법에 따라 풍미가 다른 6대 차류로 분류한다. 찻잎을 따서 살청, 위조, 유념, 발효, 건조의 제다공정 과정을 거쳐 색(色)·향(香)·미(味)가 탄생한다. 또한 차나무의 품종, 채엽 시기, 발효 정도, 제다한 차의 색상과 모양에 따라 차를 분류한다. 다서는 제다 발달사를 이해하는데 중요한 자료이다. 중요 다서의 제다법을 소개하면 다음과 같다.

육우『다경』의 제다

『다경』 '삼지조(三之造)'에는 당나라의 차 만들기를 소개하고 있다. 『다경』의 차 만들기는 중국 및 세계 최초의 차 만들기에 대한 종합적인 기록이다. 차는 시대와 종류에 따라 방식이 다르다. 특히 차는 기계의 발달에 따라 만드는 방식이 다르고, 방식의 차이에 따라 맛도 다르다. 그래서 당나라의 차 만들기는 지금의 차 만들기와 상당히 다르기 때문에 차 만드는 데 필요한 도구도 다를 수밖에 없다. 『다경』 '이지구(二之具)'는 『다경』 '삼지조'와 함께 차 만드는 데 필요한 내용을 담고 있다. 『다경』 '이지구'와 『다경』 '삼지조'는 당나라의 차 만들기가 얼마나 복잡했는지를 잘 보여주고 있다.

『다경』 '이지구'는 차 만드는데 필요한 도구에 대한 내용이다. 여기에는 영(籯: 대바구니)·조(竈: 부뜨막)·증(甑: 시루)·저구(杵臼: 절굿공이)·규(規: 거푸집)·승(承: 받침대)·첨(襜: 보자기)·비리(芘莉: 대발)·계(棨: 창)·박(撲: 채찍)·배(焙: 배로)·관(貫: 꽂이)·붕(棚: 선반)·천(穿: 꿰미)·육(育: 저장통) 등 15가지를 소개하고 있다. 이 같은 도구는 차를 따는 기구, 차를 익히는 기구, 차의 형태를 만드는 기구, 차를 건조하는 기구, 차를 저장하는 기구 등이다. 게다가 여기에는 당나라의 대표적인 병차(餠茶: 떡차)를 만드는데 필요한 채(採)·증(蒸)·도(搗)·박(拍)·배(焙)·천(穿)·봉(封) 등 일곱 단계를 소개하고 있다.

『다경』 '삼지조'는 병차 만드는 과정을 자세히 소개하고 있다. 여기에는 우선 찻잎 따는 시기를 언급하고 있다. 찻잎 따는 시기는 2월, 3월, 4월 사이이다. 다음은 찻잎 따는 요령을 소개하고 있다. 차의 순은 난석의 좋은 땅에서 나서 길이가 고비와 고사리가 솟기 시작할 때와 같은 네다섯 치 정도가 자랐을 때 이슬이 마르기 전에 딴다. 차의 싹은 촘촘한 풀 위로 솟아 세 가지, 네 가지, 다섯 가지가 난 것 중에 가장 힘 있는 가지의 잎을 딴다. 잎은 비가 오면 따지 않고 개거나 구름이 끼어도 따지 않는다. 다음은 차 만드는 과정을 소개하고 있다. 차는 맑은 날 따고, 찌고, 찧고, 누르고, 불 쬐고, 말리고, 구멍 뚫고, 꿰고, 봉한다. 다음은 차의 여러 모양을 소개하고 있다. 대강 말하자면, 오랑캐의 가죽신처럼 쪼글쪼글한 것, 들소의 가슴팍처럼 주름 잡힌 것, 산 위로 오르는 뜬구름이 뭉게뭉게 피어 엉킨 듯한 것, 가벼운 바람이 불어 수면에 잔물결이 이는 듯한 것, 도공이 흙을 체로 쳐서 물에 가라앉힌 모양처럼 맑고 깨끗한 것, 새로 개간한 땅 위에 폭우가 내려 빗물이 지나간 것처럼 파인 것 등은 모두 잘 만든 것이다. 반면에 대껍질 같은 것, 서리 맞은 연잎 같은 것 등은 모두 수척해서 메마른 차들이다. 『다경』 '삼지조'의 내용 중 만든 차에 대한 육우의 평가는 실물을 보지 않고서는 도저히 이할 수 없을 만큼 문학적인 표현이다.

마단임 『문헌통고』의 제다

송대의 차에 대해서는 원나라 마단임(馬端臨)의 『문헌통고(文獻通考)·각차(榷茶)』에서 편다(片茶)와 산다(散茶)를 소개하고 있다. 우리나라 다산 정약용도 『각다고(榷茶考)』에서 자세히 소개하고 있다.

편다는 쪄서 제조하는 것이다. 이는 단단히 말아서 복판이 꼬치처럼 되어 있다. 오직 건주(建州)와 검주(劍州)에는 찐 다음에 갈고 대를 엮어 시렁을 만들어서 건조실 안에 두는 것이었다. 가장 정결하여 다른 곳에서는 제조할 수 없었다. 그 명칭은 용봉(龍鳳)·석유(石乳)·적유(的乳)·백유(白乳)·두금(頭金)·납면(蠟面)·두골(頭骨)·차골(次骨)·말골(末骨)·추골(麤骨)·산정(山挺) 등 12등급이 있었다. 세공(歲貢)과 방국(邦國)의 쓰임 및 본도(本道) 내의 차를 먹는 나머지 주에 충당했다. 인종(仁宗) 초에 만든 용봉은 정위(丁謂)가 시작해서 채양(蔡襄)이 완성했다.

편다의 경우, 진보(進寶)·쌍승(雙勝)·보산(寶山)·양부(兩府)는 강남의 흥국군(興國軍)에서, 선지(仙芝)·눈예(嫩藥)·복합(福合)·녹합(祿合)·운합(渾合)·경합(慶合)·지합(指合)은 강남의 요지주(饒池州)에서 만들었다. 이편(泥片)은 건주(虔州)에서, 녹영(綠英)·금편(金片)은 원주(袁州)에서, 옥진(玉津)은 임강군(臨江軍)·영천(靈川)·복주(福州)에서, 선춘(先春)·조춘(早春)·화영(華英)·내천(來泉)·승금(勝金)은 흡주(歙州)에서, 독행(獨行)·영초(靈草)·녹아(綠芽)·편금(片金)·금명(金茗)은 담주(潭州)에서, 대척침(大拓枕)은 강릉(江陵) 및

대·소파릉(大小巴陵)에서, 개승(開勝)·개권(開捲)·소권(小捲)·생황(生黃)·영모(翎毛)는 악주(岳州)에서, 쌍상(雙上)·녹아(綠芽)·대소방(大小方)은 악진(岳辰) 및 풍주(灃州)에서, 동수(東首)·천산(淺山)·박측(薄側)은 광주(光州)에서 만들었다.

산차(散茶)의 경우, 태호(太湖)·용계(龍溪)·차호(次戶)·말호(末戶)는 회남(淮南)에서, 악록(岳麓)·초자(草子)·양수(楊樹)·우전(雨前)·우후(雨後)는 형주(荊州) 및 호주(湖州)에서, 청구(淸口)는 귀주(歸州)에서, 명자(茗子)는 강남에서 만들었다.

전춘년 『제다신보』의 제다

명대 전춘년(錢椿年)의 『제다신보(製茶新譜)』에는 다양한 종류의 차 만드는 내용을 담고 있다. 그런데 『제다신보』는 혹 『다보(茶譜)』라는 제목으로 간행된 것도 있다. 즉 『중국차문헌집성(中國茶文獻集成)』에는 『제다신보』라는 제목으로 민국광익서국(民國廣益書局)의 연인본(鉛印本)을 실었고, 『중국고대차엽전서(中國古代茶葉全書)』에는 『다보』라는 제목으로 실었다. 게다가 『다보』의 저자는 전춘년이고, 명대의 고원경(顧元慶)이 첨삭 교정한 것으로 표기했다.

『제다신보』에서 언급한 차는 등차(橙茶)·연화차(蓮花茶)·목서(木樨)·말리(茉莉)·매괴(玫瑰)·장미(薔薇)·난혜(蘭蕙)·귤화(橘花)·치자(梔子)·목향(木香)·매화(梅花) 등이다. 등차는 등자나무의 껍질을 가는 실처럼 썰어서 한 근을 만들고, 좋은 차 다섯 근을 불에 쬐어 말린 것을 서로 섞어서 맛을 조절한다. 그 다음 촘촘한 삼베를 불꿰에 빠지도록 가까이 대고 차를 그 위에 놓은 후 그을린 다음 깨끗한 이불로 덮는다. 다음에는 건연지(建連紙), 즉 복건성의 건령에서 만든 아주 매끄러운 종이로 만든 주머니에 싸서 봉하고, 거듭 이불로 덮어씌우고 불에 쬐어 말려서 거두어 사용한다.

연화차는 해가 아직 돋지 않았을 때 방긋이 핀 연꽃의 꽃봉오리를 헤쳐 열고, 가는 차 한 움큼을 꽃술 속에 가득히 넣은 다음, 삼 껍질로 대강 잡아매어 하룻밤을 묵힌다. 다음날 일찍 꽃을 따서 찻잎을 기울여 쏟아내고 건연지에 싼 차를 불에 쬐어 말린다. 다시 이전과 같은 방법으로 또 다른 꽃술 속에 찻잎을 넣는다. 이처럼 여러 차례 한 것을 꺼내어 불에 쬐어 말린 다음 거두어 사용하면, 말할 수 없이 좋은 향기와 맛이 난다.

목서·말리·매과·장미·난혜·귤화·치자·목향·매화 등은 꽃이 필 때 절반은 머금고 절반은 피어나서 꽃술의 향기가 온전한 것을 딴 다음 찻잎의 많고 적음을 살펴 따온 꽃을 차와 함께 섞는다. 꽃이 많으면 향기가 심해서 차의 운치가 줄어든다. 꽃이 적으면 향기가 없고 맛도 충분히 드러나지 않는다. 찻잎 셋에 꽃 하나꼴이 알맞다. 예컨대 목서 꽃의 경우 가지나 꼭지와 먼지 등을 제거하고 사기그릇에 차 한 층, 꽃 한 층씩 갈마들여서 가득히 채우고 종이와 대껍질로 단단히 묶은 다음 냄비에 넣고 중탕으로 삶는다. 들어내 식기를 기다렸다가 종이로 싸고 봉해서 불 위에 쬐어 말리고 거두어 사용한다. 그 밖의 것도 목서 꽃처럼 똑같이 한다.

『제다신보』에서 언급한 차의 종류는 『다경』에서 언급한 떡차와는 다르다. 그렇다고 우리나라에서 얘기하는 대용차(代用茶)와도 다르다. 천춘년이 언급한 차는 당대부터 차를 다른 것과 섞어서 만들었던 전통을 계승한 것이다.

장원『다록』의 제다

1595년 전후 간행한 『다록』을 쓴 장원(張源)은 동정서산(洞庭西山)의 은군자라 부른다. 강소성(江蘇省) 진택현(震澤縣) 동정서산(洞庭西山)에 살았기 때문이다. 『다록』은 초제차(炒製茶)의 진수를 소개한 다서이다. 『다록』은 명대의 유정(喩政)이 엮은 『다서전집(茶書全集)·을본(乙本)』에 실려 있을 뿐 아니라, 초의(草衣)는 『만보전시(萬寶全書)·채다론(採茶論)』에 실린 내용을 1830년에 『다신전(茶神傳)』이라는 이름으로 편찬했다. 『다록·조차(造茶)』의 제다 방법은 다음과 같다.

새로 딴 찻잎에서 센 잎과 가지와 부스러기를 골라낸다. 두자 네 치의 노구솥에 찻잎 1근 반(약 900g)으로 덖어 익힌다. 솥이 충분히 달구어졌을 때, 찻잎을 넣고

> 재빨리 덖는다. 열의 온도가 약해서는 안 되며, 익은 것을 기다렸다가 바로 불을 뺀다. 체에 거둔 찻잎은 가볍게 덩이 지어 여러 번 비빈 다음 솥에 다시 넣는다. 조금씩 열도를 낮추어 알맞은 정도로 덖어 말린다. 이 중에 현묘(玄妙)하고 미묘(微妙)함은 말로는 나타내기 어렵다. 열도를 고르게 잘 맞추어야 색과 향이 모두 좋다. 현묘하고 미묘한 것이 모자라면 제대로 된 맛을 갖출 수가 없다.

위의 제다 방법은 뜨거운 솥에서 재빨리 익혀서 산화효소의 활성을 막고 식혀서 비빈 다음 다시 솥에서 말려 완성하는 것이다. 이는 우리나라 대부분의 녹차 제다, 즉 오늘날 초청녹차 제다법과 같다.

(2) 차 종류별 제다

차는 셀 수 없을 만큼 종류가 많지만, 중국에서는 대체로 6종류, 즉 녹차(綠茶), 백차(白茶), 황차(黃茶), 청차(靑茶), 홍차(紅茶), 흑차(黑茶)로 나눈다. 제다에 따른 차의 분류는 다음과 같다.

<표1> 제다에 따른 차의 분류

비발효차	녹차(비발효차) 살청-유념-건조	증청(蒸靑)녹차-전차, 옥로
		쇄청(曬靑)녹차-전청, 천청
		초청(炒靑)녹차-용정차, 벽라춘, 우화차
		홍청(烘靑)녹차-황산모봉, 태평후괴
발효차	백차(약발효차) 위조-건조	백호은침, 백목단, 공미, 수미
	황차(경후발효차) 살청-유념-민황-건조	군산은침, 몽정황아
	청차(부분발효차) 위조-주청-살청-유념-건조	무이암차, 수선, 대홍포, 육계, 철관음, 봉황단총, 동정오룡, 백호오룡, 문산포종
	홍차(산화효소발효차) 위조-유념-산화효소발효-건조	소종홍차, 전홍, 기홍, 구곡홍매, 다즐링, 우바

후발효차	흑차 살청-유념-(건조)- 악퇴(발효)-건조	복전차, 운남보이차, 육보차, 천량차, 천첨차
재가공차	화차. 약용차 등	말리화차, 긴압차, 혼합차, 현미차, 가향차 등

중국에서는 제다방법과 발효도에 따라 녹차, 황차, 백차, 청차, 홍차, 흑차 등 6대 차류로 구분하고 있으며, 우리나라에서도 통용되고 있다. 발효도에 따라 차의 성분, 효능, 찻물색, 향기, 맛 등이 달라진다. 차의 발효란 적당한 온도와 습도에서 찻잎의 폴리페놀에 찻잎 세포의 산화효소가 작용하여 녹색의 엽록소가 누런색의 테아플라빈(theaflavin)과 자색의 데아루비긴(thearubigin) 성분 등으로 변하면서 차의 독특한 색(色), 향(香), 미(味)가 만들어지는 작용을 말한다. 청차, 홍차 등 산화효소발효차는 후발효차와 달리 미생물에 의한 발효가 아니라 찻잎에 존재하는 효소들의 작용에 의한 산화발효차이다.

녹차 제다

녹차는 제다 과정 중에서 발효 과정을 거치지 않으며 바로 살청을 거쳐 유념·건조한다. 따라서 찻잎은 본래의 푸른 색을 유지하고, 우려낸 차의 색깔, 말린 잎과 찻물, 우린잎이 녹색이다. 살청은 덖음차 제다 과정에서 매우 중요한 단계이며, 첫 덖음에서 온도와 시간은 매우 중요하다. 살청과 건조 방법에 따라 초청(炒靑)녹차(마지막으로 찻잎을 가마솥에서 덖어 건조한 차), 홍청(烘靑)녹차[홍건기계(洪乾機械) 등 가마솥 이외의 열 기운으로 건조시킨 녹차], 쇄청(曬靑)녹차(햇볕에 쬐어서 건조시킨 녹차), 증청(蒸靑)녹차[열증기살청(熱蒸氣殺靑)방식으로 건조시켜 만들어낸 녹차], 초청과 홍청을 혼합한 반홍초(半烘炒)로 나눈다. 녹차의 향기 조성은 다음과 같다.

<표2> 녹차의 향기 종류별 화학 성분

향기의 종류	화학 성분
어린잎 향기, 풋풋한 청향	청엽 알콜, 에스테르
장미꽃향	게라니올
은방울꽃의 상쾌한 향기	리나로올
파래향	디메틸설피드
자스민꽃향	사스-자스민
가열에 의한 향(구수한 향)	피라진류

　채엽(採葉)은 제다의 기본이며, 찻잎을 채취하는 것이다. 차의 품질은 제다 방법에도 영향을 받지만, 양질의 채엽도 중요하다. 찻잎은 차나무의 품종, 재배지역과 찻잎, 따는 시기, 찻잎의 성숙도에도 영향을 받는다. 채엽 시기가 빠른 어린 생엽으로 제다한 차에는 카페인, 아미노산 함량이 많고, 늦게 딴 찻잎으로 만든 차는 떫은맛을 내는 카테킨의 함량이 많다.

　탄방(攤放: 생엽 펼쳐놓기)은 생엽의 수분을 감소시키며 찻잎의 화학변화가 일어나 풋내를 없애주고 떫은맛을 감소시켜주며 향기를 증가시켜 맛과 향을 좋게 변화시켜 준다.

　살청(殺靑)은 찻잎에 열을 가하여 산화효소가 활성화되는 것을 막고 폴리페놀의 효소에 의한 산화작용을 막는다. 살청은 찻잎 속에 함유된 성분의 특성을 변화시켜 녹차 특유의 색상, 향기, 맛을 만든다. 아울러 수분을 일부 증발시켜 잎을 부드럽게 하여 유념을 잘되게 한다.

　유념(揉捻)은 찻잎을 잘 비비고 말아서 원하는 모양을 만들고 세포조직을 적당히 파괴하여 차를 우릴 때 차의 성분이 잘 우러나게 한다. 유념 과정에서 찻잎 내부의 조직과 외관에 물리적 변화를 가져오며 각종 성분들을 혼합시키는 과정이다.

　건조(乾燥)는 차의 품질을 결정하는 단계이며, 찻잎 내의 함유 물질에 변화를 주어 그 내부 물질을 높이는 데 있다. 수분을 제거하여 변질되는 것을 방지하고 보관을 쉽게 한다.

백차 제다

백차는 솜털이 덮인 차의 어린싹을 그대로 시들기[위조]하여 말리는[건조] 과정만으로 만든 것이다. 따라서 차 싹이 크고 솜털이 많은 품종으로 만든다. 특별한 가공과정을 거치지 않고 그대로 건조해서 약간의 발효만 시키기 때문에 아주 간단하지만, 아주 숙련된 기술이 필요하다. 백차는 찻잎이 은색의 광택을 내고 향기가 맑고 맛이 산뜻하다. 현존하는 백차의 가공 방법에 대한 최초의 기록은 명대 전예형(田藝衡)의 『자천소품(煮泉小品)』이다.

> 아차(芽茶)는 불로 건조한 것이 두 번째이며, 생엽(生葉)을 햇볕에 말린 것이 좋다. 그것은 자연에 가깝고 덖을 때 연기와 단절되었기 때문이다. 만들 때는 사람의 손이나 기구가 깨끗하지 않거나 불의 상태가 마땅함을 잃으면 차의 향기와 색이 손상 받을 수 있다. 생엽을 햇볕에 말린 차를 잔 속에서 우려내면, 찻잎과 싹이 서서히 펴지면서 비취색이 선명하여 더욱 즐길 만하다.

『자천소품』 중 아차의 제다법은 오늘날 백차의 대표적인 백호은침의 제다법과 같다. 지금도 이 같은 제다법에 기초해서 백모란, 수미, 공미 등 기타 다른 종류의 백차를 만든다.

황차 제다

전통적인 황차는 녹색으로 변하지 않은 황색의 어린잎으로 만들었거나 찻잎을 증청법(蒸靑法)으로 쪄서 찻잎과 탕색을 황색으로 변화시킨 차를 말한다. 그러나 명대에 이르러 차 품종 및 채엽 시기가 다른 찻잎으로 제조한 황차의 경우, 살청과 유념 후의 뜨거운 찻잎을 천 혹은 종이 등으로 싸서 밀폐된 공간에서 일정 기간 두면 엽록소에 의해 황색으로 변하면서 성분변화가 일어난다. 떫은맛을 내는 카테킨 성분이 약 50~60% 감소되므로 차 맛이 순하고 부드러워진다. 이 같은 공정을 '민황(悶黃)'이라 부른다. 명대 문룡(聞龍)의 『다전(茶箋)』에서 황차 제다에 관한 내용을 찾을 수 있다.

황차는 민황 과정에서 엽록소에 의한 비효소성 변화이므로 '후발효차'라 부른다. 호남성의 군산은침(君山銀針)이 가장 대표적인 황차이다.

청차 제다

청차의 발생지는 중국 복건성 북부 지역인 무이산이며, 청차의 제다방법은 광동·대만 등의 차 생산지역으로 전파되었다. 청차의 품질 특징을 설명한 녹엽홍양변(綠葉紅鑲邊: 찻잎의 가장자리는 붉은색, 가운데는 녹색을 띠는 현상)의 청차가 18세기 이전에 생산되고 있었다. 청차는 고산지역에서 자라는 차나무 신초의 비교적 성숙한 찻잎을 이용하여 제다 과정을 거친다. 제다 공정을 마친 차의 외관은 검붉고 모양이 가늘고 비틀어져 있어서 오룡차(烏龍茶: 중국 발음으로 통상 우롱차)라고 불린다. 차의 발효도 범위가 15%~70% 이며, 반발효차 또는 부분발효차로 분류한다. 외관은 청녹색, 청갈색, 흑갈색, 찻물색은 녹황색, 등황색 등으로 발효도에 따라 다르고, 천연의 화향(花香)과 과일향, 독특한 운미(韻味)인 음운(音韻)과 암운(巖韻)이 있으며, 맛은 신선하고 쓰고 떫은맛이 적다.

청차의 일반적인 제다 과정은 채엽-위조-주청-살청-유념-건조이다. 제다 공정 중 위조(萎凋)와 주청(做靑)의 과정에서 청차의 특징이 잘 나타난다. 먼저 위조는 일광위조와 실내위조로 나누어서 진행한다. 위조는 찻잎의 수분을 천천히 증발시켜서 화학적으로 변화하는 과정이다. 위조한 찻잎은 비가용성 물질이 가용성물질인 가용성 탄수화물, 아미노산 등으로 전환되고, 향기전구체는 가수분해 되면서 향기가 생성된다. 주청 과정은 청차에만 있는 특유한 공정이며, 요청(搖靑)과 정치를 반복하는 것이다. 청차 제다의 특별한 공정인 요청(搖靑)은 찻잎을 바구니에 넣고 흔드는 공정이다. 요청은 찻잎을 흔들어 찻잎이 서로 부딪쳐 마찰되면서 상처를 입게 함으로써 가장자리 세포가 파괴되면서 효소작용을 촉진한다.

청차는 지역에 따라 4곳으로 분류한다. 민남청차는 철관음(鐵觀音), 황금계(黃金桂), 본산(本山), 모해(毛蟹), 기란(奇蘭), 매점(梅占), 민남수선

(閩南水仙) 등이 있고, 민북청차는 무이암차(武夷岩茶), 대홍포(大紅袍), 철라한(鐵羅漢), 백계관(白鷄冠), 수금귀(水金龜), 반천요(半天妖), 민북수선(閩北水仙), 육계(肉桂) 등이 있다. 광동청차는 봉황수선(鳳凰水仙), 봉황단총(鳳凰單叢), 영두단총,(嶺頭單叢) 석고평오룡(石古坪烏龍) 등이 있으며, 대만청차는 문산포종(文山包種), 동정오룡(凍頂烏龍), 고산오룡(高山烏龍), 목책철관음(木柵鐵觀音), 백호오룡(白毫烏龍) 등이 있다.

청차는 중국의 남부 복건성, 광동성, 그리고 대만 등지에서 생산하고 있다. 흔히 청차를 모양이 '검은 용'을 뜻하는 '오룡차(烏龍茶)'로 부른다. 청차는 반발효차 중에서도 발효 정도가 높은 차를 말하지만, 지금은 발효 정도가 낮은 포종차, 철관음, 수선 등을 포함한다. 청차는 녹차와 홍차의 특징을 모두 갖고 있다. 그래서 찻잎의 가장자리는 붉은색, 가운데는 녹색을 띤다. 또한 녹차의 깔끔하고 향긋한 향과 홍차의 진하고 상쾌한 맛을 동시에 느낄 수 있다.

청차 제다법은 찻잎을 따서 덖거나 쪄서 만든 녹차나 발효시켜 만든 홍차와는 다르게 찻잎을 따서 일정 시간 햇볕이나 그늘에서 시들기를 하면서 손으로 가볍게 교반(攪拌), 즉 흔들어 섞은 후, 대나무 채반에 넣고 흔들어 찻잎의 세포막을 파괴하고 미세한 발효를 유도한다. 기온이 높은 고산지역에서 생산된 비교적 성숙한 찻잎을 이용한다. 무이차는 오룡차를 대표한다.

오룡차 제다에 관한 최초의 기록은 왕초당(王草堂)의 『다설(茶說)』(1717)이지만, 현재 전문이 전해지지 않고 청대 육정찬(陸廷燦)의 『속다경(續茶經)』(1734)에서 인용되고 있다. 『속다경』 중 무이차에 관한 내용은 다음과 같다.

> 무이차는 채다 후... 대나무 광주리에 균일하게 펼쳐놓고 햇볕 중 바람이 있는 곳에 걸어 두는데 이를 쇄청이라 한다. 푸른색이 점차 줄어들길 기다려 뒤에 다시 덖고 말린다. 양선개편차는 다만 쪄서 덖지 않고 불에 쬐어 만든다. 송라차와 용정차는 모두 덖지만 말리지 않는다. 그래서 색깔이 순하다. 오로지 무이차만이 덖고 말리길 겸하여 시행하니 끓여내는데 반은 푸르고 반은 붉다. 푸른 것은 덖은 색이고, 붉은 것은 말린 색이다.

홍차 제다

홍차 제다에 대해서는 청나라 강특장(康特璋)과 화실부(華實父)의 『홍차제법약설(紅茶製法略說)』과 민국시대 금릉대학농학원농업경제계편 (金陵大學農學院農業經濟系編)의 『기문홍차지생산제조급운소 (祁門紅茶 之生產製造及運)』에서 확인할 수 있다. 『홍차제법약설』에서는 채적(採摘)-권엽(捲葉)-변색(變色)-홍배(烘焙)-성분(成分)-주정(做淨)-성상(成箱) 등의 7단계를 기록하고 있다. 『기문홍차지생산제조급운소』에서는 한층 자세하게 홍차 만드는 법을 소개하고 있다. 여기에서는 초제방법(初製方法)과 정제법(精製法)으로 나눠 소개하고 있다. 초제방법은 위조(萎凋)-유념(揉捻)-발효(醱酵)-건조(乾燥) 등 4단계로 이루어진다. 정제법은 차 상인들이 차 산지에서 차 가게를 만들어 모차(毛茶)를 구입해서 가공한 후 판매 이익을 남기는 과정을 의미한다. 정제 방법은 홍건(烘乾)-사분(篩分)-간별(揀別)-보화(補火)-균퇴(均堆) 등 5단계를 거친다. 5단계를 좀 더 구체적으로 설명하면 다음과 같다.

홍건은 모차에 수분이 들어 있기 때문에 말리는 과정이다. 수분이 들어 있는 모차를 '수모차(水毛茶)'라 부르고, 말리는 것을 '타모화(打毛火)'라 부른다. 수분은 홍건이 끝날 즈음에 체로 거르는 과정이다. 이렇게 하는 이유는 각 농가에서 만든 모차가 각각 다르기 때문이다. 각 농가에서 사용하는 체가 다른 것은 체의 가격이 달랐기 때문이었다. 그래서 체를 사용해서 일률적으로 만들어야 제품의 가치를 높일 수 있었다. 간별은 찻잎을 고르는 과정이다. 이렇게 하는 이유는 차 농가에서는 가능하면 수량을 높이기 위해 줄기까지 따는 경우가 적지 않았기 때문이다. 물론 체를 통해 걸러내지만 모두 걸러낼 수 없기 때문에 다시 선별하는 과정이 필요했던 것이다. 보화는 체로 걸러낼 때 습기가 들어올 수 있기 때문에 포장할 때 다시 홍배하는 것을 의미한다. 균퇴는 '관퇴(官堆)'라 한다. 이는 수출할 홍차를 일정한 장소에 쌓는 것을 말한다. 쌓는 방법은 일차로 쌓는 것을 '소퇴(小堆)', 마무리하는 것을 '대퇴(大堆)'라 한다. 이 과정을 모두 마치면 정식 포장 단계를 거쳐서 수출한다.

기문홍차의 포장은 대체로 연리(鉛籬) 혹은 목상(木箱)을 사용했다. 포장한 홍차의 중량은 찻잎에 따라 달랐다. 연리는 아연으로 만든 항아리를 의미한다. 이것은 주로 상해에서 구입했다. 방법은 말린 아연 항아리 안에 종이를 2층으로 쌓고 포장한 차를 넣고 흔들리지 않도록 봉한 후 나무 상자에 넣는다. 경우에 따라서는 상자 입구에 못을 박는다. 아울러 상자 밖에는 차 상호나 차의 이름을 적은 무늬 종이를 붙인 후 다시 기름을 바른다. 기름을 바르는 것은 물이 묻어 훼손될 것을 예방하기 위해서였다. 포장 수속이 끝나면 곧장 배로 운반한다. 민국 22년(1933) 당시 포장 종류 중에서 매 상자 당 소요 비용은 나무 상자의 경우 0.56원(元)인데 반해 아연 상자는 1.50원, 종이는 0.25원이었다.

홍차를 포장할 때 사용하는 나무는 대부분 단풍나무였다. 그 이유는 상자 안의 차가 밖의 공기를 어떻게 흡수하느냐에 따라 품질에 영향을 받았기 때문이다. 예컨대 소나무와 녹나무의 경우에는 두 나무의 성분 때문에 차의 향기를 차단해버렸다.

홍차를 수출하기까지의 과정에서 한 가지 주목할 것은 모차에서 정제차까지 적잖은 부산물이 생긴다는 사실이다. 홍차를 완성하는 과정에서 생기는 부산물은 홍차의 분량에 큰 영향을 준다. 그러나 각 차 상호마다 정제하는 과정이 똑같지 않기 때문에 부산물의 양도 달랐다. 다음은 기문홍차의 각 차 상호별 모차와 정제차의 비율은 다음과 같다.

<표3> 민국 22년(1933) 모차와 정제차의 중량 비교(단위: 근)

차 상호	모차 수량	정제 수량	백분율
연대(聯大)	47,360	20,760	43.83
대성무(大成茂)	31,969	13,664	42.74
수선(樹善)	25,195	10317	40.95
춘형(春馨)	23,791	9,940	41.78
익대(益大)	19,741	8,379	42.44
합계	148,056	63,060	42.59

위의 표에서 보듯이 모차에서 정제차를 만드는 과정에서 정제차가 모차를 차지하는 비율이 평균 42%를 차지한다는 것은 그만큼 부산물이 많이 발생한다는 뜻이다. 이는 농가에서 생산한 모차가 실제 수출 홍차를 만드는 과정에서 손실이 적지 않다는 것을 의미한다. 부산물 중에서 가장 많이 생기는 것은 부스러기였다.

홍차의 일반적인 제다 과정은 위조-유념 또는 유절(揉切)-산화효소발효-건조의 공정을 거친다. 위조는 채엽한 찻잎의 수분을 증발시켜 찻잎 내에 있는 물질의 함량 변화로 유념하기에 적당한 물리적 변화와 산화하기 위한 최적의 조건을 만들면서 찻잎의 효소를 활성화해서 차의 향과 맛을 생성하는 것이다. 유념은 위조한 찻잎을 비벼서 조직을 파괴하여 차의 외관을 형성하는 것이다. 차즙이 흘러나오고 발효에 필요한 조건을 만들어 주어 폴리페놀 옥시다아제가 산화를 촉진하여 홍차 특유의 맛과 향을 형성한다. 홍차의 산화에는 미생물의 관여가 없고 찻잎 속에 있는 폴리페놀 옥시다아제(polyphenol oxidase)에 의해 산화한다. 이때 생엽에서는 없던 향기 성분들이 생긴다. 어린 찻잎일수록 향기 성분을 많이 함유하여 산화과정 중에 다양하게 생성된다. 찻잎 중 향기 성분은 아주 소량이지만 차의 기호도에 미치는 영향은 아주 크다. 꽃향의 리날로올(linalool), 장미향의 제라니올(geraniol), 자스민 꽃향의 시스자스몬(cis-jasmone) 등이 대표적인 향기 물질들이고, 그 외 다양한 향기 성분들이 복합적으로 작용하여 차의 향을 낸다. 건조는 산화 발효된 찻잎에 열을 가해서 산화 발효를 중지시키고 보관을 쉽게 하는 것이다.

흑차 제다

『중국차엽대사전(中國茶葉大辭典)』에 따르면, 흑차는 늙고 쇤 찻잎을 원료로 하며 제다 과정 중 퇴적 또는 발효 등 오랜 시간의 경과를 통해 만들어진 차이다. 제다 공정은 채엽-살청-유념-(건조)-악퇴(발효)-건조 등이다. 제다 공정 중 악퇴(渥堆)는 고온 다습한 곳에서 찻잎을 균으로 발효하는 것이다. 이렇게 만든 차는 긴압(緊壓, 틀에 찍어 덩어리로 만듦)한 후 찻잎을 틀에 넣고 증기를 가해 모형을 만든 다음 대나무 껍질로 포장한다. 후발효차인 흑차의 경우, 외관은 흑갈색을 띠고 찻물색은 갈황색 혹은 갈홍색을 띤다.

흑차의 형태는 산차와 긴압차가 있다. 긴압차는 역사상 가장 오래된 차 중 하나로서 220-265년에 긴압차류인 병차(餠茶, 떡차)의 제조에 대한 기록이 있다. 긴압차의 주산지는 중국의 사천(四川), 운남(雲南), 호남(湖南), 호북(湖北) 광서(廣西) 등지이며, 내몽고를 포함한 중국 변방 지대의 소수 민족이 주로 소비하고 있다. 긴압차는 형상이 장방형, 타원형 등의 여러 가지 모양이 있으며, 운남방차(雲南方茶), 운남칠자병차(雲南七子餠茶), 보이타차(普洱沱茶), 안화흑전차(安化黑磚茶), 호북노청(湖北老靑), 화전차(化磚茶), 안화복전(安化茯磚), 강전차(康磚茶), 금첨차(金尖茶), 육보차(六堡茶) 등이 있다.

보이차는 흑차를 대표한다. 중국 정부는 2008년 12월 공식적으로 발표한 보이차에 대한 국가표준조례를 발표했다. 보이차는 중국정부가 정한 지리표지산품으로 지리 표시는 산지 표시와 품질 표시를 포함한다. 운남성 지리표지보호 범위 내에서 자라는 운남대엽종(Camellia Yunnansis) 쇄청모차를 원료로 한다. 운남성 지리표지보호 범위 내에서 특정한 가공 공정을 통해서 생성된 독특한 품질의 차(茶)이다. 가공 공정 및 품질 특성에 따라서 보이차는 생차와 숙차 두 가지 유형으로 나뉜다. 생차는 쇄청(曬靑)모차(毛茶)를 증압성형 등의 공정을 거쳐 만들어낸 긴압차를 말한다. 숙차는 쇄청모차를 원료로 악퇴(미생물, 효소, 습열 작용 등)라는 특정한 가공기술을 사용하여 쾌속후 발효를 거쳐 가공 형성된 산차와 긴압차를 말한다. 쇄청모차를 가지고 가공 방법에 따라 생차나 숙차가 만들어 진다. 쇄청모차에 증기를 쐬여 압축 성형 해 특정한 모양으로 만든[증압성형] 후 그늘진 곳에서 말려주면(증압성형 과정에서 증가된 함수율을 낮추는 최종 가공과정) 생차가 만들어지게 되는데 이럴 경우를 생병 또는 청병이라고도 부른다. 쇄청모차를 조수악퇴(潮水渥堆) 공정을 거쳐 숙차를 만들 수도 있다. 악퇴발효 공정은 일반적으로 10톤 이상의 쇄청모차를 큰 공간에 쌓아 놓고 물을 뿌려 적당한 습도와 온도를 유지해 주면 모차 내에서 미생물이 발생해 발효를 촉진시키게 되며, 차엽 속의 각종 효소와 물질들이 산화, 결합, 분해 작용을 거쳐 차의 성질이 순해지고 부드러워져 아름다운 탕색과 맛을 갖는다. 악퇴 작업은 필요한 발효 정도에 따라 40~60일 정도 진행하는데 대개 요즘엔 악퇴 기간을 짧게 하는 경발효 숙차를 만드는 경향이 대세를 이루고 있다. 악퇴 과정 후의 숙차는 반드시 살균 과정을 거쳐 차속에 있을 지도 모를 해로운 세균들을 없애줘야 한다. 이렇게 악퇴과정을 마친 쇄청모차를 증압성형해 병차나 전차, 타차 같은 여러 가지 모양의 숙차를 만들어 낸다.

(3) 제다의 사례

차 종류별 제다 과정을 실제 경험하는 것은 쉽지 않다. 특히 제다 과정은 시대마다 다르기 때문에 시대별 제다 과정을 실제 보여주기란 거의 불가능하다. 게다가 각국마다 차 종류별 제다 과정을 보여주는 것은 더욱 어렵다. 그래서 여기서는 몇 가지 사례만 사진으로 보여주고자 한다.

녹차 제다 수제

녹차 제다 기계

청차 포종차 제다

홍차 제다

2. 차 산지의 명차

(1) 중국의 명차

송대의 공차

황제들은 자신들이 먹는 차를 특별히 만들기 위해 용과 봉새 무늬의 거푸집을 만들어놓고 사신을 북원에 보내 단차(團茶)를 만들었다. 이렇게 만든 차를 '용봉차(龍鳳茶)'라 한다. 용과 봉은 중국에서 가장 높은 자리에 있는 자를 상징하는 상상의 동물이다. 그런데 용과 봉 중에서도 용은 천자를 비롯해서 재상, 천자의 아들과 딸에게, 봉차는 황족·학사·장수에게 하사되었다. 용봉차를 천자에게 가장 먼저 올린 사람은 북송 인종 경력(慶曆) 연간(1041-1048) 전운사 채군모(蔡君謨), 즉 채양(蔡襄)이었다. 『선화북원공차록(宣和北苑貢茶錄)』에는 조공한 36개의 차 이름과 만든 시기를 기록했다.

<표4> 『선화북원공차록』의 공차명과 제작 시기

공차명	제작시기
공신과(貢新銙)	대관(大觀)2년(1108)
시신과(試新銙)	정화(政和)2년(1112)
백차(白茶)	정화(政和)3년(1113)
용원승설(龍園勝雪)	선화(宣和)2년(1120)
어원옥아(御苑玉芽)	대관(大觀)2년(1108)
만수옥아(萬壽玉芽)	대관(大觀)2년(1108)
상림제일(上林第一)	선화(宣和)2년(1120)
을야청공(乙夜淸供)	선화(宣和)2년(1120)
승평아완(承平雅玩)	선화(宣和)2년(1120)
용봉영화(龍鳳英華)	선화(宣和)2년(1120)
옥제청상(玉除淸賞)	선화(宣和)2년(1120)
계옥승은(啓沃承恩)	선화(宣和)2년(1120)
설영(雪英)	선화(宣和)2년(1120)

운엽(雲葉)	선화(宣和)2년(1120)
촉규(蜀葵)	선화(宣和)2년(1120)
금전(金錢)	선화(宣和)3년(1121)
옥화(玉華)	선화(宣和)2년(1120)
촌금(寸金)	선화(宣和)3년(1121)
무비수아(無比壽芽)	대관(大觀)3년(1109)
만춘은엽(萬春銀葉)	선화(宣和)2년(1120)
의년보옥(宜年寶玉)	선화(宣和)2년(1120)
옥청경운(玉淸慶雲)	선화(宣和)2년(1120)
무강수룡(無疆壽龍)	선화(宣和)2년(1120)
옥엽장춘(玉葉長春)	선화(宣和)4년(1122)
서운상룡(瑞雲翔龍)	소성(紹聖)2년(1095)
장수옥규(長壽玉圭)	정화(政和)2년(1112)
흥국암과(興國岩銙)	
향구배과(香口焙銙)	
상품간아(上品揀芽)	소흥(紹興)2년(1132)
신수간아(新收揀芽)	
태평가서(太平嘉瑞)	정화(政和)2년(1112)
용원보춘(龍苑報春)	선화(宣和)4년(1122)
남산응서(南山應瑞)	선화(宣和)4년(1122)
흥국암간아(興國岩揀芽)	
흥국암소룡(興國岩小龍)	
흥국암소봉(興國岩小鳳)	

이상 36개의 공차는 세색(細色), 즉 고운 종류이고, 간아·소룡·소봉·대룡·대봉은 조색(粗色), 즉 거친 종류라 불렀다. 공차는 36개 외에도 경림육료(瓊林毓料)·욕설정상(浴雪呈祥)·학원공수(壑源拱手)·공비추선(貢篚推先)·가배남금(價倍南金)·양곡선춘(暘谷先春)·수암각승(壽岩却勝)·연평석유(延平石乳)·청백가감(淸白可鑒)·풍운심고(風韻甚高) 등 10종류가 선화 2년에 만들어졌지만, 5년 지난 후 모두 사라졌다.

북송시대의 공차는 한 해 동안 10여 강(綱)으로 나누어서 보냈다. 그중

백차와 승설(勝雪)은 경칩 이전에 10일 만에 만들어서 기병(騎兵)을 이용해서 중춘(仲春)전에 도착하도록 했다. 따라서 복건 건안에서 만든 백차와 승설은 늦어도 3월 5일 경칩 전에 만들어서 음력 2월인 중춘, 즉 양력 3월 말까지 개봉에 도착했다. 복건 건안에서 만든 용봉 공차가 북송의 수도 개봉까지 도착하려면 3천 5백 리 길을 가야 한다. 이 같은 사실은 북송의 시인 구양수(歐陽修, 1007-1072)의 「서울에서는 삼월에 햇차를 맛 본다네/京師三月嘗新茶」에서 알 수 있다. 개봉은 지금의 하남성에 위치한다. 현재 개봉의 황궁은 온전히 남아 있지는 않지만, 그 흔적은 남아 있다.

명·청시대의 명차

명·청시대의 명차 중 하나는 명청시대 공차(貢茶)였던 개차(岕茶)다. 개차는 당나라 때 최고의 공차였던 양선차(陽羨茶)를 의미한다. 양선은 현재 강소성 상주부의 의흥현(義興縣)이다. 양선은 진나라 때 행정 구역을 설정할 때 현으로 설치되었다. 당나라 때 양선차는 전국의 공차 중 최고였다. 그런데 개차 산지에 대해서는 약간 혼란이 있다. 현재 개차 관련 다서는 명나라 허차서(許次紓)의 『다소(茶疏)』, 웅명우(熊明遇)의 『나개차기(羅岕茶記)』, 풍가빈(馮可賓)의 『개차전(岕茶箋)』, 주고기(周高起)의 『동산개차계(洞山岕茶系)』, 청대 모양(冒襄)의 『개차휘초(岕茶彙抄)』 등이다. 개차 지명 혼란의 발단은 허다서의 『다소』에서 개차의 원산지를 절강성 호주부의 장흥(長興)으로 언급했기 때문이다. 그러나 풍가빈의 『개차전』에서는 의흥으로 기록하고 있다. 『개차전』에 따르면, 의흥 주변의 차 산지는 나해(羅嶰), 백암(白巖), 오첨(烏瞻), 청동(青東), 고저(顧渚), 조포(篠浦) 등이다. 그 중에서 으뜸은 나해이다. 나해는 10리에 아득히 골이다. 그래서 '개(岕)'라 한다. '개'는 '양쪽 산에 끼여 있다'는 뜻이다. '나개'는 이곳에 나씨가 소진왕(小秦王:당 태종) 사당 뒤쪽에 살아서 생긴 이름이다. 주고기의 『동산개차계』의 '동산'도 골짜기 산을 의미다.

이처럼 나개의 산지가 다른 것은 『동산개차계』에서 언급하고 있는 것처럼, 나씨가 의흥을 떠나면서 발생했다. 당시 사람들은 의흥과 인접한 장흥에서도 유사한 지형을 '개'라고 불렀던 것이다. 모양의『개차휘초』에 따르면 '개'는 여러 곳이다. 그에 따르면 강남의 차 중에서 당나라 사람들은 양선차를, 송나라 사람들은 건주차를 최고로 꼽았다. 지금 공차는 많지만 양선차는 그 이름을 갖고 있으면서도 건주차는 최상이 아니다. 오직 무이의 우전차가 최고이다. 근래 주목받는 차는 장흥의 나개차이다. 이처럼 모양도 나개차를 장흥 산지로 보고 있다.

중국 10대 명차

현재 중국에서 생산하는 차의 종류는 물론 각 지역마다 명차도 아주 많다. 각 지역의 명차에 대해서는 왕광지(王廣智)의『중국차류여구역명차(中國茶類與區域名茶)』에 자세하다. 그 중에서 중국이 선정한 10대 명차를 중심으로 살펴보면 다음과 같다. 다만 10대 명차는 시기에 따라 조금씩 다르다. 예컨대 1915년에는 파나마 만국박람회에 벽라춘(碧螺春)·신양모첨(信陽毛尖)·서호용정(西湖龍井)·군산은침(君山銀鍼)·황산모봉(黃山毛峰)·무이암차(武夷岩茶)·기문홍차(祁門紅茶)·도균모첨(都勻毛尖)·육안과편(六安瓜片)·안계철관음(安溪鐵觀音), 1959년에는 벽라춘·신양모첨(信陽毛尖)·군산은침(君山銀鍼)·황산모봉(黃山毛峰)·무이암차(武夷岩茶)·기문홍차(祁門紅茶)·육안과편(六安瓜片)·안계철관음(安溪鐵觀音)·남경우화차(南京雨花茶)·여산운무차(廬山雲霧茶), 1999년에는 벽라춘(碧螺春)·서호용정(西湖龍井)·안휘모봉(安徽毛峰)·육안과편(六安瓜片)·은시옥로(恩施玉露)·복건철관음(福建鐵觀音)·복건은침(福建銀鍼)·여산운무차(廬山雲霧茶)·운남보이차(雲南普洱茶)·복건운차(福建雲茶), 2001년에는 황산모봉·동정벽라춘(洞庭碧螺春)·몽정감로(蒙頂甘露)·신양모첨·서호용정·도균모첨·여산운무·안휘과편·안계철관음·소주말리화(蘇州茉莉花), 2002년에는 서호오룡·강소벽라춘·황산모봉·호남군산은침·시양모봉·기문홍차·안휘과편·도균모첨·무이암차·복건철관음 등이다. 이처럼 중국의 10대 명차는 시기에 따라 선정 대상이

다르다. 이는 중국에는 우열을 가릴 수 없을 마큼 다양한 지역에서 명차를 생산한다는 뜻이다. 따라서 어느 특정 시기의 10대 명차를 선정하는 것은 큰 의미가 없다. 어느 시기든 10대 명차에 선정되었다는 것만으로도 충분한 가치가 있기 때문이다. 아래에서는 시기를 정하지 않고 그중에서 대표적인 것을 살펴보고자 한다.

서호(西湖) 용정차(龍井茶): 절강성 서호 서남쪽에 위치한 용정촌(龍井村)에서 생산해서 생긴 항주를 대표하는 녹차 이름이다. 서호 인근에는 용정을 비롯해서 사봉(獅峰), 오운산(五雲山), 호포(虎跑), 매가오(梅家塢) 등지에서도 녹차를 생산하지만, 호포천의 물을 이용한 녹차가 가장 유명하다. 그 이유는 짙은 향, 부드러운 맛, 비취색, 아름다운 잎 등 네 가지 특징을 가진 '4절(四絶)'로 평가받기 때문이다. 용정차의 명성은 청나라 건륭제가 서호를 방문했을 때 사자봉 아래 호공묘(胡公廟)에 들렀을 때 승려가 차를 대접하자 건륭제가 차 맛을 보고 감동했다. 그래서 건륭제는 호공묘 앞의 18그루 차나무를 '어차(御茶)'로 명했다. 호공묘는 현재 절강성 금화(金華) 출신 호칙(胡則, 963-1039)을 기념하는 사당이다. 건륭시대 강소성 단도(丹徒) 출신 왕문치(王文治, 1730-1802)는 용정차를 칭송하는 시를 모은 『용정차가(龍井茶歌)』를 편찬했다. 용정차는 1959년 중국이 10대 명차를 선정할 때 처음 선정되었다. 서호 용정차는 '녹차의 황후'라 불린다. 초청녹차이다.

서호용정차의 외관은 편편하며 녹황색이고 찻물색은 연한 녹색에 비취색이 돌며, 신선한 난꽃향과 청향이 지속된다. 맛은 순수하고 상쾌하며 산뜻하고 단맛이 난다. 차를 우리면 여린 찻잎의 크기가 일정한 모습이다.

서호용정

안계(安溪) 철관음(鐵觀音): 복건성 천주부(泉州府) 안계(安溪)에서 생산한 청차, 즉 오룡차이다. 안계는 남당(南唐) 때 청계(淸溪)에서 1121년 북송 때 생긴 지명이다. 철관음은 차의 품종을 의미하지만 오룡차를 만들면서 철관음이 탄생했다. 따라서 철관음차는 철관음의 차나무를 통해 만든 오룡차를 뜻한다. 그러나 대만의 철관음은 반드시 철관음 품종으로 만든 것을 의미하지는 않는다. 안계철관음은 처음 속칭 홍심왜미도(紅心歪尾桃) 품종으로 만들었다. 철관음의 '철'은 차를 만든 후 잎이 검게 변하면서 마치 철처럼 생긴 데서 유래했다. 그러나 현재는 홍심왜미도를 비롯해서 다양한 품종으로 만든다. 그런데 전통 방식의 철관음은 40~50%의 발효지만 점차 소비자의 기호에 맞춰 발효는 낮추는 경향이 있다. 발효를 낮춘 철관음을 녹관음(綠觀音), 즉 녹차에 가까운 관음이라 부른다.

안계철관음에 대한 정보는 『청수암지(淸水巖志)』・『안계현지(安溪縣志)』・『안계차가(安溪茶歌)』 등에서 확인할 수 있다. 당대부터 이름을 얻은 안계철관음은 명대에 더욱 성행해서 18세기 후반에 한층 이름을 얻었다. 차의 이름에 '관음'을 붙인 것은 두 가지 전설 때문이다. 하나는 청나라 옹정 때 안계 서평송암촌(西坪松岩村)의 소나무 숲 마을에 사는 위음(魏蔭)이 관음보살을 믿었다. 그는 매일 관음보살에게 청차를 올렸다. 그는 어느 날, 밤 꿈에 자신이 호미를 메고 계곡을 지나다가 한 그루 차나무를 발견했다. 다음날 그는 꿈에서 본 차나무를 찾았는데 기이한 차나무를 발견했다. 찻잎을 따서 집에서 철로 만든 솥에서 차를 만드니 품질이 아주 뛰어나고 향기가 매우 좋았다. 위음은 관음보살이 자신에게 선물한 것으로 여겨 철 솥에서 만들기도 했고 잎이 철처럼 생겨서 '철관음'이라 이름했다. 현재 위음이 발견한 차나무의 유적지가 남아 있다. 또 다른 전설은 안계 서평요양암(西坪堯陽岩)에 사는 선비 왕사사(王士仕)와 관련한 것이다. 그는 청나라 건륭 원년(1736) 봄 남헌(南軒)에서 친구와 모임을 가졌는데, 남헌 근처에서 아주 특이한 차나무를 발견하고 집으로 가져와 심은 후 차를 만드니 맛이 아주 좋았다. 건륭 6년(1742)년 그는 황제의 부름으로 북경에 갈 때 자신이 만든 차를 가져가서 시랑(侍郞) 방포(方苞, 1668-1749)에게 선물했다. 안휘성 동성(桐城) 출신 방포는 왕사사에게 받은 차를 건륭제에게 바쳤다. 건륭제는 방포에게 받은 차를 마시고 아주 흡족하면서 찻잎이 윤기가 나면서도 무게감이 철과 같고 맛이 향기롭고 모양이 아름다워 관음 같아서 '철관음'이라는 이름을 하사했다. 안계철관음은 복건성 안계현만이 아니라 안계 주변의 화안현(華安縣), 남정현(南靖縣), 영춘현(永春縣), 장평현(漳平縣) 등지에서도 만든다.

철관음은 춘분 전후 매년 4번의 찻잎을 따고, 채엽 시기에 따라 춘차, 하차, 서차, 추차로 나뉜다. 찻잎의 외관은 타원형으로 잎맥이 분명하고 두께는 도톰하다. 완성된 차의 외관은 반구형으로 단단하게 말려있고, 색은 진녹색에 광택이 난다.

찻물색은 금황색으로 밝고 맑고 투명하다. 차향은 꽃향과 그윽한 향이 유지되며 맛은 순후하고 달고 신선하다. 우린잎의 경우 가운데는 푸르고 가장자리는 붉은 색을 띠는 녹엽홍양변의 모습이다.

녹엽홍양변

안계철관음

기문홍차(祁門紅茶): 기문홍차의 기문은 안휘성 휘주부의 기문현을 뜻한다. 그래서 기문홍차는 기문을 대표하는 차이고, '기홍(祁紅)'이라 부른다. 그러나 기문홍차의 명칭과 관련해서 주의할 것은 기문에서만 생산하지 않고, 인접한 안휘성 지주부(池州府)의 건덕(建德)과 귀주(貴池), 그리고 강서성 요주부(饒州府) 부량(浮梁)에서 생산한 홍차를 포함한다. 기문홍차는 1876년 안휘성 휘주부 이현(黟縣) 출신의 차상인 중 한 사람이 땅은 넓고 인구는 적은 기문에 홍차 차법을 전수하면서 시작되었다. 기문은 지세, 토양, 기후 등 차나무를 재배하는데 최상의 조건을 갖추고 있었다. 기문홍차는 스리랑카의 우바(Uva) 홍차, 인도의 다즐링(Darjeeling) 홍차와 함께 세계 3대 홍차 중 하나이다. 외관이 가늘고 긴결하며 색깔이 검고 윤기가 있다. 찻물색은 진한 등황색을 띄며, 향기는 그윽하고 난향에 연한 훈연향이 짙다. 차 맛은 순수하고 신선하며 뒷맛이 달콤하다. 우린잎은 어린잎이 균정하다.

기문홍차

소종홍차(小種紅茶): 원료는 1아 2-3엽을 사용하며 위조와 건조 제다 공정 중 소나무를 태워 훈배하기 때문에 송연향(소나무 연기 향기)이 난다. 소종홍차에는 정산소종(正山小種)과 연소종(煙小種) 두 종류가 있다. 정산소종은 무이산 성촌동목관 자연보호구 일대에서 자라는 차나무의 찻잎으로 제다하여

정산소종

생산되며 차의 외관은 흑갈색을 띠며 윤기가 있다. 찻물색은 맑고 투명하며, 송연향과 용안향이 난다. 맛은 농후하며 회감이 돌고 우린잎은 튼실하며 균정하다.

황산모봉

황산모봉(黃山毛峰): 안휘성 황산 지역을 중심으로 생산한 녹차를 뜻한다. 해발 1873미터의 황산은 현재 세계문화유산이다. 휘주에 속한 황산의 모봉은 황산의 풍경지구를 비롯해서 인접한 곳에서 생산하지만, 도화봉(桃花峰), 운곡사(雲谷寺), 자광각(慈光閣), 조교암(釣橋庵), 강촌(崗村), 충천(充川) 등지에서 가장 좋은 차가 생산된다. 황산모봉도 기문홍다보다 1년 전인 1875년 휘주부 상인 사정안(謝正安)이 흡현(歙縣) 부계촌(富溪村)에서 만들었다. 흡현은 황산과 인접한 북아열대지역이다. 모봉은 백호(白毫)가 마치 황산의 봉우리를 닮아서 붙인 이름이다. 사정안은 주로 모봉을 상해로 수출했다. 찻잎은 황록색 일아 일엽 작설형 모양이 특징이다. 외관은 가늘고 균일하고 호(毫)가 많으며 찻물색은 밝고 투명하고 침전물이 없다. 향기는 부드럽고 맑고 신선하다. 감칠맛이 나며 순후하다. 우린잎은 황록색에 밝은 빛을 띠며 균정하다.

동정(洞庭) 벽라춘(碧螺春): 동정 벽라춘의 '동정'은 중국 5대 담수호 중 하나인 강소성 태호(太湖)에 위치하고 있다. 태호는 강소성 남부와 절강성 북부 교계에 위치하지만 행정 구역은 강소성이다. 태호 변의 동정산은 동정 동산과 동정 서산으로 나뉜다. 이곳은 차나무가 자라는 데 아주 적합한 곳이다. 벽라춘은 동정 동산과 동정 서산의 차나무로 만든 녹차이다. 청명절을 전후해서 찻잎이 작고 여린 것을 채엽하여 제다한다.

외관이 가늘고 균일하며 소라처럼 잘 말려진 곡라형 형태고, 찻잎 표면이 백호로 덮여 있어 은백색을 띤다. 찻물색은 선명한 벽록색이고 맑고 투명하다. 향은 순수하며 청아한 꽃향이 나고, 맛은 청량하고 감미롭다. 우린잎은 일창일기의 연한 녹색에 균정하다.

벽라춘

벽라춘에 대한 정보는 청나라 강희시대 강소성 상숙(常熟) 출신의 왕응규(王應奎, 1684-1759)가 편찬한 『유남수필(柳南隨筆)』에서 확인할 수 있다. 벽라춘의 이름 탄생에는 다음과 같은 얘기가 전한다. 벽라춘의 원래 이름은 '사람을 놀라게 해서 죽이는 향기'를 의미하는 '혁살인향(嚇煞人香)'이었다. 동정산 아래 벽라봉(碧螺峰) 석벽 위에 몇 그루의 차나무가 있었다. 이곳 사람들은 수십 년 동안 산에 가서 찻잎을 땄다. 강희 연간에 찻잎이 아주 많았다. 어느 날 이곳 아가씨가 산에 가서 찻잎을 따서 바구니에 넣으니 찻잎의 향기가 가슴 속옷까지 스며들었다. 게다가 아가씨의 몸속의 차 향기는 다른 사람들에게까지 스며들어서 '혁살인향' 혹은 '혁살인'이라 불렀다. 그런데 강희 38년(1669) 봄, 강희제가 강남을 방문할 때 태호 동정산에 들렀다. 이 때 태호에 위치한 소주부 오현(吳縣)의 순무(巡撫) 송락(宋犖, 1634-1714)이 주가(朱家)에서 만든 '혁살인향'을 바쳤다. 그러나 강희제는 '혁살인향'의 이름이 우아하지 못하다고 여겨 '벽라춘'으로 고치도록 했다. 이후부터 지방관은 해마다 벽라춘을 따서 황제에게 바쳤다.

백호은침(白毫銀針): 백차에 대해서는 북송 휘종이 1107년에 편찬한 『대관차론』에서 찾아볼 수 있다. "백차는 스스로 한 종류라서 보통 차와는 다르다. 가지는 널리 흩어져 퍼지고, 잎은 밝고 얇다. 이는 벼랑과 숲 사이에 우연히 생기는 것이지 사람의 힘으로 만들 수 없다. 차나무 종자를 가진

자는 너덧 집에 지나지 않으며, 차나무는 한두 그루라서 두세 개의 차를 만들 수 있을 뿐이다. 게다가 질 좋은 차 싹은 많지 않은데다 찻잎 찌꺼기와 불에 쬐어 말리기도 어렵고, 물 끓기나 불의 상태를 맞추는데도 무척 어려워서 한 번 실수하면 변질되어 보통 품질로 바뀐다. 따라서 차를 만들려면 정밀하고 자세하게, 말리는 정도는 알맞아야 한다. 그렇게 하면 속과 겉이 훤히 빛날 만큼 맑아서 아직 다듬지

백호은침

않은 옥돌처럼 달리 견줄만한 곳이 없다." 복건성에서 생산한 백호은침이 유명하다. 백호은침은 복건성(福建省)의 복정(福鼎), 정화(政和) 등지에서 생산되는 백차이다. 백아차는 1창 1기로 만들고, 백엽차는 1창 2기로 만든다. 봄에 돋아난 차 싹만을 채엽하여 만든다. 외관은 뾰족하며 튼실하고 은백색 백호로 덮여 있다. 찻물색은 살구빛을 띠고 향은 호향과 청아한 향이 나며, 맛은 상쾌하며 신선하다. 우린잎은 균정하며 튼실하다.

군산은침(君山銀針): 현재 호남성 동정호 내의 군산에서 생산하는 황차를 의미한다. 군산은 순임금의 두 부인인 여영과 아황이 남편의 죽음을 듣고 따라 죽은 곳으로 유명하다. 이곳에는 두 부인의 죽음으로 생긴 이른바 '소상반죽(瀟湘斑竹)'과 함께 무덤이 있고, 무덤 옆에는 전국시대 초나라 굴원이 쓴 '우제이비지묘(虞帝二妃之墓)' 비석이 있다. 군산은침은 녹차형과 황차형 두 종류가 있지만 황차가 고급이다.

군산은침

호남성의 명소이자 동정호의 자랑인 악양루(岳陽樓)가 위치한 군산에는

차밭이 있다. 은침은 차의 모양이 은빛을 띠면서 바늘 모양이기 때문에 붙인 이름이다. 군산은침은 생산량이 적고 청명 전후 어린잎을 따서 만든다. 외관은 곧게 뻗은 침형으로 가지런하며 은색 솜털로 덮여 있고 옅은 황색을 띤다. 찻물색은 담황색에 향기는 맑고 맛은 달고 부드럽고 청량하다. 우린잎은 균정하다. 차를 우릴 때 차 싹이 위로 올랐다가 다시 가라앉는다고 해서 '삼기삼락(三起三落)'이라 한다.

무이암차(武夷巖茶): 복건성 건녕부(建寧府) 무이산(武夷山)의 바위틈에서 자란 차나무로 만든 청차, 즉 오룡차를 뜻한다. 그중에서도 대홍포(大紅袍)가 가장 유명하다. 대홍포는 이른 봄에 찻잎이 돋을 때 멀리서 보면 마치 불처럼 붉어서 붙인 이름이다. 대홍포의 또 다른 유래는 명나라의 황제가 왕후의 병을 치료한 데 대한 보답으로 차나무에게 붉은 비단 옷을 하사해서 생긴 이름이다. 대홍포 차나무는 현재 구룡소(九龍窠) 암벽에 4그루가 남아 있다.

대홍포

대홍포 나무 아래에는 모택동과 함께 중화인민공화국을 건국한 주덕(朱德, 1886-1976)의 글씨가 새겨져 있다. 이곳은 해발 600미터이며, 연평균 강수량은 2000mm 이상이다. 이곳은 사계절 모두 온화하고 연평균 기온은 18.5℃이다.

무이산구룡명총원

이곳 차나무의 나이는 천 살로 추정하고 있다. 매년 5월 13일-15일 높은 사다리를 이용해서 잎을 따지만, 양은 아주 적다. 무이암차는 당대부터 시작했지만 송대에 황제에게 진상했다. 원대에는 무이산 구곡 사방에 어차원(御茶園)을 만들었다. 명대에는 무이산에 대홍포를 비롯해서 다양한 종류의 차를 재배했다. 대홍포·철나한(鐵羅漢)·백계관(白鷄冠)·수금귀(水金龜)는 '사대명총(四大名欉)'이라 부른다.

무이산명총 및 차밭

제다는 1창 2-3기의 성숙 잎을 채엽하여 위조(쇄청-량청)-주청(요청-정치)-살청-유념-홍배(초배)-선별-복배 순으로 제다한다. 대홍포의 외관은 비틀린 모양의 곡조형 갈색을 띠고 균일하다. 찻물색은 짙은 등황색이며 맑고 투명하다. 향은 난향과 수선화향 배화향이 짙게 지속되고 맛은 순후하고 상쾌하며 여러 번 우려도 향과 맛이 처음과 같다. 단맛이 오래 머물고 우려낸 찻잎을 보면 부드럽고 균정하며 홍변을 띤다. 무이암차의 특징은 암운(巖韻)이 뚜렷하다. 암운은 '암골화향(巖骨花香)' 이라 표현하며, 차나무의 생장 환경, 품종, 독특한 제다 기술에서 형성된다.

대홍포

봉황단총(鳳凰單叢): 광동성(廣東省) 조주시(潮州市) 봉황산(鳳凰山) 일대에서 생산한 청차를 의미한다. 단총은 교잡이 생기지 않도록 한 나무에서 딴 찻잎으로 만들기 때문에 붙인 이름이다. 봉황단총은 봉황산에서 생산하는 수선 계통의 나무 중에서 가장 뛰어난 제품이다. 봉황단총의 종류는 매우 많으며,

봉황단총

1창 2기나 3기의 찻잎을 따서 만든 차는 지란향, 밀란향, 도인향, 옥계향 등 향기로 구분한다. 외관은 조형으로 균일하고 황갈색을 띠며 윤기가 있다. 찻물색은 밝은 등황색이며, 향기는 천연의 꽃향이 오래 지속되고, 맛은 순하며 회감이 있다.

몽산차(蒙山茶): 중국 사천성 아안(雅安) 몽산(蒙山)에서 생산한 녹차이다. 몽차는 서한 때부터 알려졌다. 몽산차는 몽정감로(蒙頂甘露)·몽정석화(蒙頂石花)·몽정황아(蒙頂黃芽)·몽정모봉(蒙山毛峰)·몽정춘로차(蒙山春露茶) 등을 포함한다.

보이차(普洱茶): 운남성 보이부(普洱府)의 보이에서 생산한 차를 뜻한다. 그중에서도 은생성(銀生城)의 차는 보이차의 조종(祖宗)이다. 보이차는 주나라 무왕이 상나라 주왕(紂王)을 정벌할 때 운남에서 차를 심은 원주민이 무왕에게 헌차(獻茶)했다. 그러나 남송(南宋) 이석(李石)이 편찬한 『속박물지(續博物志)』에 따르면 보이차의 명칭은 당나라 때 처음 등장했다. 보이차는 큰키나무의 큰 잎으로 만든다. 잎이 크면 페놀류·카페인이 많고 수분함량이 높은 게 특징이다. 보이차를 단차로 만든 것은 명나라 때부터였다. 보이차가 큰 인기를 끈 것은 청대였다. 흑차의 일종인 보이차는 중국 변방의 소수민족들이 처음 마시기 시작한 후발효차다. 보이차는 운남성(雲南省)의 지리표지산품이다. 보이차의 조건은 운남대엽종 쇄청모차를 원료로 제다 특정 가공 기술로 만들어야 한다는 것이다. 보이차는 제조기법에 따라 크게 생차(生茶)와 숙차(熟茶)로 나뉜다. 보이생차는 운남대엽종 쇄청모차(曬靑毛茶)·살청(殺靑)→유념(揉捻)→건조(乾燥)하여 햇빛에 말린 보이차 원료를 증기시킨 후 긴압한 차이다. 숙차는 쇄청모차를 원료로 후발효시킨 후 증기압이나 쾌속 발효[악퇴(渥堆)-고온 다습한 곳에서 발효)시켜 만든 차를 말한다. 숙차는 운남대엽종 쇄청모차를 원료로 미생물을 발효시켜 마두 반제품을 체로 걸러 등급을 매긴 산차(散茶)와 긴압차이다.

산차는 잎차를 말하며, 긴압차는 형태에 따라 칠자병차(七子餠茶), 전차(磚茶), 인두차(人頭茶), 병차(餠茶), 타차(沱茶), 주차(柱茶) 등이 있다. 생차는 보관 기간에 차의 풍미가 다르다. 외관은 검은빛을 띤 녹갈색에 백호가 있으며 긴압이 잘 되었으며 표면에 윤기가 흐른다. 찻물색은 밝고 맑으며 황록색을 띠고, 향은 화향이 나며 맛은 순후하고 회감(回甘, 뒷맛이 달콤함) 돈다. 우린잎은 부드럽고 잎이 온전하다. 숙병의 외관은 홍갈색에 여리면서 튼실하고 찻물색은 맑고 투명하며 진홍색을 띤다. 차의 향은 진향이 있고 맛은 순하고 두터우며 단맛이 느껴진다. 우린잎은 부드럽고 균정하다.

운남성의 차 생산지역은 주로 6대 차산지이다. 구 6대 차산지는 유락, 혁등, 망지, 만전, 만살(이무), 의방이며, 신 6대 차산지는 남나산, 남교, 맹송, 경매, 포랑, 파달과 그 외 빙도, 반장, 석귀, 대설, 산경, 곡마 등이다.

보이차

(2) 대만의 명차

대만은 청일 전쟁 뒤 일본 최초의 해외 식민지이며, 중국 대륙에서 조기 이주해 온 타이완인과 장제스의 국민당 정권과 함께 1949년 전후에 건너온 외성인으로 분류한다. 1969년 영국 상인들은 대만 북부의 차를 포모사티라는 상표로 뉴욕에 수출하여 대만차를 세계에 알렸다. 그래서 해외에서도 포모사티라 부르고, 전통 대만오룡차는 번장차라 불린다.

대만에서는 대체로 한 그루 차나무에서 일 년에 세 번 또는 네 번을 수확하여 제다하며, 춘차, 하차, 추차, 동차로 구분한다. 대만에서는 10월 말부터 12월 초까지 그해 마지막으로 만든 차를 동차라 한다.

대만차는 건조과정을 마친 차를 가지고 다시 홍배라는 과정을 거친다.

홍배는 약한 불에서 열기운으로 건조시키면서 차의 변화를 유도하여 향기를 북돋아 주는 과정이다. 홍배는 온도와 시간에 따라 열 가지의 다른 차로 변하면서 다양한 향과 맛을 유도한다. 홍배 정도에 따라 청향, 첨향, 밀향, 미향, 화향, 탄향으로 향기가 변해간다.

대만차

대만은 생엽 중 폴리페놀의 산화 정도에 따라 경발효차(약12-30), 중발효차(15-50), 중발효차(60-80)로 분류한다. 대표적인 명차는 다음과 같다.

<표5> 대만의 명차

차의 종류			대표 차
녹차			리산 심록, 삼협 용정차
청차	포종차	조형	문산포종 남항포종
		반구형	동정오룡 고산오룡(리산, 아리산, 대우령, 복수산 등)
	철관음		목책철관음(반구형) 석문철관음
	동방미인(팽풍차) 자연만곡형		
홍차	일월담(수사연) 홍차, 아리산 홍차, 아살모(대차8호), 홍옥(대차18호), 홍운(대차21호), 정노총, 사계홍 등		

대만차의 근원은 중국 복건성이다. 포종차(Pauchong Tea)는 대만에서 만든 반발효차이며, 우롱차 제조 과정 중 발효 정도를 줄여 제다한 것이다. 외관은 짙은 녹색을 띠고, 찻물색은 연황색을 띤다. 또한 맛이 순하고 향기가 맑고 꽃향기가 있는 것이 특징이다.

1796년 복건성 안계인 왕의정이 포종차 제다법을 발명했다. 1881년 복건성의 차 상인 오복원이 대만에서 포종차를 만들어 판매하기 시작했다. 현대식 포종차는 위정시가 개발했다.

고산오룡(高山烏龍): 1855년 청나라 임봉지(林鳳池)가 복건성(福建省)에서 청심오룡(靑心五龍) 품종의 묘목을 대만의 동정산(東頂山)에 심어서 만든 것이다. 해발 1,000m 이상 고산지대의 차밭에서 만든 것은 고산오룡차라 한다. 고산차는 구름과 안개가 많고 평균 일조량이 적어 찻잎에 카테킨 등 쓰고 떫은 성분이 적고, 아미노산이 풍부하여 단맛이 많다. 차 싹과 찻잎이 부드럽고 잎이 두터우며, 섬유질 함량이 높다. 따라서 고산차의 빛깔은 취록색이다. 차의 맛은 달고 부드러우며, 향기는 담담하면서 꽃향이 나며, 찻물색은 진한 녹색을 바탕으로 황색을 띤다. 리산차, 아리산차, 대우령차, 복수산차 등이 유명하다.

고산오룡

문산포종(文山包種): 북에는 문산포종, 남에는 동정오룡이란 말이 있듯이, 문산포종은 대만 북부의 명차이며, 타이페이시에서 생산한다. 문산포종은 청나라 때 공납하면서 차향이 날아가지 않게 종이로 싸서 황실에 공물로 바쳤다. 광서제가 종이로 감싼 차라고 포종이란 이름이 생겼다.

문산포종의 제다 방법은 청차 제다 과정에서 발효 정도를 줄여 제다하며, 일광 위조, 실내 위조, 요청, 살청, 유념, 건조 등의 복잡한 공정을 거친다. 문산포종의 외관은 조형이고, 찻물색은 연한 황록색으로 맑고 투명하며, 청아하고 신선한 꽃향기가 난다. 맛은 순하며 감미롭고, 우린잎은 찻잎의 가장자리가 붉은 색을 띠는 녹엽홍양변(綠葉紅鑲邊)이다.

문산포종

동정오룡(凍頂烏龍): 대만 남투현에서 생산되는 대표 오룡차이다.

대만의 동정산(凍頂山)에서 생산되는 오룡차(烏龍茶)이기 때문에 동정오룡이란 이름이 붙여졌다. 연평균 기온이 20℃ 해발 700m 지역의 동정산에서 생산되며, 우수한 청심오룡 품종의 차나무의 싹과 잎으로 제다한다. 표준은 일창 1-2기 찻잎으로 제다한다. 일 년에 4회

동정오룡

정도 채엽하며, 춘차는 순하고 맛이 좋으며, 동차는 향이 높은 특징이 있으며 발효도는 낮다.

제다 방법은 채엽, 위조(일광위조—실내위조), 주청(요청-정치), 살청, 유념, 단유, 건조하여 만든다. 외관은 반구형으로 둥글고 찻물색은 맑은 등황색이며, 향은 맑고 향긋하고, 맛은 농후하고 회감이 돈다. 우린잎은 균정하다.

목책철관음(木柵鐵觀音): 대북시 문산구(文山區) 목책(木柵)의 특산차이다. 1895년(광서 21년)에 목책의 장주묘 형제가 안계에 가서 철관음의 풍미를 보고 1919년 안계에서 철관음 차묘를 들여온 후 목책 지남산 장호에 심었다. 대만 관음차는 대북시(臺北市) 목책구(木柵區) 일대에서 시작했기 때문에 '목책철관음'이라 부른다.

목책철관음

이후 신북시평임구(新北市坪林區)심갱(深坑), 석정(石碇) 일대로 확대되었다. 1960년 이후에는 신북시(新北市) 석문에 보급되고, 그곳에서 억센 가지를 가진 '경지홍심(硬枝紅心)' 품종으로 만들어서 '석문철관음'이라 부른다.

백호오룡(白毫烏龍): 동방미인(東方美人)으로 불리는 백호오룡은 대만 신죽현(新竹縣) 아미향(峨眉鄉)을 중심으로 주로 북부지역에서 생산된다.

동방미인

청심대유(清心大有) 품종으로 제다한다. 6월 망종을 전후로 채엽하며, 소녹엽선(小綠葉蟬)이라는 벌레의 충해를 입은 1창 2기의 어린잎을 채엽하여 제다한 것이 우수하다.

소녹엽선은 초록애매미충이라고도 한다. 소녹엽선이 차싹과 어린잎의 엽즙을 빨아먹으면 찻잎의 발육이 불량해지며 찻잎이 말리고 수축되어 굽은 형태로 변하며 끝에는 갈색으로 변한다. 차벌레의 침과 찻잎의 방어물질이 밀향을 만든다.

제다는 채엽, 일광위조(日光萎凋)-실내위조((室內萎凋) 및 교반(攪拌)-초청(炒菁)-유념(揉捻)-해괴(解塊)-건조(乾燥) 순이다. 발효도는 약60%-75%로 높은 편이다.

제다 후 찻잎의 색상은 백, 녹, 황, 홍, 갈색이 섞여 있고, 찻잎의 주위에는 백호가 있다. 외관은 자연스럽게 말려있고, 찻물색은 진한 등홍색으로 투명하다. 차 향기는 꿀밀향과 숙과향이 나며 우아하고 신선하다. 차맛은 달고 신선하다. 우린잎은 균정하다.

동방미인은 빅토리아 여왕이 차의 색·향·미를 보고 동방의 미인과 같이 환상적이다라고 칭찬하여 붙여진 이름이다.

초록애매미충

청심오룡(淸心烏龍): 원산지는 중국 복건성 안계이며, 현재 대만에서 가장 많이 재배하고 있다. 무성(無性)계 품종, 관목형, 중엽종, 만생종이다. 중요 특징은 잎이 긴 타원형이며, 엽맥이 대략 45°를 이루고 엽질이 부드럽다. 중후한 운치의 향미를 띤다.

청심오룡

　대차 12호(臺茶 12號) 금훤(金萱): 1987년 대농(臺農) 8호를 모본(母本), 경지홍심(硬枝紅心)을 부본(父本)으로 인공교잡 육종으로 탄생했다. 무성계 신품종, 관목형, 중엽종, 중생종이다. 주요 특징은 엽맥이 대략 80~90°이며, 특유의 꽃향과 유향을 가지며 목넘김이 부드럽다.

　대차 13호 취옥(翠玉): 1981년 모본 경지홍심, 부본 대농 80호를 인공교잡 육종으로 탄생했다. 이 품종은 대만 중부 다구에서 많이 재배하고 있고, 포종차 제다에 많이 쓰인다. 주요 특징은 잎 면이 뒤틀리고, 잎끝이 새우꼬리모양이다. 엽맥이 대략 80~90°이며 자스민 꽃향이 난다.

　사계춘차(四季春茶): 낮은 해발에서 많이 생산하며, 대북 목책지역에서 천연교잡 선발 육종이다. 주요 특징은 잎끝인 단부(端部)와 기부(基部)가 뽀족하며, 엽맥이 대략 45°를 이룬다. 야생 생강 꽃향이 난다.

(3) 한국의 명차

장흥 청태전
　청태전(靑苔錢)은 삼국시대부터 근세까지 전남 장흥지방을 중심으로 존재했던 전통발효차의 이름이다. 청태전의 '청태'는 보관 과정에서 파란색의 이끼가 생겨서 붙인 이름이고, '전'은 차의 모임이 구멍 뚫린 동전처럼 생겨서 붙인 이름이다. 청태전은 찻잎을 채엽하여 시들기 한 후 찜솥에 쪄서 절구에 찧은 뒤에 틀로 찍어서 건조한다. 청태전은 전차, 강차, 곶차, 단차, 떡차 등 다양한 이름으로 불리던 덩이차를 장흥지역 사람들이 불렀던 이름이다. 원래 차의 주산지는 전남이며, 장흥 차의 질이 으뜸이다. 보림사 내의 보조선사창성탑비(보물 제158호)에는 헌안왕이 즉위한 지 얼마 되지 않아 왕실에서 보조에게 차와 약을 선사한 기록이 있다. 그러나 청태전은 일제강점기를 맞아 위기를 맞았다. 그러나 일본의 모로오까와 이에리오 가즈오가 1938년 11월 31일-12월 6일까지 전라남도 해안지방에서 탐색기의 내용을 정리하면서 지금 재현한 청태전을 만날 수 있었다.

떡차 만들기

대둔사 초의차

초의 의순(草衣 意恂, 1786~1866)의 다풍을 계승한 차를 말한다. 먼저 대둔사에서 전승된 제다법이다. 제다법은 초의의 『다신전』과 『동다송』에서 밝히고 있는 것처럼 우리나라 전통 덖음차 제다를 말한다. 초의의 제다 과정은 '찻잎

다성초의병차

가리기→(고온의 무쇠솥에서)덖음 살청→(덖은 차)비비기(揉捻)→(비빈차) 털기→(점점 낮은 온도에서) 살청과 유념 반복 그리고 재건으로 이어진다. 이 과정에서 화후를 잘하여 불기운을 조절하는 데 관건이다. 그리고 유념과 털기(정치), 재건(再乾)의 과정을 반복한다. 초의차는 처음에는 증청법으로 떡차를 만들었으나 이후에 찻잎을 솥에서 고온으로 덖는 초청법으로 바뀌었다.

다솔사 효당차

효당차는 다솔사에 거주했던 최범술의 다법을 전수한 데침덖음차를 말한다. 효당차는 찌기 혹은 데치기를 하여 찻잎을 살청한 후 솥에서 덖으면서 비벼 말리기를 하고 보자기에 싸서 솥에 넣었다가 온돌방에서 건조를 한다. 1996년부터 지금까지 다솔사 뒤편의 차밭에서 딴 잎으로 효당 다법에다 중국의 죽통향차(竹筒香茶)를 혼용해서 만들고 있다.

하동녹차와 잭살차

섬진강이 흐르고 있는 하동군은 연평균 기온이 약 13.8℃, 연평균 강수량은 약 1,500㎜이다. 따라서 기후가 온난하고 강수량이 많아 차나무가 성장하기에 알맞은 기후 조건과 최적의 토질을 갖고 있다. 하동은 산의 골이 깊어 낮과 밤의 기온 차가 심하고 운무가 자주 끼어 차나무에 일조량을 조절할 수 있는 곳이다. 특히 화개면은 차나무 시배지이자 대표적인 전통 수제차

생산지역이다. 해발 1,200m가 넘는 지리산 자락의 계곡에 차나무 군락을 형성하고 있다.

하동의 전통차 농업은 지리적 표시제(Geographical Indication System), 즉 그 지역에서 생산 및 가공한 것을 표시, 등록, 보호하는 제도로 등록되어 있다. 하동 녹차는 2003년 지리적 표시 등록 제2호로 등록되어 있다. 2013년 하동 차농업을 국가중요농업유산으로 지정했고, 2017년에는 우리나라 차 산업으로서는 처음으로 유엔식량농업기구(FAO)의 세계중요농업유산으로 등재됐다.

잭살차

하동 잭살차의 '잭살'은 작설의 하동 방언이다. 잭살차는 오랫동안 화개지방의 약으로 알려져 있다

찻잎은 주로 성숙잎을 따서 위조-유념-발효-건조로 제다하며, 유념을 많이 할수록 발효도가 높아지며 찻물이 짙어진다.

하동녹차

보성녹차

보성지역은 연평균 기온이 약13℃, 연평균 강수량이 약1,400mm로 차나무 재배에 알맞은 조건을 갖추고 있다. 이곳은 습도가 높고 안개가 많아 고품질의 차를 생산할 수 있는 여건을 갖추고 있으며, 배수가 좋은 사양토는 차의 맛을 좋게 한다. 따라서 지형, 기후, 토양 조건을 갖춘 보성은 최고급 차가 생산되는 세계적인 차 재배의 최적지이다.

『세종실록지리지(世宗實錄地理志)』에서도 보성의 작설차를 기록하고 있다. 1741년의『보성군지』에도 보성은 차가 최고급이라 기록하고 있다. 옛날부터 차로 명성을 떨친 보성의 본격적인 차 재배는 1939년 경성화학이 현재 대한다업이 위치한 야산 30ha에 차씨를 심기 시작하면서였다. 1957년 이곳을 대한다업이 인수하여 본격적인 정비와 함께 녹차를 재배했다.

국내 최대의 다원으로 알려진 대한다원은 1939년 개원했으며, 1957년 대한다업주식회사가 설립되고, 흔적만 남아있던 차밭과 활성산 자락 해발 350m 오선봉 주변의 민둥산에 대단위 차밭을 일구어 국내 유일의 녹차관광농원이 탄생했다. 보성녹차는 2002년 1월 25일 지리적 표시 등록 제1호로 등록되었다.

보성지역에서 오랫동안 적응하여 온 재래종 품종으로 만든 보성녹차는 녹색에 윤기가 있고 균일하다. 찻물색은 녹색에 밝고, 향은 맑은 꽃향이 지속되며, 맛은 담백하고 감칠맛이 나며, 우린잎은 여리고 균정하다.

김해 장군차

김해 차나무가「장군차」란 이름을 갖게 된 것은 고려 때로 조선의『新增東國輿地勝覽』에 고려 충렬왕이 왜구 정벌을 위해 모인 군사들을 격려하기 위해 김해에 들렀다가 이곳의 차나무를 보고 맛과 향이 차

김해 차밭

중에서 으뜸이라 하여 장군이라고 명명했다는 기록에서 연유한다. 조선시대의 서거정의 시에는 '장군수'라고 표현한 기록이 있다. 김해시에서는 이러한 기록들을 토대로 2001년 김해차의 명칭을 인터넷으로 공모한 결과 김해장군차라는 명칭을 얻었다. 김해장군차는 현존하고 있어 장군차의 모수(母樹)로 활용되고 있는 김해시 동상동, 상동면의 자생군락지의 산차수(山茶樹)를 '장군차'라고 한다. 낙동강의 하류에 위치한 김해는 차의 생장에 적합한 연평균 기온이 약 14도이며 연평균 강우량은 약 1,400mm이다. 이 지역은 기후가 온난하여 차나무 재배에 최적지이다.

이능화(李能和, 1869-1943)의 「조선불교통사」에 따르면, 김해지역 차나무는 수로왕비 허황옥이 봉차(奉茶)로 가져온 차 종자이다. 김해 특산품인 '장군차'의 경우, 첫물차는 4월 초순경부터 5월 중순 1창 1기 또는 갓 펴진 1창 2기의 어린잎을 채엽하여 탄방, 1차 덖음(굴림통살청기), 찻잎 식히고 선별하기, 2차 덖음(사면가마솥), 펼쳐놓아 식히기, 유념(해괴), 건조(1차 건조, 2차 건조)로 제다한다. 김해 장군차 중 녹차의 경우, 외관은 곡조형으로 정갈하고 균일하며, 취록색에 윤기가 있다. 찻물색은 여린 녹색에 밝으며, 차향은 향긋한 청향에 난꽃향이 있다. 차맛은 순후하고 감칠맛과 회감이 있다. 우린잎은 여리고 균정하며 신녹색을 띤다.

김해 장군차 중 발효차는 위조와 발효과정이 추가되어 채엽-위조-유념-헤쳐풀기(해괴)-발효-1차건조-2차건조(열풍건조기)로 제다한다. 외관은 갈색에 정갈하고 균일하며, 찻물색은 맑고 투명한 등황색에 향은 꽃향과 발효차 특유의 향이 난다. 맛은 부드러운 떫은맛에 단맛이 난다. 장군차는 대엽류의 찻잎이 그고 두끼워 성분이 다른 차에 비해 높고 아미노산, 비타민류, 미네랄 등 무기성분의 함량이 높다.

김해 장군차

북한 은정차

은정차(恩情茶)차는 북한의 황해남도 강령군에서 재배한 녹차이다. 이 차는 김일성 주석의 '은정'을 기린다는 의미이다.

강령녹차

(4) 일본의 명차

전차(煎茶)

전차는 일본에서 녹차의 생산과 소비 중 가장 많이 차지하는 차이다. 생엽을 증열로 쪄서 산화효소의 활성을 멈춘 후, 여러 공정으로 가열하면서 비비고 가늘고 긴 형태를 만들어 건조시켜 만든 녹차이다.

증제차(蒸製茶)는 찐차라 하여 100℃에서 30~40초 정도 찌면서 찻잎의 산화효소를 불활성화시키고 녹색을 그대로 유지시킨 차이다. 고압 수증기를 가하여 순식간에 쪄서 만들었기 때문에 바늘과 같은 침상형으로 차의 맛이 담백하고 신선하며 녹색이 유지된다.

전차

옥로(玉露)

고급 전차인 옥로는 새싹이 두 세장 펴졌을 때 15~20일 동안 차광(햇볕을 차단)한 차나무 싹을 채엽하여 만든다. 따라서 쓰고 떫은 맛은 감소하고 아미노산과 엽록소는 증가하여 감칠맛이 많이 난다.

연차(碾茶)와 말차(抹茶)

맷돌로 분쇄하기 위한 차라는 뜻의 연차는 주로 말차의 원료가 되는 차이며, 옥로와 같이 차광 재배로 키운 생엽을 원료로 제다한다. 찻잎을 찐 후에 비비지 않고 그대로 건조하여 줄기나 잎맥 등을 제거한 후의 차이다.

말차는 맷돌로 녹차 잎을 곱게 갈아 만든 것이다. 물에 타서 음용하기 때문에 차가 가지고 있는 모든 성분을 섭취할 수 있는 장점을 갖고 있다. 좋은 품질의 말차 외관은 입자 크기가 균일하며 격불하여 거품을 내었을 때 신록색에 기포성이 좋고 윤기가 있다. 거품입자가 작고 균일하며 밝다. 맛은 조화로운 감칠맛이 있다.

연차　　　　　　　말차

2부_제다와 각국의 명차　77

옥록차(玉綠茶)

옥록차는 주로 사가현에서 생산한다. 채엽한 생잎을 수증기로 찐 다음 덖음차처럼 만든다. 외관은 둥글고, 찻물색은 진한 녹색이다. 구수한 향이 있고 맛이 순하다.

번차(番茶)

번차는 찻잎의 적채기나 품질, 지역 등에 따라 다양하다. 번차는 번외차에서 기원하며, 차의 기본적인 주류에서 벗어난 차를 총칭한다. 하급의 전차나 경화된 싹을 전차처럼 제조한 것이다

(5) 인도 및 스리랑카의 명차

1) 인도 홍차

인도는 1612년부터 영국의 식민지였다가 1950년 독립했다. 인도의 '나마스떼'라는 인사는 '내 안의 신성이 당신의 신성에 귀의합니다.' 라는 의미를 갖고 있다. 인도인들에게 홍차는 하루를 시작하고 마무리하는 음료이다.

영국인 로버트 부르스(Robert Bruce)가 1823년 아삼지역에서 자생 차나무를 발견되면서 본격적인 차 재배가 시작되었다. 이후 다즐링지역에서 식물학자인 로보트 포춘이 중국종 재배에 성공했다. 인도의 차 재배지역은 인도 북동부에 위치한 아삼(Assam)과 다즐링(Darjeeling), 남부지역에 위치한 닐기리(nilgiri)지역에서 재배되고 있다. 찻잎 생산지역이 곧 홍차 이름이다. 세 지역에서 생산된 차 상품에 인도차진흥청(Tea Baord of India)에서 인도의 품질보증마크 차의 로고를 등록시켰다. 1999년 차산업 발전과 활성화를 위해

아삼 로고

다즐링 차를 지리적 표시(Geographical Indications, GI)로 등록했고, 인도 차 진흥청에서 로고 특허권을 가지고 있다.

아삼지역과 닐기리지역도 지리적 표시로 등록되면서 지역 내에서 생산되는 상품의 인지도뿐만 아니라 품질 향상에 크게 기여했다. 100% 아삼지역에서 생산되는 차 상품에 코뿔소 그림의 로고를 표기한다.

인도 차의 종류는 다른 차 생산국이나 수출국과는 달리 가공 과정에 따라 크게 두 가지로 나뉜다. 첫 번째는 CTC(Crush Tear Curl)차로 기계에 의해 가공되며 발효도가 높은 홍차이고, 두 번째는 오소독스차(Orthodox)로 전통적인 방식으로 제다하는 것이다.

현재 인도에는 홍차를 생산하는 곳이 적지 않지만, 그 중 APPL 차 회사에는 인도의 차 역사를 알 수 있는 자료를 전시하고 있다.

인도의 차 역사 자료와 APPL 차 회사 품평

<표 6> 인도 홍차의 특징

홍차	외관	찻물색	향기	맛	우린잎
아삼(Assam) BOP-CTC	균일, 갈색에 윤기가 있음.	밝고 짙은 등홍색.	몰트향, 신선.	두텁고, 상쾌, 떫고 강한 맛.	밝은 홍갈색.
다즐링 (Darjeeling) 2nd Flush, SFTGFOP1	홍갈색에 윤기가 있으며, 긴결.	밝고 엷은 등황색.	강한 화향, 머스카텔향, 신선.	두텁고 상쾌하며 적당히 떫은 맛, 달콤한 맛.	여리고 균정함, 밝은 홍갈색과 녹갈색.
닐기리 (Nilgiri) TGFOP	긴결, 은황색 싹이 있음, 짙은 홍갈색.	밝은 등홍색.	신선하고 깔끔한 꽃향기.	신선하고 상쾌하며 매끄러움, 부드러운 맛.	여리고, 밝은 홍갈색.
시킴(Sikkim)	홍갈색과 흑갈색 뚜렷.	짙은 등황색.	신선, 야생화와 열대과일의 향기.	상쾌, 떫은 맛과 달콤한 맛 조화.	균정, 밝고 짙은 갈색과 녹갈색.

아삼(Assam)홍차

 인도의 동북부지역인 아삼은 비옥한 브라흐마뿌뜨라(Brahmaputra) 강 유역에 위치한다. 이 지역의 신앙은 비슈누 숭배이고 가모사(붉은색과 흰색으로 이루어진 스카프)는 이 지역의 특성을 나타내는 의상이다.

아삼 차밭, 가모사를 목에 걸어 주면서 환영하는 틴수키아 어린이

틴수키아 어린이, 찻잎 따는 여인, 아삼 대엽종

아삼은 세계적으로 가장 큰 차 재배지역이다. 아삼 주에서도 동북부에 위치한 틴수키아(Tinsukia), 시브사가르(Sibsagar), 디브루가르(Dibrugarh) 등 세 지역은 아삼 전 지역의 50% 가량을 생산하는 차산지이다. 이곳은 45~60m의 비교적 낮은 고도에 위치하며, 강수량은 연평균 약 2,500~3,000mm이다. 아삼지역의 기후 조건, 토양, 충분한 강우량 등은 이 지역의 깔끔하고 강한 맛을 내는 차를 만들어 내는데 기여한다. 아울러 이곳은 바람이 없는 쉐이드 트리로(shade tree)이며, 강렬한 태양으로부터 차나무를 보호할 뿐 아니라 차나무에 필요한 질소도 하루 2시간 정도 생산한다. 3월에서 11월까지 찻잎을 수확하며 농후한 맛을 스트레이트티, 티블렌딩과 밀크티로 많이 쓰인다. 수확 최적기는 4월~6월(2nd Flush)이 퀄리티 시즌으로 향기가 가장 좋다고

평가되고 있다. 주로 CTC가 많고 Fop는 대부분 수출한다.

아삼CTC홍차

브라흐마뿌뜨라강은 아삼 홍차를 실어 나르던 곳이며, 티베트에서 히말라야산맥을 돌러오는 강이다. 아삼 홍차가 이 강을 통해 영국으로 운송되었지만 뱅골지역의 많은 차 노동자가 죽었던 슬픈 강이다.

브라마푸트라(Brahmaputra)강

인도의 노동자는 차의 생산자인 동시에 저급한 차를 마시는 소비자이기도 했다. 인도의 향신료와 우유를 이용한 차이(chai)를 만들어 새로운 차를 개발하여 대량 소비하며 인도 고유의 차문화를 형성했다.

차이(chai)

팔랍(phalap)차

싱포(Singpho)족은 자생 차나무를 이용해 오래전부터 팔랍(phalap)이라는 차를 제다하여 마셔온 원주민들이다.

팔랍(phalap)차

조르핫(Jorha))은 아삼 주의 수도인 구와하티 다음으로 아삼 주에서 중요한 도시이며, 세계적인 차 연구소인 토끌라이차연구소(TRA: Tea Research Association of Tocklai)가 있다. 이 연구소에서 개발한 대형 유절기(揉切機)인 로터벤(rotervane)은 원래 육류를 절단하는 기계였지만, 연구소에서 응용해서 위조된 찻잎을 분쇄한다. CTC기는 1930년 W. 카터가 개발한 유절기이며, 찻잎을 분쇄하기 위해 사용한다. CTC는 위조된 찻잎을 '부수다(crush)', '찢다(tear)', '둥글게 말다(curl)'는 뜻이다.

토끌라이차연구소(TRA Tea Research Association of Tocklai), 로터벤(rotervane)기, CTC기

다즐링(Darjeeling)홍차

　다즐링지역은 인도 북동부의 히말라야산맥 고원에 위치하여 칸첸중가를 중심으로 히말라야산맥에 둘러싸여 있으며, 300~2,000m 산악지대로 비교적 높은 고도에 위치하고 있다. 경사가 가파르고 추운 기후와 토양, 연평균 3,000mm의 강수량과 고도가 높을수록 기온 낮고 일교차 심하며 안개가 자주 생겨 차의 향과 맛이 뛰어나다. '천둥치는 계곡'이란 뜻의 다즐링은 1835년 시킴왕국에서 영국으로 양도되었다. 여름철에도 10도 내외이며, 겨울은 0도 이하로 내려가는 경우가 드물다. 차밭으로 이루어진 경관이 아름다운 곳이다.

다즐링, 다즐링 차밭

다즐링 홍차는 세계 3대 홍차이며, 특별한 홍차의 향미가 있어서 홍차의 샴페인이라고 불린다. 다즐링 홍차는 3월부터 4월 사이에 수확하여 제다한 1st Flush는 짧은 산화발효로 옅은 색을 띠며 상쾌한 향이 나며 맛은 부드럽고 기분 좋은 떫은맛이 난다. 초록애매미충의 충해를 입은 5월부터 6월 사이에 수확한 찻잎으로 만든 2nd Flush는 등홍색의 찻물색, 산뜻한 머스켓향, 꽃향, 밀향이 난다. 섬세하고 부드러운 맛과 약간 떫지만 감칠맛이 난다. 가을인 10월에서 11월 사이에 채엽한 찻잎으로 제다한 Autumnal Flush는 찻물색이 짙은 등황색을 띠며 신선한 향을 갖는다. 다즐링 홍차는 대부분 스트레이트 티(Straight tea)로 음용한다. 다즐링 홍차의 최고의 등급은 SFTGFOP(Supreme Fancy Tippy Gloden Flowery Orange Pekoe)이다.

다즐링 홍차, 다즐링 찻잎 따는 여인

다즐링의 어디서나 세계에서 3번째로 높은 산 칸첸중가(Kanchenjunga))가 보인다.

칸첸중가

다즐링의 CAMPBELL COTTAGE 방문하면 다즐링 경찰서장의 관저에 200년 전 다질링에 최초로 심은 차나무 보존되어 있다.

다즐링 최초로 이식된 차나무

닐기리(Nilgiri) 홍차

닐기리지역은 인도 남부에 위치하며 고도는 약 1,000-2,600m이다. 연평균 강우량은 약 1,000~1,500mm이고, 일 년 내내 온난한 기후를 나타낸다. 1926년부터 차나무를 재배하기 시작한 신흥 생산지역이다. 닐기리지역의 차는 홍차 제다 최적기가 12월 말~2월로 스리랑카 실론티와 비슷한 품질의 차로 깔끔하고 떫은맛이 거의 없다. 닐기리 홍차는 스트레이트 티로 마시거나 블랜딩의 베이스로 많이 사용되며, 아이스티, 밀크티, 레몬티, 에프터눈 티 등으로 음용되고 있다.

시킴(Sikkim)홍차

시킴은 인도 동복부 히말라야산맥 남쪽, 네팔과 부탄, 그리고 티베트와 접경지에 위치하고 있기 때문에 다즐링과 재배환경이 비슷하다.

시킴

테미다원 노동자

　시킴의 테미다원(Temi Tea Estate)에서는 정통적인 방법(Orthodox)으로 만든 히말라야 최고 품질의 홍차를 생산한다. 969년 조성된 테미다원은 시킴의 유일한 다원이며, 500에어커 차밭에서 연간 100톤을 생산한다. 차나무는 전부 유기농으로 재배한다. 다즐링과 비슷한 풍미를 지니고 있어 머스캣향이 나지만 다즐링보다 찻물색이 진한 편이다.

테미 다원, 테미홍차

2) 스리랑카 홍차

　스리랑카는 1500년부터 거의 150년씩 포르투갈과 네덜란드의 지배를 받았다. 18세기부터 영국의 식민지였던 스리랑카는 1948년 영국에서 독립하여 국명을 실론(Ceylon)이라 부르다가 1972년 '찬란하게 빛나는 섬'이란 뜻의 지금의 이름으로 고쳤다. 실론티(Ceylon tea)는 스리랑카에서 생산되는 홍차를 통틀어 일컫는 말이다.

　스리랑카는 인도, 중국, 케냐와 더불어 세계 4대 차 생산지이다. 영국은 스리랑카에 커피나무를 심었지만, 커피농장에 커피녹병이 번지면서 커피 재배를 중단하면서 1839년 차나무로 대체했다. 캔디(Kandy)는 1867년 영국인 제임스 테일러(James Taylor)가 처음 재배에 성공한 지역이다. 캔디의 차나무는 인도 캘커타에서 가져온 아삼종의 묘목이다. 제임스 테일러는 스코틀랜드에서 스리랑카로 건너와 홍차 제다 방법 개발에 일생을 바쳤다.

　스리랑카의 기후가 차를 재배하기에 적합하고 차 맛도 부드럽다는 사실이 알려지면서 차 산업이 급속하게 성장하기 시작했다. 영국은 스리랑카 차 생산량이 늘어나자 인도의 타밀(Tamil)족을 스리랑카로 강제 이주시켰다. 그래서 타밀족 여성들이 대부분 찻잎 따는 일에 종사한다. 스리랑카의 주요 차 재배지역은 저지대, 중지대 및 고지대로 나눈다.

스리랑카 지대별 차 생산지역, 스리랑카 차밭, 스리랑카 타밀족

고지대지역(high-grown)은 해발 1,200m이상이며, 누와라엘리야(Nuwara Eliya), 동쪽의 우바(Uva), 우다 파셀라와, 딤블라지역이다. 해발 1,200m 이상 높이의 다원에서 2000m의 높은 고도의 낮은 온도로 인하여 차나무가 서서히 자라고 찻잎에 향이 농축되어 있다.

중지대지역(midium-grown)은 해발 600~1,200m 높이의 다원에서 생산되는 차이다. 북쪽의 캔디 산간 지대에서 생산되는 홍차는 부드러워서 목넘김이 좋으며 맛이 풍부하다.

저지대지역(low-grown)은 해발 고도가 낮고 해발 600m 이하의 다원으로 남쪽의 루후나(Ruhuna)지역이 속한다. 이곳에서 생산되는 홍차는 맛과 향이 진하다.

스리랑카는 연중 차가 채엽·제다되어 가공된다. 스리랑카의 홍차의 제다는 거의 수공으로 채엽되고 위조 후에 기계를 이용하여 유념작업에서 잎이 부서진다. 산화발효는 서늘하고 바람이 잘 들며 습한 곳에서 트레이 위에 유념한 잎들을 펼쳐놓고 발효 산화시킨다. 산화 발효과정에서 차의 맛과 향이 결정되며 건조기에서 건조한 후 잎의 크기와 유형별로 분류 작업하여 홍차 등급이 매겨진다.

스리랑카 홍차의 찻잎 등급 중 FOP(Flowery Orange Pekoe)는 차나무 맨 위쪽에 갓 돋아난 새순, 일창일기의 흰 솜털이 있는 새싹이 많은 것을 의미한다. OP(Orange Pekoe)는 두 번째 잎을 가리키며 길고 얇고 털이 많이 달린 잎으로 작은 새싹, 가장 대중적인 홍차이며, 찻물색은 엷은 오렌지색을 나타내며 솜털이 있는 일창이기의 어린잎으로 만든 것을 뜻한다. 오렌지 페코는 중국 복건성지역의 방언으로 '백호(白毫)'라는 뜻이다. 어린 차싹이 추위를 이기기 위해 나오는 찻잎 뒷면에 보이는 흰 솜털을 가리키는 말이기도 하다. P(pekoe)는 세 번째 잎으로 만든

스리랑카 홍차 마크

등급이다. BOP(broken orange pekoe)는 부서진 형태의 등급이며, 대량 벌크로 파는 등급의 홍차이다.

스리랑카차위원회(Sri Lanka Tea Board)는 100% 스리랑카산 찻잎으로 만들어진 순수 실론 홍차 상품에 한하여 실론티 사자 로고(Ceylon Tea Lion Logo)를 부여한다. 차 등급 Whole leaf grades(잎 전체를 쓰는 차의 등급)과 Broken leaf grades(부서진 잎차 등급)로 나눈다. 스리랑카 홍차는 부서진 잎차인 BOP가 주를 이루며, 정통 잎차형 홍차(orthodox tea)의 최대 생산국이자 수출국이다.

스리랑카 티 팩토리에서 찻잎 위조하는 여성 노동자,
스리랑카 찻잎 따는 여인, 스리랑카 홍차카페

영국의 차 브랜드 립톤을 설립한 토마스 제이 립톤은 1890년 여름 실론섬으로 차 재배지 조사를 위해 왔다가 차 산업에 뛰어 들었다.

립톤이 자연을 보며 명상을 즐긴 하푸탈레 립톤 시트, 립톤 시트 찻집

<표 7> 인도 홍차의 특징

홍차	외관	찻물색	향기	맛	우린잎
우바(Uva) BOP	짙은 홍갈색, 윤기, 정갈, 균일.	밝고 짙은 오렌지색.	부드럽고 우아한 민트향, 은은한 꽃향.	신선, 상쾌, 순후한 맛.	균정, 밝은 갈색.
누와라 엘리야 (Nuwara eliya)BOP	짙은 녹갈색, 윤기, 정갈, 균일.	밝은 등황색.	풋풋한 향, 잔잔한 꽃향.	순후, 신선, 감미로운 맛.	균정, 짙은 녹갈색.
딤블라 (Dimbula) BOP	흑갈색, 윤기.	맑고 밝은 홍색.	신선, 부드럽고 그윽한 꽃향.	순후하고, 신선한 맛, 산뜻한 떫은맛.	균정, 밝고 짙은 갈색.
캔디(Kandy) BOP	밝은 흑갈색, 윤기, 비교적 균일.	밝은 홍색.	상쾌, 단향이 오래 지속, 장미향.	쓴맛이 옅고 부드러움, 깔끔한 맛.	균정, 밝은 홍갈색.
우다 푸셀라와 (Uda Puss-ellawa)BOP	흑갈색 윤기, 비교적 균일.	밝고 짙은 홍색(적색빛).	단향, 과일향, 장미계열의 향.	두텁고 강함.	유연, 비교적 균일 밝은 홍갈색.
루후나 (Ruhuna) BOP	균일하고 흑갈색에 윤기.	짙은 홍색.	단향, 독특한 스모키향.	부드럽고 두텁고 강함.	비교적 균정, 밝은 홍갈색.

우바(Uva) 홍차

우바홍차는 중국의 기문홍차, 인도의 다즐링과 더불어 세계 3대 홍차의 하나이다. 스리랑카 남동부 우바 산악지대의 해발 2000m 이상의 고지 차밭에서 생산되며, 일반적으로 홍차의 맛을 대표하는 진한 맛과 달콤한 장미꽃향이 나며, 투명하고 밝은 붉은색을 띤다. 밀크티나 아이스티로 많이 애용된다. 7~9월에 생산되는 홍차가 향이 좋아 '향의 계절(flavory season)'이라고

스리랑카 홍차

부른다. 또한 우바 홍차에는 골든팁(golden tip: 황금색을 띤 솜털)이 많이 함유되어 있어 골든링(golden ring)이 선명하게 나타난다. 우바는 분쇄되지 않은 OP등급으로 가공되는 홍차가 최고급품이지만 생산량이 적고 주로 분쇄 형태인 BOP급으로 생산된다.

누와라엘리야(Nuwara Eliya) 홍차

누와라엘리야 홍차는 스리랑카 남서부 산악지대인 누와라엘리야의 해발고도 1,800m 이상의 고지에서 재배되는 하이그로운(high-grown)차이다. 완성 홍차의 품질이 뛰어나며 찻물색은 밝은 오렌지로 진하고 풋풋한 향과 부드럽고 감미로운 맛이 특징이다. 밀크티로 마셔도 좋지만 향을 즐기려면 스트레이트티로 마시는 것이 좋다.

딤불라(Dimbula) 홍차

무더운 날씨의 남부 고원지대 딤불라지역에서 생산되는 딤불라 홍차는 1~2월의 작은 찻잎이 최고이며, 대표적인 홍차의 찻물색인 밝고 깨끗한 붉은색을 띤다. 산뜻하고 신선한 맛과 부드러운 떫은맛이 있어서 블렌딩 베이스나 아이스티, 밀크티로 많이 쓰인다.

우다 푸셀라와(Uda Pussellawa) 홍차

스리랑카 고지대로서 캔디와 우바 사이에 위치하며 해발 1250~1550m이다. 우바처럼 북동쪽 몬순 계절풍의 영향을 받는다. 컬리티 시즌을 2-3월, 8월 두 번 맞지만 차의 특징이 다르다. 전체적으로 풍미가 고급스러우며 진한 갈홍색에 스모키향이 있다.

캔디(Kandy) 홍차

스리랑카 중앙부에 위치한 캔디지역은 싱할라 왕조의 옛 수도였으며, 15세기에 세워진 전통의 고도(古都)이다. 아삼종 차나무 외에 중국 개량종 차나무도 많이 재배되고 있다. 캔디 홍차의 탕색은 밝은 붉은색이며, 쓴맛이 옅고 부드럽게 우러나오는 중국 종 홍차와 진하고 깔끔한 맛을 내는 인도종 홍차 두 가지가 있다.

캔디지역에는 홍차를 판매하는 티캐슬이 있다. 이곳 티 카페에서는 제다한 차를 마실 수 있다.

티캐슬

루후나(Ruhuna) 홍차

스리랑카 남서부에 위치한 루후나는 로우그로운의 대표지역이며,

차나무는 토양이 비옥하고 기후가 온화한 곳에서 잘 자란다. 루후나 홍차는 이 지역에서 생산되는 홍차에 옛 왕국의 이름이 그대로 붙여진 것이다. 토양 특성으로 인해 찻잎이 검고 풍미가 강하고 독특하여 밀크티로 마시기에 적합하다. 같은 지역인 사바라가무와(Sabaragamuwa)홍차도 비슷한 풍미를 지녔다.

루후나 안쪽 룸비니 티 팩토리는 위생과 기술력을 겸비하고 높은 홍차 퀄리티를 맛볼 수 있는 곳이다.

룸비니 티 팩토리, 룸비니 홍차

3부
음다 풍속과 차 문화

1. 음다의 역사와 방법

　차의 원산지 중국에서 차를 언제부터 마셨는지는 정확하게 알 수 없지만, 육우의 『다경』「육지음(六之飮)」에서는 차를 처음 마신 자로 신농씨(神農氏)를 언급했다. 『사기』·「오제본기(五帝本紀)」에 따르면, 신농씨는 황제(黃帝)시대에 제후들을 물리치지 못해 세력이 약해졌다. 신농씨는 염제(炎帝)라 불린다. 그러나 좌구명(左丘明)의 『국어(國語)』에서는 강씨(姜氏)의 시조신(始祖神)으로 나오기도 하고 때로는 태양신으로 불린다. 전국시대 신들을 통합하는 과정에서 염제는 신농씨와 같은 인물로 여겼다. 그래서 사마천의「황제본기(黃帝本紀)」에서도 염제 신농으로 표현했다. 『춘추위원명포(春秋緯元命苞)』에는 다음과 같은 신농씨의 탄생 설화를 기록하고 있다.

> 소전(少典)의 왕비 안등(安登)이 화양(華陽)에서 노니는데 어떤 용 머리 모양을 한 신이 상양(常羊)에서 신농을 낳았다. 그는 사람의 얼굴에 이마에는 용처럼 뿔이 돋았고, 농사를 잘 지어 신농이라 했으며, 처음으로 천자가 되었다.

　『회남자(淮南子)』「수무편(修務篇)」에 따르면, 염제 신농씨는 '자편(赭鞭)'이라는 신령스러운 채찍을 가지고 각종 약초를 내리쳐 약초에 독성이 있는지, 효능은 어떤지, 약초가 더운 성분인지 찬 성분인지 등을 알아냈다. 그는 이를 통해 유용한 약을 가려내 사람들의 병을 치료했다.

신농씨는 의약(醫藥)은 물론 쟁기와 보습, 도기(陶器), 활을 발명했고, 처음으로 시장을 열었다. 그러나 그는 결국 약초의 성분을 맛보다 중독되어 죽었다. 그가 묻힌 곳은 지금의 호남성 차릉주(茶陵州) 차릉에 묻혔다. 차릉은 기원전 125년 한나라 무제가 장사(長沙) 왕자 유흔(劉訢)을 제후로 봉한 곳이다. 차릉은 근처에 차산(茶山) 때문에 생긴 이름이다. 신농씨가 차릉에 묻힌 얘기는 차를 이해하는데 아주 중요한 정보다.

육우의 『다경』외에 중국에서 차를 마신 최초의 기록은 서한(西漢)의 왕포(王褒, ?-?)가 편찬한 『동약(僮約)』이다. 동약의 '동'은 '하인', '약'은 '계약'을 뜻한다. 이는 일종의 노비문서를 의미한다. 왕포는 지금의 사천성 자주(資州) 자양(資陽) 출신이다. 그는 어려서 글을 지었다. 선제(宣帝)는 그를 장안의 황궁 금마문(金馬門)으로 불러 간의대부(諫議大夫)에 임명했다. 선제는 뒷날 그에게 지금 사천성 사천분지와 한중 분지의 익주(益州)에 위치한 금마산(金馬山)과 벽계산(碧雞山)의 제사에 보냈다. 그러나 왕포는 가는 도중에 죽고 말았다. 후세 사람들이 『왕포간의집(王褒諫議集)』을 간행했다. 내용을 요약하면 다음과 같다.

촉군왕(蜀郡王) 자천(子泉)이 어떤 일로 타강(沱江) 상류의 지류인 전강(湔江)에 이르러 과부인 양혜(楊惠)의 집에 머물렀다. 양혜의 집에는 대부(大夫)였던 전남편이 거느리던 편료(便了)라는 노비가 있었다. 자천은 그 노비에게 술을 사오라고 했다. 그러나 편료는 자천의 요청을 거절했다. 왜냐하면 자신이 대부에게 팔려올 때 계약 문서에는 다른 남자에게 술을 사주면 안 된다는 내용이 있었기 때문이었다. 그래서 자중(資中) 출신 자천은 편료에게 술심부름을 시키기 위해 다시 선제(宣帝) 신작(神爵) 3년(기원전 59) 정월 15일에 성도(成都) 안지리(安志里) 편료를 1만 5천에 샀다. 매매 계약에는 편료가 해야 할 일을 기록했다. 그 중 하나가 무양(武陽)에 가서 차를 사오는 것이었다.

『동약』의 내용은 기원전 59년 당시 사천의 지배자들이 차를 꽤 많이 마셨다는 사실을 보여준다. 왜냐하면 노비가 해야 할 일 중 하나가 차를 사오는 것이었기 때문이다. 노비가 하는 일은 땔감을 하고, 가축을 시장에 팔고, 나무를 심고, 누에를 치는 등 아주 많았다. 많은 일 중 차사오는 것을 기록할 정도면 당시 지배자에게 차를 마시는 일이 매우 소중했다는 것을 의미한다. 자천이 노비 편료에게 차를 사오도록 한 무양은 현재 사천성의 수도인 성도부(成都府) 신진현(新津縣)의 진(鎭)이다. 편료는 주인인 자천이 사는 현재 사천성 자주(資州)의 자중에서 무양까지 차를 사러 갔던 것이다. 자중에서 무양까지는 꽤 먼 거리다. 이 내용은 당시 자천이 살았던 자중에는 차가 없었다는 뜻이고, 성도의 신진현 무양진(武陽鎭)에는 시장에서 차를 팔았다는 의미다.

육우에 따르면, 중국의 차는 신농씨에서 시작해서 주나라 주공(周公)에 이르러 널리 알려졌다. 그 이후 춘추시대 제나라 안영(晏嬰, ?-기원전 500), 한나라 양웅(揚雄, 기원전 53-18)과 사마상여(司馬相如, 기원전 179-기원전 117), 오나라 위요(韋曜, 204-273), 동진(東晋) 유곤(劉琨, 270-317)·장재(張載)·육납(陸納)·사안(謝安, 320-385)·좌사(左思, 250-308) 등을 꼽았다. 당대에 이르면 지금의 섬서성 장안과 하남성 낙양, 그리고 호북성 형주에서는 집집마다 차를 마셨다.

육우는 「육지음」에서 차 마시는 기원과 역사와 함께 차의 종류 및 마시는 법을 소개했다. 마시는 차에는 추차(麤茶), 산차(散茶), 말차(末茶), 병차(餠茶)이다. 거친 추차는 쪼개거나 자르고, 산차는 덖어내고, 말차는 불에 말린다. 그런데 당대의 말차는 차의 솔인 차선(茶筅)으로 젓는, 즉 격불(擊拂)하는 송대와 말차와 달리 미세한 가루를 탕수에 타서 먹는 것을 의미한다. 병차는 절구에 찧어서 작은 항아리나 병에 넣어서 끓는 물을 부어 마시는 것을 암차(痷茶)라 한다. 혹 파, 생강, 대추, 귤껍질, 수유, 박하 등을 넣고 오래 끓인 다음 떠오르는 것을 걷어내어 탕을 부드럽게 하며, 끓일 때 생기는 거품을 제거하기도 한다. 육우는 이 같은 차를 마시는 것을 차 만들기, 차 감별하기, 차의 기물, 차 달이기, 찻물, 차 굽기, 차 가루내기, 차 끓이기 등 여덟 가지와 더불어 어려운 일로 여겼다. 아울러 음차법과 관련해서 여름에 많이 마시고 겨울에 적게 마시는 것을 경계했다. 마시는 횟수에 대해서는 신선하고 향이 좋은 차는 세 잔까지, 그 다음은 다섯 잔까지를 소개하고 있다. 만약 손님이 다섯 명이면, 세 사발만 행하고, 일곱 명이면 다섯 사발을

행한다. 만약 여섯 사람 이하면 사발 수를 더 셈하지 않는다.

육우가 언급한 당나라의 떡차를 마실 때 '탕(湯)'은 아주 중요하다. '탕'은 우리나라에서 현재 사용하고 있는 '추어탕'을 비롯한 각종 '탕'을 연상시킨다. 탕으로 마신 차는 현재는 아주 낯설지만 중국 당나라에서 그 이후 시기까지, 그리고 우리나라에서도 조선후기까지 사용한 오랜 역사를 갖고 있다. 차를 탕으로 마신 방법을 자차법(煮茶法) 혹은 전차법(煎茶法)이라 한다. 그래서 중국의 다서 중 '탕'과 '자'와 '전'과 관련한 작품, 즉 당나라 이광의(李匡義)의 『전다수기(煎茶水記)』, 소이의 『탕품(湯品)』, 원나라 양유정(楊維禎)의 『자차몽기(煮茶夢記)』, 명나라 고숙사(高叔嗣)의 『전다칠류(煎茶七類)』, 전예형(田藝衡)의 『자천소품(煮泉小品)』, 청나라 섭준(葉儁)의 『전다결(煎茶訣)』등이 간행되었다.

차를 끓이는 방법은 『다경』 「오지자(五之煮)」에 자세하고, 탕에 관해서는 소이의 『탕품』에 상세하다. 소이는 『탕품』에서 끓인 물을 차의 목숨에 비유할 만큼 중시했다. 그 이유는 이름난 차라도 끓인 물을 함부로 하면 평범한 가루차와 다를 바 없었기 때문이었다. 소이는 『탕품』에서 16가지 탕품, 즉 득일탕(得一湯), 영탕(嬰湯: 어린탕), 백수탕(百壽湯), 중탕(中湯), 단맥탕(斷脈湯), 대장탕(大壯湯), 부귀탕(富貴湯), 수벽탕(秀碧湯), 압일탕(壓一湯), 전구탕(纏口湯), 감가탕(減價湯), 법률탕(法律湯), 일면탕(一面湯), 소인탕(宵人湯), 적탕(賊湯), 마탕(魔湯) 등을 소개하고 있다.

2. 찻물과 차그릇

(1) 찻물의 기준과 평가

찻물은 어느 시대 어떤 차를 만드는 간에 차 맛을 결정할 만큼 중요하다. 육우는 『다경』 「오지자」에서 차 달일 때 사용하는 물은 "산에서 나는 것이

상품(上品), 강물이 그 다음, 우물은 그 아래다"라고 평가한 뒤 그 이유를 자세하게 설명했다. 산에서 나는 물은 유천(乳泉)이나 석지(石池)에서 천천히 흐르는 것이 좋고, 거칠게 솟고 급히 흐르는 물은 마시지 말아야 한다. 왜냐하면 오래 마시면 목병이 생기기 때문이다. 또 산에 다른 물줄기로 떨어져 따로 흐르는 물은 비록 맑더라도 먹지 말아야 한다. 왜냐하면 이곳의 물은 흐르지 않으므로 더운 7월부터 서늘한 9월까지 물속에 용, 즉 양기가 잠겨 있어 그 안에 독이 쌓일 수 있기 때문이다. 이 물을 마시려는 사람은 나쁜 물을 흘러 보내고 졸졸 새 물이 고이면 이를 떠서 쓰는 것이 좋다. 강물은 사람에게 멀리 떨어져 있는 것을 취하고, 우물물은 많은 사람이 떠가는 것을 취한다.

당나라 장우신(張又新, ?-?)은 『전다수기(煎茶水記)』에서 찻물의 기준을 제시했다. 지금의 하북성 심현(深縣) 출신의 장우신은 지금의 강서성 강주자사(江州刺史)를 역임했지만, 관직에 뜻을 두지 않고 오직 아름다운 아내를 얻어 평생을 보내길 바랐다. 그래서 그는 양건주(楊虔州)의 딸을 아내로 맞이해서 차 마시길 즐기면서 각 지역의 물을 평가한 후 『전다수기』를 편찬했다.

『전다수기』에는 장우신이 찻물을 평가한 배경을 수록하고 있다. 그가 찻물을 익힌 것은 당시 형부시랑(刑部侍郎) 유백추(劉伯芻, 758-818)였다. 섬서성 낙천(洛川) 출신 유백추가 평가는 찻물은 아래와 같다.

<표8> 『전다수기』의 찻물 평가(1)

장소	평가 내용
강소성 양자강 남령수(南零水)	첫째
강소성 무석(無錫) 혜산사(惠山寺) 석수(石水)	둘째
강소성 소주 호구사(虎丘寺) 석수(石水)	셋째
강소성 단양현 관음사수(觀音寺水)	넷째
강소성 양주(揚州) 대명사수(大明寺水)	다섯째
강소성 및 절강성 오송강수(吳松江水)	여섯째
안휘성 회수(淮水)	일곱째

강소성 호구

유백추가 평가한 일곱 곳의 찻물은 대부분 강소성 혹은 강소성과 인접한 강물이거나 강소성 소속 사찰의 물이다. 장우신은 유백추의 찻물 평가를 실제 검증한 결과 실제와 같다고 믿었다. 그러나 장우신은 유백추의 찻물 평가에 만족하지 않고 절강성 온주(溫州) 영가자사(永嘉刺史) 시절에 전당강(錢塘江) 상류 동려강(桐廬江) 엄자탄(嚴子灘)에서 물을 길러 차를 달여 꽃다운 향기를 맛보았다. 장우신은 이곳의 물이 유백추가 제일로 꼽은 양자강 남령의 물보다 낫다고 평가했다. 혜산사의 석수 혹은 석천수는 워낙 유명해서 적지 않은 사람들의 칭송 글이 남아 있지만, 강소성 소주 출신 명나라 문징명(文徵明, 1470-1559)의 《혜산차회도권(惠山茶會圖卷)》은 빼놓을

문징명 상

수 없다. 당인(唐寅)·심주(沈周)·구영(仇英)과 '명사가(明四家)'로 불릴만큼 유명한 화가였던 문징명의 작품에는 소나무 숲이 울창한 혜산천의 물을 길러 차를 달이는 모습을 볼 수 있다.

혜산차회도

문징명의 차 관련 작품 중 하나인 북경고궁박물관 소장의 《다구십영도(茶具十詠圖)》에는 차오(茶塢)·차인(茶人)·차순(茶筍)·차영(茶籯)·차사(茶舍)·차조(茶竈)·차배(茶焙)·차정(茶鼎)·다구(茶甌)·자차(煮茶) 등에 대한 글과 그림을 수록했다.

장우신은 814년 진사 시절, 지인과 함께 섬서성 장안(長安)의 천복사(薦福寺)에서 갔다가 현감 스님 방에서 『자차기(煮茶記)』를 보았다. 장우신은 『자차기』에 당나라 대종(代宗, 재위 762-779) 시기 절강성

문징명 다구십영도

호주자사(湖州刺史) 이계경(李季卿)이 육우에게 들은 물을 다음과 같이 기록했다.

<표9> 『전다수기』의 찻물 평가(2)

장소	평가 내용
강서성 여산(廬山) 강왕곡(康王谷) 수렴수(水簾水)	첫째
강소성 무석현 혜산사 석천수(石泉水)	둘째
호북성 기주(蘄州) 난계석상수(蘭溪石上水)	셋째
호북성 협주(峽州) 선자산(扇子山) 하마구수(蝦蟆口水)	넷째
강소성 소주 호구사(虎丘寺) 석천수(石泉水)	다섯째
강서성 여산(廬山) 초현사(招賢寺) 하방교(下方橋) 담수(潭水)	여섯째
강소성 양자강 남령수(南零水)	일곱째
강서성 홍주(洪州) 서산(西山) 서동폭포수(西東瀑布水)	여덟째
하남성 당주(唐州) 백암현(栢巖縣) 회수원(淮水源)	아홉째
안휘성 여주(廬州) 용지산(龍池山) 고수(顧水)	열째
강소성 단양현 관음사수(觀音寺水)	열한 번째

강소성 양주(揚州) 대명사수(大明寺水)	열두 번째
섬서성 한강(漢江) 금주상류(金州上流) 중령수(中零水)	열세 번째
호북성 귀주(歸州) 옥허동(玉虛洞)아래 향계수(香溪水)	열네 번째
섬서성 상주(商州) 무관(武關) 서낙수(西洛水)	열다섯 번째
강소성 및 절강성 오송강수(吳松江水)	열여섯 번째
절강성 천태산(天台山) 서남봉 천문폭포수(千文瀑布水)	열일곱 번째
호남성 침주(郴州) 원천수(圓泉水)	열여덟 번째
절강성 동려(桐廬) 엄릉(嚴陵) 탄수(灘水)	열아홉 번째
설수(雪水)	스물번 째

『전다수기』의 내용은『자차기』에서 육우가 언급한 것이지만 아마도 장우신이 평가한 것으로 보아야 할 것이다. 왜냐하면 장우신이 언급한 『자차기』의 실체도 알 수 없을 뿐 아니라『자차기』에서 언급한 내용도 육우가『다경』에서 언급한 내용과 다르기 때문이다. 장우신은 자신의 물에 대한 평가를 정당화하기 위해 육우의 권위를 빌렸을 가능성이 높다. 송대 구양수(歐陽修, 1007-1072)는『대명수기(大明水記)』에서 장우신이 『자차기』를 인용한 사실을 비판했다. 구양수는 육우가 스스로 서로 다르게 평가했을리 없다고 생각했다. 아울러 그는 설령『자차기』의 내용이 육우의 말일지라도 믿을 수 없다고까지 평가했다. 왜냐하면 물 맛에는 좋고 나쁨이 있지만, 천하의 물을 낱낱이 차례를 매긴다는 것이 불가능하기 때문이다. 그러나 그는 대명사(大明寺)의 우물물이 아주 좋다고 평가했다. 『대명수기』는 강소성 양주에 위치한 대명사 우물에 대한 내용이다. 현재 대명사 평산당(平山堂) 옆 우물 앞에는 '천하오천(天下第五泉)'을 새겨놓았다. 이는『전차수기』에서 유백추가 평가한 것과 일치한다.

『전다수기』에는 유백추가 언급한 것과 달리 물의 장소가 아주 구체적이다. 그런데 열 번째의 안휘성 여주(廬州) 용지산(龍池山) 고수(顧水)는 판본에 따라 글자가 다르다. 본서에서 활용한『전차수기』는 송나라 함순(咸淳)에 간행한『백천학해(百川學海)』본이다.『전차수기』와 함께 부록으로 수록된 구양수(歐陽修) 『대명수기』에는 '고수'를 '정수(頂水)'로, 『속백천학해(續百川學海)』에는 '영수(嶺水)'로 표기했다. 열여덟 번째 호남성 침주는 숲이 많아서 '임성(林城)', '구선이불(九仙二佛)'이 사는 도교와 불교의 성지라서 '복성(福城)'이라 부른다. 특히 침주는 항우가 의제(義帝)를 보내기로 했던 곳이다.

명나라 서헌충(徐獻忠, 1469~1545)의 『수품전질(水品全秩)』에서는 상지수(上池水)·옥정(玉井)·여현북담수(酈縣北潭水)·금릉팔공덕수(金陵八功德水)·구곡희객천(句曲喜客泉)·왕옥옥천(王屋玉泉)·태산제천(泰山諸泉)·화산양수천(華山凉水泉)·종남산징원지(終南山澄源池)·경사서산옥천(京師西山玉泉)·언사감로천(偃師甘露泉)·임려산수렴(林慮山水簾)·소문산백천(蘇門山百泉)·제남제천(濟南諸泉)·여산강왕곡수(廬山康王谷水)·양자중냉수(楊子中冷水)·무석혜산천(無錫惠山泉)·안탕룡비수(鴈蕩龍鼻水)·천목산담수(天目山潭水)·오흥백운천(吳興白雲泉)·고저금사천(顧渚金沙泉)·벽림지(碧琳池)·사명설두상암(四明雪竇上岩)·천태동백궁수(天台桐栢宮水)·황암향천(黃岩香泉)·마고산신공천(麻姑山神功泉)·낙청목소천(樂淸沐簫泉)·복주남대천(福州南臺泉)·동려엄자뢰(桐廬嚴子瀨)·고소칠보천(姑蘇七寶泉)·의흥삼동수(宜興三洞水)·화정오색천(華亭五色泉)·금산한혈천(金山寒穴泉) 등을 소개하고 있다.

절강성 전당(항주) 출신 전예형(田藝蘅, 1524-1591)의 『자천소품(煮泉小品)』에서도 물에 대한 정보를 담고 있다. 전예형은 시험에 자주 떨어져 술을 아주 좋아했던 사람이다. 그가 『자천소품(煮泉小品)』을 편찬한 것은 깊은 병 때문이었다. 그가 앓았던 병은 '산수(山水)를 지나치게 즐기는 것', 즉 '천석병(泉石病)'이었다. 그는 이 병을 치료하기 위해 온갖 방법을 찾았지만, 끝내 찾지 못하고 낙심하던 차에 산속에서 담약수(淡若水)를 만나 치료법을 얻었다. 담약수가 알려준 치료법은 '맑은 흰 돌에 달인 샘물에 차를 첨가해서 오래 마시는 것'이었다. 게다가 담약수는 오래 마시면 곡식 먹기를 폐하고 신선도 될 수 있다고까지 말했다. 이에 전예형은 담약수가 일러준 대로 차를 마신 후 사실이라는 것을 체험했다. 그가 『자천소품』에서는 물과 관련해서 '원천(源泉)', '석류(石流)', '청한(淸寒)', '감향(甘香)' 등을 소개하고 있다.

(2) 중국과 일본의 차그릇

차를 마시는 데 필요한 그릇인 다기(茶器)는 다법(茶法)에 따라 다르다. 육우 『다경』 「이지기(二之具)」가 당나라 때 차를 만드는 도구라면, 『다경』 「사지기(四之器)」는 차를 마시는 데 필요한 그릇에 관한 내용이다. 그런데 『다경』에는 차를 마시는 그릇에 대한 구체적인 설명만 있을 뿐 실물은 없다. 그래서 한때 『다경』의 내용을 의심한 적이 있었지만, 섬서성 봉상부(鳳翔府) 부봉현(扶鳳縣)에 위치한 법문사(法門寺) 발굴에서 실물 중 일부가 나왔다.

법문사

법문사가 위치한 봉상부는 봉황이 난다는 뜻을 가진 지명이다. 봉상부는 진나라 때 옹현(雍縣)이었다가 757년 당나라 때 바뀐 이름이다. 봉상은 기산(歧山)에서 봉새가 울어서 붙인 이름이다. 기산은 봉상과 부봉 사이에 있다. 송나라 때 지리서인 『태평환우기(太平寰宇記)』에 따르면, 기산은 천주산(天柱山)이라 부르며, 산위에 봉황이 울어서 사람들이 '봉황언덕'이라 불렀다. 기산은 주나라의 기반을 닦은 고공단보(古公亶父)가 위수(渭水) 분지에서 전도한 곳이기도 하다.

법문사에서 다구가 발견된 것은 1981년 8월 4일 새벽 1시 57분에 진신보탑(眞身寶塔)의 이루가 큰 비로 무너졌기 때문이었다. 1987년 2월 진신보탑을 중수하는 과정에서 천년 이상 잠들어 있던 당나라 때 유물 2499건이 세상에 나왔다. 1987년 4월 3일에는 법문사 진신보탑 아래 지하 궁전에서 다량의 유물이 나와 세상을 깜짝 놀라게 했다. 중국 당국이

1988년부터 법문사를 개방하면서 유물이 세상에 널리 알려졌고, 그중 당나라 때 다구도 세상에 빛을 보았다.

법문사 소장 다구

법문사의 유물 발굴로 『다경』의 다구에 대한 시비는 완전히 사라졌지만, 차 그릇에 대한 실물은 상대적으로 적다. 왜냐하면 차 그릇 중에는 나무로 만든 것이 많기 때문이다. 『다경』에서 언급한 차 그릇은 풍로(風爐)·거(筥:숯바구니)·단과(炭撾:숯 깨는 도구)·화협(火筴:부젓가락)·복(鍑:솥)·교상(交床:솥받침)·협(夾:집게)·지낭(紙囊:종이주머니)·연(碾:차 맷돌)·나합(羅合:찻 가루 담는 그릇)·칙(則:차 숟가락)·수방(水方:물통)·녹수낭(漉水囊:물 거르는 자루)·표(瓢:표주박)·죽협(竹筴:대젓가락)·차궤(鹾簋:소금단지)·숙우(熟盂:물 식힘 그릇)·완(盌:주발)·분(畚:삼태기)·찰(札:솔)·척방(滌方:설거지통)·재방(滓方:찌꺼기통)·건(巾:차건)·구열(具列:진열대)·도람(都籃:모듬 바구니) 등 24종이다. 차 그릇의 수는 25종에서 29종까지 다양한 견해가 있다.

『다경』에서 언급한 차 그릇의 수는 당나라 시대이 차 마시는 법을 알아야만 이해할 수 있다. 『다경』이후 차 그릇과 관련한 자료에는 남송시대

심안노인(審安老人, ?-?)이 함순(咸淳) 5년(1269)에 편찬한 『다구도찬(茶具圖贊)』을 들 수 있다. 이 작품은 사실상 중국 최초의 다구 그림이다. 그런데 '다구'는 차를 만드는 도구를 기록한 『다경』의 다구와 달리 차를 만드는 도구와 마시는 그릇을 함께 수록했다. 『다구도찬(茶具圖贊)』의 또 다른 특징은 12개 다구의 소장자를 기록한 점이다. 도찬의 '찬'은 각 다구에 대한 찬미를 뜻한다. 다구와 소장자는 아래와 같다.

다구도찬

<표10> 『다구도찬』의 다구와 소장자

다구 종류	소장자
위홍로(韋鴻臚)-차 풍로	사창한수(四窓閒叟)
목대제(木待制)-나무 망치	격죽거인(隔竹居人)
금법조(金法曹)-나무 맷돌	옹지구민(雍之舊民) 화금선생(和琴先生)
석전운(石轉運)-돌 절구	향옥은군(香玉隱君)
호원외(胡員外)- 표주박	저월선옹(貯月僊翁)
나추밀(羅樞密)-차 거르는 체	사은요장(思隱寮長)
종종사(宗從事)-차 빗자루	소운계우(掃雲溪友)
칠조비각(漆雕秘閣)-칠기 차탁	고대노인(古臺老人)
도보문(陶寶文)-도기 찻잔	토원상객(兎園上客)
탕제점(湯提點)-탕병(湯瓶)	온곡유로(溫谷遺老)
축부사(竺副師)-찻솔	설도공자(雪濤公子)
사직방(司職方)-차 수건	결재거사(潔齋居士)

『중국차문헌집성2』에 수록된 『다구도찬』의 페이지 순서는 다른 작품의 페이지 순서와 정반대다. 즉 처음 시작하는 위홍로 그림은 마지막에 수록되어 있으면서 517인 반면 사직방의 그림은 처음 수록되어 있으면서 페이지는 539쪽이다. 이같은 현상은 『중국차문헌집성2』에 수록된 『다구도찬』이 일본 천보(天保) 15년(1844) 각본(刻本)이기 때문이다. 일본의 책 편집은 통상 중국과 정반대이다. 그래서 『중국차문헌집성2』에는 일본 판본을 중국 판본처럼 편집하지 않은 채 수록한 것이다. 『다구도찬』의 내용은 중국 중화서국(中華書局)에서 간행한 『총서집성초편(叢書集成初編)』에 모일상(茅一相)의 편찬 작품으로 수록되어 있지만, 내용은 같다. 다만 여기에서는 중국식으로 편집되었다. 강소성 소주부(蘇州府) 장주(長洲) 출신 고원경(顧元慶, 1487 - 1565)의 『다보(茶譜)』에도 일부 다구를 수록하고 있다. 『다보』를 고원경의 작품으로

이해하는 것은 전춘년(錢椿年)의 『다보』를 교정했기 때문이다. 고원경은 대석산(大石山) 자락에 살면서 과거에는 관심을 갖지 않고 차를 즐겨 마셨다. 『다보』에 수록한 다구는 다음과 같다.

다구

<표11> 『다보』의 다구

다구 종류	용도
고절군상(苦節君像)	대나무 풍로
고절군행성(苦節君行省)	차도람
건성(建城)	대나무 껍질로 만든 차 보관 상자
운둔(雲屯)	도자기로 만든 병, 찻물 이용
오부(烏府)	숯을 담는 대나무 바구니
수조(水曹)	질동이
기국(器局)	찻그릇 보관 상자
품사(品司)	대나무로 만든 차 보관 상자

명나라 유정(喩政)의 『다집(茶集)』 부록 「팽다도집(烹茶圖集)」에는 야외에서 차를 달여 마시는 그림을 실었다.

팽다

청나라 가헌씨(稼軒氏)가 도광14년(1834) 가을에 편찬한 「세연팽차도(洗研烹茶圖)」에는 2개의 차 달이는 그림이 실렸다

팽다

현대에도 다호(茶壺), 다배(茶杯), 다주(茶注), 다하(茶荷), 다탁(茶托), 다우(茶盂), 다불(茶拂), 다시(茶匙), 봉다반(奉茶盤), 개치(蓋置), 다협(茶夾), 다지(茶池), 다반(茶盤), 자수기(煮水器), 개완배(蓋碗杯) 등을 사용하여 차를 우려 마신다.

중국차 시연

개완배는 글자 그대로 뚜껑 있는 사발이며, 차호 대신 차를 우려내기 위한 도구로 사용할 수도 있고, 찻잔으로도 사용할 수 있어 삼재배(三才杯) 또는 삼재완이라 한다. 송과 원나라에서도 개완을 사용했다. 청나라 긴륭제는 매일 아침 식사 후 향차(香茶)를 한 잔씩 마시는 습관이 있었다. 그는 백옥 찻잔과 금 뚜껑으로 된 개완을 사용했다. 개완은 다양한 종류의 차를 간편하게 비교적 정확하게 우릴 수 있다는 장점이 있다. 개완은 차의 대중화에 맞추어 더욱 발달했다.

개완

개완은 상단 뚜껑이 천(天), 받침 차탁이 지(地), 찻잔인 완은 인(人)을 의미한다. 이는 천지인(天地人)을 형상화한 것이다.

일본의 다서에서도 차 도구와 차 그릇에 대한 그림을 확인할 수 있다. 그중에서 키무라 코오요오(木村孔陽)가 1831년 간행한 『매다옹다기도(賣茶翁茶器圖)』는 매다옹의 차 그릇에 대한 그림을 의미한다. 『매다옹다기도』의 매다옹(賣茶翁)은 모토아키(元昭, 1675-1763)의 호이다. 그가 남긴 작품이 곧 『매다옹게어(賣茶翁偈語)』이다. 따라서 『매다옹다기도』는 모토아키가 살았던 18세기 일본의 차 도구와 그릇을 이해하는 데 아주 중요한 작품이다. 모토아키의 『매다옹게어』는 그의 게송(偈頌)이다. 매다옹은 '차를 파는 늙은이'라는 뜻이고, 게송은 불교 승려의 선시(禪詩)다. 모토아키는 현재 구주지방 서북부에 위치한 비전연지(肥前蓮池) 사람이며, 성은 시산씨(柴山氏)다. 그는 11세 때 출가했으며, 호는 월해(月海)이며, 용진화림(龍津化林)을 스승으로 삼았다. 화림은 황벽(黃檗)을 스승으로 삼았다. 황벽은 당나라 때 중국 불교를 완성한 육조 혜능의 제자 중 하나이다. 그래서 모토아키는 에도 중기 황벽파(黃檗派)의 선승이다. 그는 1735년 61세 때 찻집인 통선정(通仙亭)을 열어 차를 팔면서 생활했다. 매도옹도 이런 연유로 붙인 호이다. 그는 지대아(池大雅)·포상옥당(浦上玉堂) 등의 문인들과 사귀면서 전차도(煎茶道)의 시조로 추앙받았다. 만년에는 오카자키(岡崎)에서 보내다가 보력(寶曆) 13년(1763)에 89세로 입적했다. 2021년에 '고유외매다옹현창회(高遊外賣茶翁顯彰會)'가 열렸다.

『매다옹게어』첫 머리에 매다옹의 그림이 첨부되어 있다. 그림 다음 장에는 고유위(高遊外), 즉 모토아키가 직접 쓴 글이 있다. 그는 여기서 자신을 중국

매다옹 인물 그림

당나라 노동(盧仝)의 정류(正流) 겸 중국 선종의 시조인 달마의 45전(傳)으로 표기했다. 모토아키는 자신을 차인으로서 노동의 정통파라는 사실과 승려로서 중국 선종의 후예라는 자부심을 갖고 있었다. 그는 일본의 차 역사에서도 중요한 위치를 차지한다. 다노무라다케다(田能村竹田, 1777-1835)의 『석산재다구도보(石山齋茶具圖譜)』 부록에 따르면, 일본에서 엽차(葉茶)를 전한 사람이 중국의 임제종의 법을 계승한 은원(隱元)으로 알려져 있다. 은원은 청나라 순치 11년(1654)에 승려와 일반인 30명을 거느리고 일본 나가사키(長崎)에 도착했다. 이에 은원이 일본의 불교와 차법에 영향을 주었다. 그러나 저자는 이 같은 사실에 의문을 제기하고 있다. 그는 일본에서 풍로(風爐)와 급미소(急尾燒)로 팽점(烹點)해서 차를 마신 것은 원소부터라고 지적했다. 『매다옹게어』의 부록에는 모토아키가 통선정에서 사용한 차 도구와 차 그릇을 기록했다.

부록에 수록한 차 도구와 차 그릇은 『매다옹다기도』에서 그림으로 만날 수 있다.

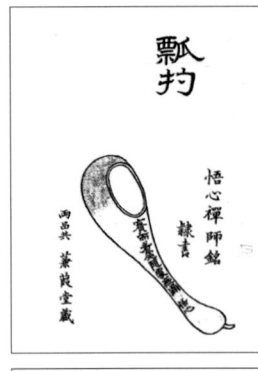

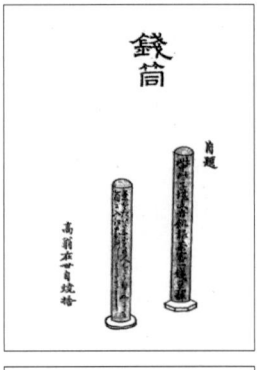
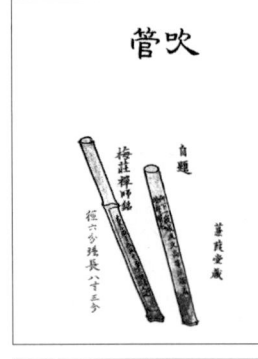

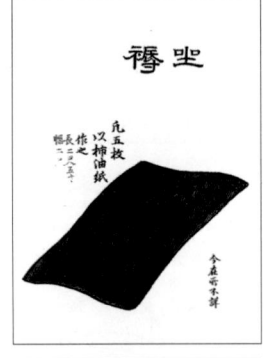

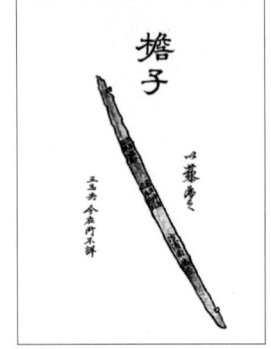
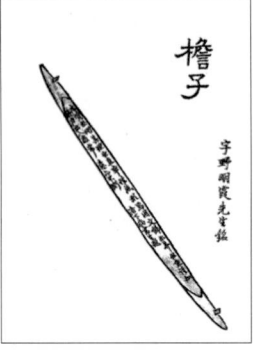

泜子

梅蔭禪師銘
徑四寸全體深五寸許

爐圍

椒菴禪師銘
在所未詳

瓦爐

自題
爐背同工陸氏法風奄馬分奇補吾陵獅
徑一尺高八寸

水注

興祥窯
菱邨某家藏

小爐
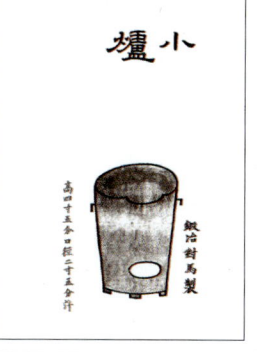
鍛冶封馬製
高四寸五分口徑二寸五分許

炭籃

兩品共 在所未詳
徑五寸深一寸

亀背面
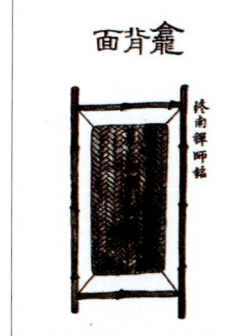
悠南禪師銘

焙鈎

炭橛

自題
在所未詳

具列

葉陰堂藏
柱高一尺五寸 中四寸 七寸

建水

悠南禪師銘
徑四寸高一寸六分

茶壺
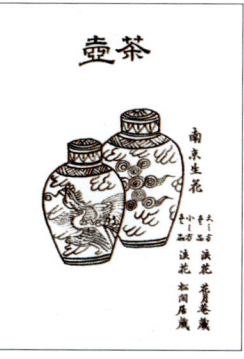
南京生花
溪花松岡居歲

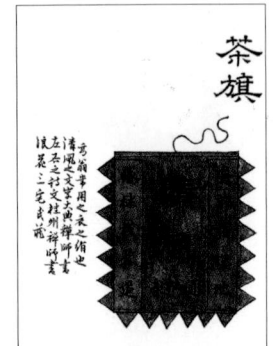  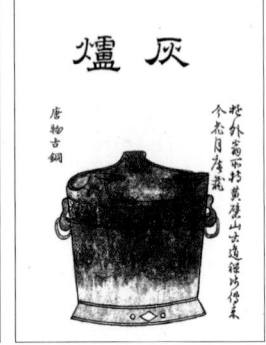

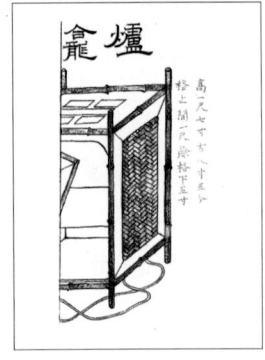  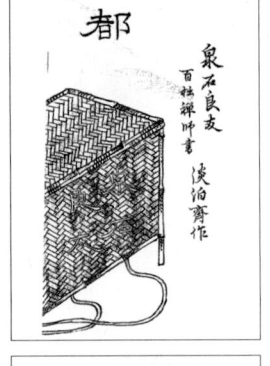

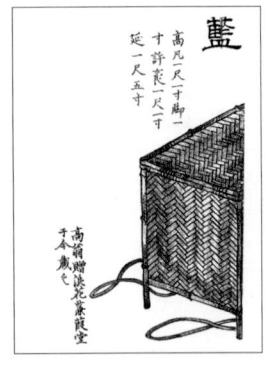  

『매다옹차기도』

『매다옹다기도』의 첫 머리에는 『매다옹게어』의 첫 머리에 수록한 매다옹의 인물을 그대로 실었다. 매다옹의 인물은 천동(天童)이 모사했다. 『매다옹다기도』에 수록한 차 도구와 차 그릇은 감비과(龕扉裏)·감배면(龕背面)·노감(爐龕)·선과(僊窠)·도람(都藍)·동로(銅爐)·급소(急燒)·자모종(子母鍾)·주자(注子)·표적(瓢扚)·오원(烏楥)·전통(錢筒)·취관(吹管)·차관(茶鑵)·재우(滓盂)·좌누(坐耨)·전통(錢筒)·첨자(櫼子)·첨자(櫼子)·제람(提籃)·주자(注子)·노위(爐圍)·와로(瓦爐)·수주(水注)·소로(小爐)·탄람(炭籃)·배구(焙鉤)·탄과(炭樋)·구열(具列)·건수(建水)·차호(茶壺)·차기(茶旗)·병상(瓶床)·회로(灰爐) 등 33개이다. 그런데 33개 중 중복이 2개이나 전체 29개이다. 『매다옹다기도』의 중요한 특징은 중국의 전차(煎茶)에 필요한 차 도구와 차 그릇과 큰 차이가 없지만, 몇 가지 점에서 다른 점을 발견할 수 있다. 가장 큰 차이는 돈을 넣는 '전통'이다. 『매다옹다기도』에 전통이 등장하는 것은 모토아키가 찻집을 운영하면서 찻값을 받았기 때문이다. 또 다른 점은 '피리'이다. 이는 주인공이 피리를 불면서 차를 마셨다는 증거다.

오쿠겐보오의 『명호도록』에는 19세기 중후반의 차호(茶壺)를 감상할 수 있다. 『명호도록』에 따르면, 명호는 주춘(注春)·차병(茶瓶)·명병(茗瓶)·차주(茶注)·차호(茶壺)·니호(泥壺)·사호(砂壺) 등 다양한 이름을 갖고 있다. 『명호도록』에는 소장자별 차호를 소개하고 있다. 그중 자니(紫泥) 11개, 이피니(梨皮泥) 9개, 백자(白磁) 2개, 주니(朱泥) 5개, 고석(古錫) 1개, 황니(黃泥) 1개 등이다.

 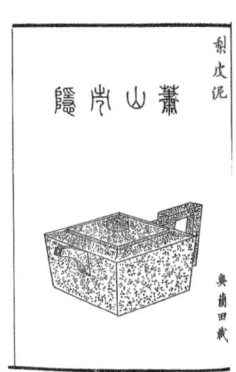 

『명호도록』

　야마나카키치로베에(山中吉郞兵衛, 1847-1917)의 『청만명연도지(靑灣茗讌圖誌)』에는 19세기 말 일본의 차회(茶會)에서 사용한 차 도구와 그릇을 살필 수 있다. 야마나카는 명치(明治)와 대정(大正)시대 오사카의 유명한 골동품 상인이다. 야마나카의 형제와 자매 모두 부친 다카무라(簑篁)의 골동 사업을 이어받았다. 야마나카는 골동 사업으로 큰돈을 벌었다. 그는 차회의 고품질 서화를 비롯해 자기 및 청동기를 수집했다. 『청만명연도지』는 명치 8년(1874) 오사카 청만(靑灣)에서 개최한 전차회(煎茶會)에 대한 내용이며, 다음해 1875년 8월에 간행되었다. 청만 전차회는 야마나카가 아버지를 기리는 차회였다. 청만 차회는 명치시대 여러 차회 중에서도 대표적인 차회로 꼽힌다.
　명치시대에는 명치 10년(1877) 3월 11일 오사카 유키마치(幸町) 남양원(南陽園)에서 개최된 『석산재다구도보』를 편찬한 다노무라다케다의 회갑 차회를 비롯해서 여러 차례 차회가 열렸다. 명치시대 차회의 중요한 특징은 대규모 차회에 열 개 혹은 수 십 개의 회장(會場)과 전차에 필요한 각종 차 도구와 그릇이 등장한 점이다. 차회에는 찻 자리 외에 다양한 전시도 열렸다. 처음에는 서화만 전시했으나 점차 청동기, 도자기, 분재 등을 전시했다. 청만 차회는 명치시대 차회 문화의 전환점이었다. 왜냐하면 청만 차회에서 전시된 각종 작품이 풍부했을 뿐 아니라 최고급품이었기 때문이었다. 그래서 일본 국내는 물론 해외에서도 차회를 방문했다.

『청만명연도지』는 선우(禪友)에서 벽운(碧雲)까지 13석(席)과 매 석마다 먼저 그림을 보여준 뒤 차 도구와 그릇은 물론 전시 물건을 구체적으로 설명했다. 게다가 매석 그림 앞에 주관 명단을 기록했다. 그런데 제1석에는 다른 자리와 달리 제주(祭主)를 기록하고 야마나카가 제주를 맡았다. 아울러 제1석에는 그림 뒤 각각의 물건을 설명하는 첫머리에 차회의 전체를 주관하는 회주(會主)와 차회를 보조하는 보조자의 명단을 기록했다. 회주 역시 야마나카가 맡았다. 이는 아버지를 위한 차회라는 점을 감안하면 당연하다. 제2석부터 제13석까지는 그림 다음에 차회가 열린 장소를 기록한 다음 명주(茗主)와 보조 명단을 기록했다. 『청만명연도지』의 목록은 다음과 같다.

<표12> 『청만명연도지』의 목록

제목	명칭
소인(小引)	
전강아집도서(澱江雅集圖序)	
호서(胡序)	
탁재한인서(卓齋閒人叙)	
사서정서(寺西鼎序)	
직입산초제시(直入山樵題詩)	
진전정신제사(津田正臣題詞)	
석(席)	선우(禪友)
제이석(第二席)	아우(雅友)
세삼석(第三席)	정우(靜友)
제사석(第四席)	운우(韵友)
제오석(第五席)	명우(名友)
제육석(第六席)	수우(殊友)
제칠석(第七席)	염우(艷友)
제팔석(第八席)	선우(仙友)

제구석(第九席)	가우(佳友)
제십석(第十席)	정우(淨友)
제십일석(第十一席)	명청악(明淸樂)
제십이석(第十二席)	척혼(滌昏)
제십삼석(第十三席)	벽운(碧雲)
발일(跋一)	
발이(跋二)	
발삼(跋三)	
발사(跋四)	
발오(跋五)	
원서판권항(原書版權頁)	
청만명연도지서(青灣茗宴圖誌序)	
전관서화록(展觀書畫錄)	
전관서화록발(展觀書畫錄跋)	
추완서화록(追玩書畫錄)	
추완서화록발(追玩書畫錄跋)	

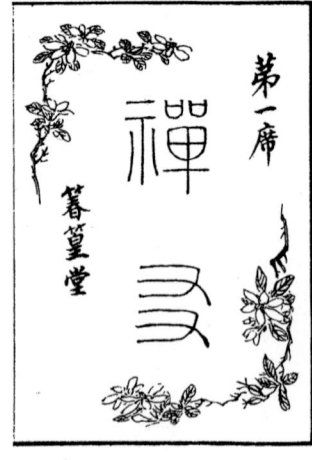

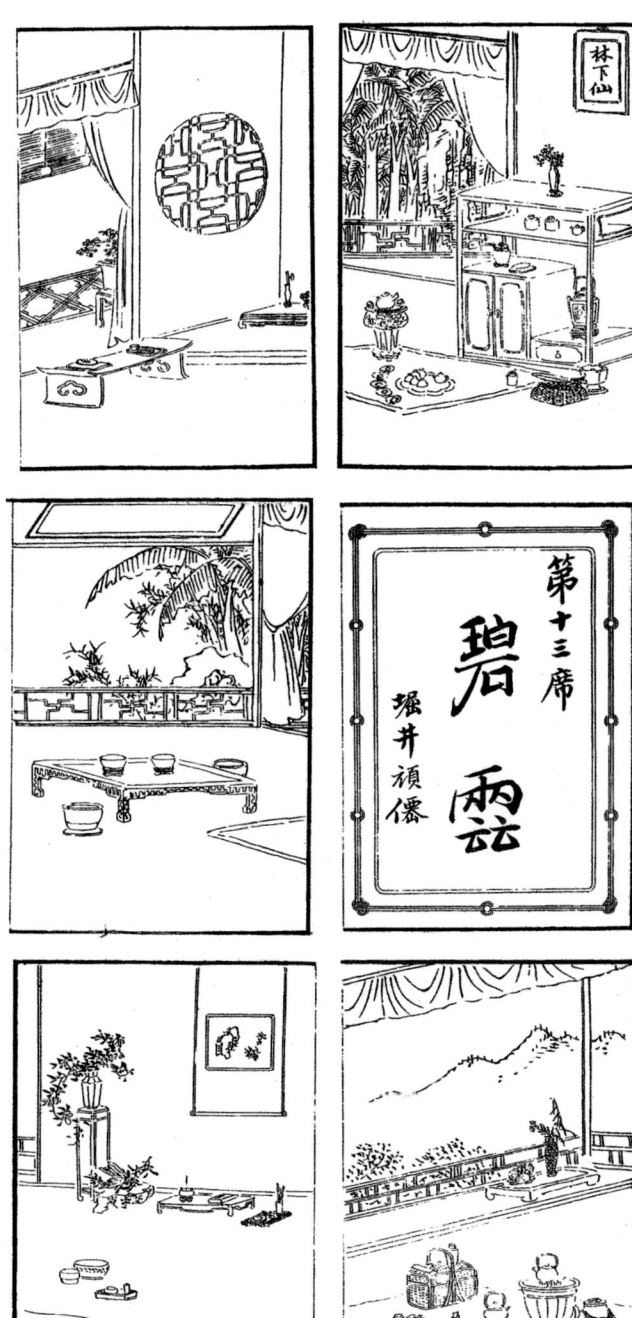

『청만명연도지』

『청만명연도지』에서 보듯이 일본 명치와 대정 시대 차회에서 사용한 차도구 및 그릇에서 주목할 것은 정(鼎)의 사용이다. '정'은 중국 고대의 중요한 기물이다. 이 같은 삼대(三代)의 기물은 육우의 『다경』에서도 수록하고 있고, 하나라의 우임금, 은나라의 이윤(伊尹), 주나라의 주공단(周公旦), 춘추시대 노나라 공자(孔子) 등 이른바 고대 성인들이 존중한 것이다. 일본 전차회에서 정을 사용한 것은 이 같은 성인들의 정신을 계승했다는 의미를 갖는다.

한국의 다구

우리나라 신라시대에는 끓는 물에 차를 넣어 마시는 자차법(煮茶法)으로 차를 마셨다. 자차법은 당나라의 영향을 받은 음차법으로 먼저, 병차를 가루 내어 불에 구워 습기를 제거한다. 연(碾)으로 가루를 내고, 채로 쳐서 물이 끓으면 소금을 넣어 한 표주박 떠내어 토기에 담은 후 찻가루를 넣는다. 물이 끓으면 떠 놓은 물을 다시 붓고 찻사발에 거품과 말을 떠서 마셨다.

신라차 다구

고려시대에는 송나라 영향을 받아 단차를 불에 구워 다연으로 가루를 만든 후 다완에 차를 넣고 물을 부어 다선(茶筅)으로 격불하여 거품을 내어 마시는 점차법(點茶法)으로 차를 우려 마셨다. 고려 전기에는 병차를 끓여서 마시거나 단차를 곱게 갈아 마시는 말차, 유차 등을 마셨다. 고려시대에는 화려하고 품격있는 비췻빛 청자 다완이 발달했다. 중국 북송의 사신 서긍(徐兢)이 1123년(인종 원년) 고려를 방문한 후 고려시대 생활 풍속을 기록한 『고려도경(高麗圖經)』권32 내용에 따르면, "근래에는 음차를 제법 좋아하여 차다구를 많이 만든다. 금화오잔, 비색소구, 은로탕정은 모두 중국 것을 흉내 낸 것들이다"라고 하여 중국의 다구와 유사하다고 언급했다.

고려도경 시연

조선시대에는 산차나 떡차를 마셨으며 다구도 소박한 분청사기와 백자 도자기를 주로 사용했다. 중국 명·청시대의 잎차를 우려 마실 때 사용했던 음차법의 영향을 받아 차호(茶壺)에 찻잎을 넣고 물을 부어 차를 우려내어 마시는 포차법(泡茶法)으로 차를 우려 마셨다.

우리나라의 다구는 중국 다구의 영향을 받았으나 시대가 지나면서 제사 때나 예의를 갖출 때 쓰는 다구로 발달하여 우리나라만의 특징을 갖고 있다.

차를 우릴 때 다관(茶罐), 숙우(熟盂), 찻잔(茶盞), 차탁(茶托), 차호(茶壺), 차시(茶匙), 개대자(蓋台子), 퇴수기(退水器), 탕관(湯罐), 차로(茶爐) 등을 사용한다.

다구, 다식합

유럽의 홍차 다구

다양한 홍차 다구

17세기 영국에서 차 마시는 습관을 유행시킨 사람은 포르투갈에서 시집온 캐서린 왕비였다. 그는 찰스 2세와 결혼했다. 그녀는 결혼 지참금으로 설탕과 차를 가져왔다. 차 마시는 관습이 유행하면서 왕실과 귀족들은 차와 함께 수입된 중국의 차 도구의 수요도 함께 증가했다. 7세기 초 중국의 다기와 일본의 다완도 차와 함께 전해졌다. 중국에서 수입된 도자기는 아주 고가였으므로 유럽에서도 자기를 생산하기 위해 노력했다. 1709년 독일 마이센에서 도자기를 생산하기 시작해 초기에는 중국의 자기를 그대로 모방했으나 18세기 중엽에는 독자적인 서양식 문양과 기법을 개발해냈다. 1791년 영국 동인도회사는 중국 도자기 수입을 중단했다. 차가 확산되면서 도자기와 커피하우스, 티가든, 티룸 등 영국의 차 산업이 발전했다.

홍차는 음용 방법에 따라 생산된 차를 그대로 마시는 순수 홍차(Straight Black tea)와 다른 홍차와 섞어 마시는 혼합 홍차(Blended Black tea), 그리고 홍차를 원료로 하여 다른 향을 흡착시켜 만든 향 홍차(Flavery Black tea) 등으로 나뉜다. 아울러 우려내는 방식에 따라 찻잎 이외에는 아무것도 넣지 않고 그대로 마시는 스트레이트 티(Straight tea), 차를 우리는 과정에서 밀크나 향신료, 과일, 허브 등을 첨가해서 즐기는 베리에이션 티(Variation tea) 등이 있다.

17세기 초에는 홍차를 우릴 때 주로 은 제품을 사용했지만, 18세기부터 현재까지는 대부분 자기 재질을 사용하고 있다. 홍차 다구(Tea Ware)에는 Tea pot(티포트), Tea cup(찻잔), Tea strainer(스트레이너), Infuser(인퓨저), Tea measure spoon(계량스푼), Tea cozy(티코지), Tea mat(티 매트), Tea warmer(티 워머), Tea caddy(티 캐디), Cake stand(케이크 스탠드), Tea napkin(티 냅킨), Tea blender(티 블랜더), Tea timer(모래시계), Lemon tray(레몬 트레이), Suger bowl(슈거 볼), Milk jug(밀크 저그), Tea back squeeger(티백 스퀴저), Drop catcher(드롭 캐처) 등이 있다.

(3) 러시아의 차그릇

러시아에서는 사모바르, 사모바르용 쟁반, 찻주전자, 찻잔과 찻잔 받침, 크림 및 버터 그릇, 설탕 그릇, 설탕 집게, 찻잎 여과기, 과자 보관 용기가 차를 마실때 갖춰야할 용품이었다. 그 중 가장 기본적인 다구로는 사모바르, 찻주전자, 찻잔과 찻잔 받침이 있다.

사모바르

러시아인의 차 마시기 전통에서 가장 특징적인 것으로 사모바르를 꼽을 수 있다. 사모바르는 그 용어 자체만으로 작동 원리를 유추해볼 수 있다. 배가 불룩한 모양의 몸통 내부 중앙에 세로로 긴 금속 파이프가 설치되어 있어서 그 속에 숯이나 나무 조각을 넣어 불을 피워 본체에 담긴 파이프 주변의 물을 따뜻하게 데우는 구조이다. 즉 파이프 속에 숯을 피워 가만히 놔두면 '스스로'(сам,

사모바르

발음: 삼) 물이 '끓기'(варить, 발음:바리찌)때문에 이런 명칭이 붙어진 것이다. 사모바르가 언제, 어디서 최초로 발명되었는지는 확실치 않지만, 학자들은 사모바르의 기원을 고대 로마의 아우뎁사 또는 중국의 화과(火鍋)에서 찾고 있다. 폼페이에서 유물로 발굴된 차를 끓이는 탕관(湯罐)인 아우뎁사는 외관상 전체적으로 위로 길쭉한 모양을 하고 있고, 내부가 숯을 담는 부분과 물을 담는 부분이 분리되어 있다. 중국의 화과 또한 중앙부에 아궁이가 있어 숯을 넣고 불을 피워 중앙부의 가장자리 둘레에 담긴 물이 뜨거워지게

하는데, 이는 용도와 구조상 사모바르와 매우 흡사하다. 그 외에도 러시아에서 현재 사용하고 있는 사모바르는 표트르 1세가 네덜란드에서 가져온 물 끓이는 도구를 러시아 공예가들이 필요에 따라 변형시켜 발전시킨 러시아화 된 도구라는 설도 있다.

스비텐장수

러시아에는 사모바르 외에도 스비텐니크이라는 용기가 있었는데, 외관상 찻주전자와 비슷하게 생겼고, 내부에는 석탄을 넣는 파이프가 있다. 스비텐이라는 음료를 만들 때 이 용기를 사용했기 때문에 스비텐니크라는 이름이 붙여졌다. 스비텐은 전통적인 동슬라브족(러시아, 벨로루시, 우크라이나)의 따뜻한 겨울 음료로, 꿀, 향료, 풀이 주요 재료다. 짙은 보라색을 띠며 조리법에 따라 매우 맵게도, 또는 매우 달콤하게도 맛을 낼 수 있다. 가끔 적포도주에 향료와 설탕을 넣어 만들기도 했는데, 이는 뱅쇼와 유사하다. 스비텐은 스비텐니크 또는 사모바르에서 만들었다. 1128년 연대기에서 처음 언급된 스비텐은 19세기에 커피와 차로 대체될 때까지 러시아 사회의 모든 계층에서 인기를 얻었다. 2018년 9월 블라디미르 푸틴 대통령은 블라디보스토크의 한 시장에서 스비텐 한 병을 사서 중국 시진핑 주석에게 선물할 정도로 러시아를 대표하는 음료 중 하나다. 나중에 사모바르가 생겨난 후에도 스비텐니크에 물을 끓였고, 스비텐을 만들었다. 추운 겨울 시장에서는 스비텐 장수가 상인들에게 이것을 들고 돌아다니면서 음료와 간단한 간식을 팔았다. 스비텐니크는 사모바르보다 작고 손잡이가 있어서 갖고 다니기 편했기 때문에 오랫동안 사용되었다. 바로 이것을 사모바르의 직접적인 전신으로 보고 있다.

사모바르는 18세기 말부터 툴라와 우랄지역에서 본격적으로 제작되었는데, 19세기에 들어서면서 대량 생산되었다. 이 지역은 철광석이 풍부했고, 품질도 좋았기 때문에 이곳에서 만든 사모바르를 최상품으로 여겼다.

일반적으로 구리로 만들었는데, 겉면을 놋쇠로 처리했다. 이런 재질로 만든 사모바르는 매우 빨리 변색되어서 검어졌기 때문에 19세기 말부터는 니켈로 코팅했다. 이러한 제품은 황동제품보다 약간 비싸긴 했지만 관리하기 훨씬 수월했기 때문에 인기를 끌었다. 그림을 그리거나 금도금을 해서 장식한 고가의 사모바르도 생산되었다. 이처럼 재질과 디자인에 따라 가격이 천차만별이었는데, 싸게는 28루블부터 비싸게는 230루블까지 다양했다. 19세기 말경 사모바르 생산의 중심지로 알려진 툴라에는 약 30개의 공장이 있었고, 이곳에서 연간 최대 12만 개의 사모바르를 생산했다. "툴라에 갈 때는 자신의 사모바르를 갖고 가지 않는다"라는 속담이 있을 정도로 툴라에서 생산되는 사모바르는 유명했다. 1860년대에는 여름철이 되면 공원에서 피크닉을 하는 것이 유행이었는데, 이때 사람들이 사모바르를 갖고 다녔기때문에 사모바르가 러시아 전역에 빠르게 퍼졌다.

야외 티파티

20세기 초까지도 사모바르는 여전히 다소 비싼 물품이었기때문에 대를 이어서 사용했었다. 처음에는 석탄이나 장작으로 물을 끓이는 사모바르를 사용했으나, 점차적으로 등유, 전기를 사용하여 물을 끓이는 사모바르가 널리 사용되었다. 예전에는 사모바르의 용량은 리터 단위가 아니라 물 컵의 수로 측정했다.

사모바르의 표준 용량은 물컵으로 35-45컵 정도였는데, 이것은 대가족이 사용하기에 적합했다. 1인용, 2인용 사모바르도 있었다. 각각 물 컵으로 2-3컵, 5-6컵 정도 용량이었다. 사모바르는 크게 다음의 구성품으로 이루어져있다.

> 1) 몸통: 위에서 내려다보면 가운데에 나무 조각이나 숯을 넣는 파이프가 있고, 파이프 바깥부분에 물을 넣게 되어 있다. 몸통 양쪽에는 손잡이가 달려있어서 들고 움직이기 쉽게 되어있다.
> 2) 몸통뚜껑: 사모바르가 가열되는 동안 재나 숯이나 나무 조각들이 물통으로 들어가는 것을 막기 위해 뚜껑을 씌웠는데, 수증기가 빠져나갈 수 있게 조그만 구멍이 있다. 또한 가열된 사모바르에서 뚜껑을 뺄 때는 매우 뜨겁기 때문에 잡기 쉽게 손잡이가 달려있다.
> 3) 파이프 뚜껑: 파이프를 위에 덮는 뚜껑으로 연료가 과도하게 타서 사모바르가 과열되는 것을 막고, 또한 공기흐름을 느리게 해서 연료의 낭비를 막는 역할도 한다.
> 4) 찻주전자 받침대: 파이프 위에 올리는 부속품으로, 이 받침대 위에 찻주전자를 앉혀 놓아서 파이프에서 나오는 열기와 물통에서 나오는 증기로 찻주전자의 온기를 유지하는 효과를 내기 위한 부속품이다.
> 5) 수도꼭지: 이 부분에서 밸브를 돌리면 물이 나온다.
> 6) 밸브: 수도꼭지에서 흐르는 물의 양을 조절할 수 있는 부품이다.

이 외에도 외부에 추가적으로 파이프를 설치하기도 하는데, 이는 내부에 있는 파이프의 공기순환을 빠르게 하여 화력을 높이는데 도움이 된다. 외부 파이프의 길이가 길수록 효과가 좋다.

사모바르 구조를 결정하는 주요 요인은 수질이다. 사모바르를 보면 일반적으로 주둥이가 몸체의 1/3 높이에 있음을 알 수 있다. 사모바르는 그 형태가 아주 다양한데도 주둥이가 달린 위치는 예외 없이 동일한 비율을 유지하고 있다. 그 이유는 바로 수질때문이다. 러시아의 물은 대부분 경도와 칼슘 함량이 높은 것이 특징이다. 끓는 동안 하얀 물질이 생겨나는데, 이것은 칼슘이 많을 때 나타나는 현상이다. 물을 끓이면 불용성 탄산염(관석)이 파이프와 몸체의 벽, 그리고 바닥에 가라앉게 되는데, 사모바르의 이러한 구조는 이 침전물이 잔으로 들어가는 것을 막아준다. 또한 찻주전자나 찻잔에 물을 따를 때에도 식탁 위에서 움직이지 않는 안정적으로 구조를 갖고 있어서 침전물이 바닥에서 위로 올라가는 일이 없도록 하고 있다.

러시아에서 사모바르는 혼수 품목 중에서도 빠질 수 없는 생활필수품이자 귀중품이었다. 19세기 모스크바의 모습을 그린 『옛 모스크바 이야기』에서 작가 A.I. 비유르코프는 사모바르가 러시아인들의 삶에서 얼마나 중요한 의미를 갖는 물건인지를 기술하고 있다.

> 모스크바에 있는 어떤 집도 사모바르가 없는 곳은 없었다. 모스크바 시민들이 본인 집을 갖게 되면 그가 가장 먼저 하는 일은 사모바르를 갖는 것이었다. 사모바르가 없는 가정이란 상상할 수도 없었다.

프랑스 귀족이자 작가인 아돌프 드 커스틴(Adolphe de Custine) 후작은 『La Russie en 1839』에서 다음과 같이 언급했다.

> 러시아인들은 가장 가난한 사람들일지라도 집에 찻주전자와 구리 사모바르를 가지고 아침과 저녁에 가족들이 함께 차를 마신다. 시골집의 소박함은 그들이 마시는 품위있고 섬세한 음료와 현저한 대조를 이룬다.

러시아인들은 사모바르에서 증기가 빠지는 소리가 나지 않으면 아직 물이 준비되지 않았다고 여겼다. 물이 부글부글 끓어올라 사모바르가 "노래"를 하기 시작하면, 그제서야 차를 달일 준비를 한다. 사모바르의 소리를 들은 여주인은 찻주전자에 물을 부어 찻물을 우린 후 찻잔이나 찻잔 받침에 차를 부어 식탁에 함께 앉은 사람들에게 나눠 주었다.

러시아 사람들은 사모바르한테서 나는 소리로 길흉을 점치기도 했다. 예를 들면, 차를 실컷 마시는 동안의 시간이 지났음에도 불구하고 사모바르가 소리를 내면 손님이 올 징조고, 꿈에서 사모바르를 보면 좋은 일이나 돈이 생기며, 사모바르가 경쾌한 소리를 내면 어떤 소식을 듣거나 손님으로 가게 될 것으로 생각했다. 그리고 사모바르가 구슬프게 울면 누군가가 죽을 것이고,

아주 크게 울면 좋지 않은 일이 생길 것이며, 마치 울부짖는 것 같은 소리를 내면 집주인이 집에서 쫓겨날 일이 생긴다고 여겼다. 또한 물이 가득 담겨있던 사모바르가 물이 다 졸아서 치치 소리를 내면 강도를 당할 징조라고 생각했다. 이런 미신은 비유르코프의 『옛 모스크바 이야기』에서도 언급하고 있다.

> 만약 사모바르 속의 석탄이 타면서 갈라지는 소리를 내고, 증기로 인해 사모바르가 "노래를 부르면" 미신을 믿는 모스크바 사람들은 이를 좋은 징조로 여겼다. 만약에 석탄이 다 탔는데도 사모바르가 갑자기 아무런 이유도 없이 삐 소리를 내면 모스크바 사람들은 깜짝 놀라서 사모바르 뚜껑을 덮고 두려움에 벌벌 떨었다. 소리를 멈추게 하고 나서도 그들은 오랫동안 불안해 떨면서 앞으로 어떤 안 좋은 일이 벌어지게 될까를 걱정했다. 가장 나쁜 징조는 사모바르가 부서지는 것인데, 이런 일이 있으면 꼭 안 좋은 사건이 생기곤 했다.

러시아인들에게 있어서 사모바르는 생활적인 면에서 가족과 친지들 간의 친목을 도모하는데 효과적인 도구였을 뿐만 아니라 사회적인 면에서도 특별한 역할을 했다. 사모바르의 이런 면을 강조한 흥미로운 이야기가 러시아 기록 보관소에 보관되어 있다. 상트페테르부르크에서 코카서스를 방문했던 M.S. 바론초프 공작이 그 당시 코카서스에서 장사를 하던 러시아 상인 V.A. 코코레프와 이야기를 나누면서 스타브로폴에서 민간인 주도의 친목과 무역을 통해 민간인촌과 군인촌의 관계를 좀 더 밀접하게 하기위한 여러 업무를 맡을 사람을 찾고 있다고 말하자 V.A. 코코레프는 다음과 같이 대답했다.

> 그들의 관계를 돈독하게 만들기 위해서는 그 어느 때라도 오해의 여지를 주지 않는, 그리고 비록 느리지만 강력한 관계를 지속시켜 줄 수 있는 무언가가 필요합니다. 제가 추천하는 것은 러시아 사모바르입니다. 서쪽 국경에서 우리는 때때로 맥주를 통해 친밀해지지만, 동쪽 국경에서는 사모바르를 통해 친밀해집니다. 동양인들은 사모바르를 매우 좋아하는데, 사모바르가 민간인촌에 나타나기만 한다면, 군인촌 사람들이 그곳을 방문할 것입니다. 오랜 시간 앉아서 차를 많이 마시면서 다양한 이야기를 주고받을 것입니다.

이처럼 러시아인들의 생활 깊숙이 파고들었던 사모바르는 시대의 흐름과 변화에 따라 현재에는 더는 사용되지 않고 있지만, 러시아인의 문화를 대표하는 유산으로 자리 잡고 있으며, 비록 기념품 형태이긴 하지만 현재까지도 일부 지역에서는 여전히 사모바르를 생산하고 있다.

다구 세트

사모바르 외에도 찻주전자와 찻잔, 찻잔받침, 설탕보관용 그릇으로 구성된 다구 세트 또한 없어서는 안 될 물품으로, 러시아 안주인의 꿈과 자부심이었다. 17세기에 영국인은 도자기의 비밀을 알게 되었고, 유럽 전역에서 다양한 식기를 생산하게 되었다. 처음에는 가격이 너무 높았지만 곧 가격이 떨어졌고 거의 모든 계층이 유럽 도자기를 살 수 있었다. 엘리자베타 여제의 명으로 러시아에서도 1744년에 최초로 황실 도자기 공장의 설립되었다. 러시아의 과학자 D. 비노그라도프(1720-1758)는 도자기 제조의 비밀을 독자적으로 알아냈고 그와 관련된 여러 기술을 발전시켰다. 이 공장은 혁명이후 로모노소프 포슬린 공장으로 이름을 바꾸었다. 1760-70년대 이후 여러 상인들이 도자기 공장을 설립하여 각자 고유한 스타일의 우아한 식기, 다구 세트를 생산하게 되었다. 이들 중 가장 대표적인 상인으로는 F.Ya. 가드너와 A.G. 포포프가 있다.

왕실도자기 공장 생산 다구세트, 가드너 도자기 공장 찻잔세트

예카테리나 2세 통치 시기에는 품질 면에서 동양이나 유럽의 다구와 비교했을때 전혀 뒤떨어지지 않는 다구를 생산하기 시작했다. 부유한 집의 테이블은 황실 도자기 공장과 민간 도자기 공장에서 만든 다구로 장식되었다. 19세기 후반에 M.S. 쿠즈네초프 도자기 및 토기 합작 회사가 대량으로 도자기 제품을 생산해내면서, 20세기 초가 되면 여러 도자기 공장에서 다양한 모양, 크기 및 색상을 지닌 수백 가지 유형의 다구 세트들을 제작했다.

체홉의『늦게 핀 꽃』에서는 혁명 전 러시아의 지식인들이 차를 어떻게 마셨는지를 보여준다.

> 니케포루스가 큰 쟁반을 손에 들고 얼굴을 환히 밝히면서 나타났다. 쟁반에는 컵이 들어있는 은제 컵홀더 2개가 놓여 있었다. 하나는 의사 것이고 다른 하나는 예고루시카 것이었다. 컵 주위에는 생크림과 버터가 든 용기, 설탕과 설탕용 집게, 포크와 레몬이 담긴 잔과 비스켓이 대칭을 이루면서 놓여 있었다.

소비에트 시대에도 아름다운 다구 세트가 소유자의 부와 지위를 가늠하는 지표가 되었다. 물론 최고로 치는 것은 그 당시 구하기 어려웠던 "수입" 다구 세트였다. 이것은 선술집이나 찻집, 레스토랑 등 공공장소에서 차를 마실 때 사용하는 컵과는 완전히 대조되는 것이었다.

유리컵과 컵홀더

러시아를 방문한 외국인에게 아주 이색적인 풍경 중 하나가 바로 컵으로 차를 마시는 러시아인이라 할 수 있겠다. 이 전통의 기원은 17세기-18세기로 거슬러 올라간다. 그 당시 유럽의 다구가 아직 유행하지 않았기 때문에 선술집에서는 차를 마실때 컵을 사용했었다. 점차 차를 파는 대부분의 곳에서 유리컵 대신 도자기 잔을 사용하게 되었지만, 선술집에서는 차 외에도 술을 팔았기 때문에 여전히 유리컵 사용 비중이 높았다. 나중에 점차 유리컵보다는 잔으로 차를 마시게 되었지만, 일부 가정에서는 혁명 때까지도 유리컵을 사용했다.

뜨거운 차를 마실 때 손에 화상을 입지 않도록 컵에 "옷" 입히는 방법이 고안됐는데, 위의 체홉 작품에서 언급된 바와 같이 19세기 말-20세기 초 지식인들 사이에서 뜨거운 차가 담긴 유리컵을 은색의 컵홀더에 넣어 마시는 것이 크게 유행했다.

컵홀더

컵홀더를 언제부터 사용하게 되었는지에 관한 자료는 거의 없다. 단지 남성들이 차를 마실 때 사용한 용품으로 소개되고 있다. 처음에는 단순히 나무로 컵홀더를 만들어 사용했으나 나중에는 저렴한 니켈-구리 합금 또는 은, 백동으로 만들기도 했으며, 양각기법으로 그림을 새겨 넣기도 했다. 오늘날 컵홀더는 장식적인 요소에 불과한 사모바르와는 달리 아직까지도 사용되고 있다. 특히 장거리 기차여행 때 차를 주문하면, 뜨거운 차가 담긴 유리잔을 컵홀더에 넣어 제공하고 있어서 러시아 차문화의 독특함을 느낄수 있다. 현재는 주로 황동과 청동으로 제작되고 있으며 사람과 동물 등 다양한 문양이 장식되어 있다.

찻주전자 보온 덮개

보온 덮개는 찻주전자의 열기를 보존하기 위해 고안한 것이다. 주로 천으로 치마가 풍성한 원피스를 입고 있는 인형을 만들어 치마 속으로 찻주전자를 숨겼다. 그런 인형을 "찻주전자에 앉아있는 아낙"이라고 불렀다.

이처럼 한낱 '마른 풀'로 치부되었던 차는 이백여 년의 세월을 거치며 러시아인들의 생활양식과 결합해 여타의 차 음용국인 중국, 그리고 유럽의 차 대국인 영국과는 차별되는 고유한 차 문화를 형성했다. 차는 현재까지도 러시아인들이 일상생활 속에서 즐기는 음료이자 손님을 대접하는 데 없어서는 안 될 특별한 음식으로 자리 잡고 있다.

3. 세계 각국의 차 문화

(1) 중국·한국·일본의 차 문화

유비의 차 효도, 조조와 소교의 차 한 잔

유비(劉備, 161-223)는 삼국시대 촉나라 초대 황제이다. 그는 현재 하북성 탁군(涿郡) 탁현(涿縣) 출신이다. 그는 전한(前漢) 경제(景帝)의 여덟 번째 아들인 중산정왕(中山靖王) 유승(劉勝)의 후손이다. 그의 아버지 유홍(劉弘)은 주군(州郡)의 관리를 역임했지만 일찍 사망했다. 그래서 유비의 집안은 가난해서 그의 어머니가 베를 짜면서 생활할 수밖에 없었다. 유비의 행적에 대해서는 진수(陳壽, 233-297)의 『삼국지(三國志)』와 사마광(司馬光, 1019-1086)의 『자치통감(資治通鑑)』 등에서 확인할 수 있지만, 중국 원말(元末)·명초(明初)의 나관중(羅貫中, 1320-1400)의 『삼국지연의(三國志演義)』도 그중 하나이다. 특히 서진(西晉) 시대 진수의 『삼국지』에 기초한 소설인 『삼국지연의』는 후한(後漢) 말부터 위(魏)·촉(蜀)·오(吳) 삼국의 정립시대(鼎立時代)를 거쳐서 진(晉)이 천하를 통일하기까지의 역사를 유비, 관우(關羽), 장비(張飛) 등 세 인물의 무용(武勇)과 제갈공명(諸葛孔明)의 지략을 중심으로 서술한 까닭에 원전인 『삼국지』보다 훨씬 큰 인기를 끌고 있다. 『삼국지연의』는 조선시대에 크게 인기를 끈 작품이었다. 나관중이 『삼국지연의』에서 위나라 중심으로 서술한 『삼국지』와 달리 촉나라 중심으로 글을 구성한 것은 한족을 지배한 원나라

시대였기 때문이다.

『삼국지연의』에는 유비가 연로한 어머니를 위해 강남에서 차를 구해준 얘기가 등장한다. 이 같은 얘기는 유비의 효성을 강조하려는 의도지만, 당시 차가 부모에 대한 효의 대상이었다는 것을 의미한다. 이는 차가 나이든 어머니의 건강을 챙길 수 있을 만큼 귀했다는 뜻이다. 아울러 유비가 차를 구매한 장소가 강남이라는 사실도 주목할 필요가 있다. 유비가 차를 강남에서 구매한 것은 그가 살았던 곳에 차가 생산되지 않았다는 뜻이기 때문이다.

『삼국지연의』에는 조조(曹操, 155-220)와 소교(小喬)가 차를 나눈 얘기가 등장한다. 조조는 삼국시대 위나라의 최고 지도자였다. 조조가 이끈 위나라는 당시 모든 면에서 오나와 촉나라를 압도하고 있었다. 그래서 오나라와 촉나라는 연합해서 위나라를 물리치는 방법을 찾지 않을 수 없었다, 이른바 적벽대전은 오나라와 촉나라가 연합해서 위나라 군대를 물리친 전쟁이었다. 더욱이 적벽대전은 삼국의 전쟁 중 가장 유명하다. 그래서 적벽대전은 북송시대 소식(蘇軾, 1037-1101), 즉 소동파의 『적벽부(赤壁賦)』를 비롯해서 판소리 『적벽가(赤壁歌)』 등 후세에 많은 영향을 주었다. 적벽대전에서 오나라와 촉나라의 연합군이 위나라 군대를 물리칠 수 있었던 것은 오나라의 장수인 주유(周瑜, 175-210)의 아내였던 소교(小喬)의 역할이 컸다.

소교는 언니인 대교((大喬)는 오나라의 창업자 손권(孫權, 182-252)의 형이자 오나라 장군이었던 손책(孫策, 175-200)의 아내와 함께 당시 절세의 미인으로 꼽힌다. 소교는 남편 주유와 같은 안휘성 여강군(廬江郡) 출신이다. 그녀가 조조와 차를 마신 것은 적벽대전 당시 유명한 '동남풍' 때문이었다. 오나라와 촉나라 연합군이 해전에서 위나라 조조 군대를 이기기 위해서는 화공(火攻) 작전 밖에 었다. 그러나 화공작전에 성공하기 위해서는 반드시 동남풍이 불어야만 위나라의 배로 날아갈 수 있었다. 그래서 촉나라의 제갈공명이 동남풍을 일으키는 신통력을 발휘했다. 그러나 신통력을 발휘하는 데는 시간이 필요했지만, 조조가 눈치채면 허사로 돌아갈 수밖에 없는 절박한 상황이었다. 이때 소교가 조조를 유혹해서 차를 마시면서 제갈량이 동남풍을 일으키는 시간을 벌었던 것이다. 소교가 조조를 유혹할 수 있었던 것은 그녀가 워낙 음악은 물론 문장에도 뛰어난 팔방미인이었기 때문이기도 하지만, 조조가 소교와 대교를 흠모하고 있었기 때문이었다.

적벽대전의 현장은 현재 호북성 가어현(嘉魚縣) 동북쪽 장강의 남안(南岸)이고, 암벽에 붉은 글씨로 '적벽'을 새겨놓았다. 호북성에는 적벽이 4곳이라서 적벽대전의 실제 유적에 대해서는 논란이 있지만, 중국에서는 가어현의 적벽을 적벽대전의 현장으로 여겨 현재 이곳을 기념관은 물론 삼국과 관련한 각종 자료 및 조각을 조성했다. 적벽 입구에는 주유의 상을 세웠고, 적벽으로 가는 길에는 소교가 조조와 차를 마신 찻집도 만들어놓았다. 게다가 찻집 앞에는 차밭 사진까지 걸어두었다.

적벽　　　　　　　　　　　　주유상

찻집

소교가 조조를 유혹해서 차를 마신 얘기는 정사(正史)인 『삼국지』에는 없고, 『삼국지연의』에 따른 것이다. 제갈량이 신통력으로 동남풍을 불게 했다는 것도 일종의 허구에 불과하지만, 당나라 두목(杜牧, 803-853)이 「적벽(赤壁)」의

시 중 '동풍이 주유(周瑜) 편을 들지 않았다면(東風不與周郎便)'에서 보듯이 동풍이 불었던 것은 사실이다. 이처럼 소교가 조조를 유혹하면서 차를 마신 것은 삼국시대에 아주 귀한 손님에게 차를 대접한 것과 무관하지 않다. 게다가 소교가 조조를 상당 시간 동안 머물게 하려면 차를 마시는 법도 차 그릇에 찻잎을 넣어 우려 마시는 포차법(泡茶法)이 아니라는 사실도 알 수 있다.

삼국시대 당시 차가 아주 귀했다는 것을 알려주는 또 하나의 사례는 오나라의 창업자 손권의 손자이자 오나라 마지막 왕이었던 손호(孫皓, 242-284)의 연회 풍속에서 확인할 수 있다. 『다경』「칠지사(七之事)」에서 인용한 '오지(吳志)·위요전(韋曜傳)'에 다음과 같은 내용을 담고 있다.

> 손호는 연회를 베풀 때마다 참석한 사람마다 일곱 되의 술을 마시지 않으면 안 되도록 정했다. 비록 다 마시지 못해도 입에 억지로 다 부어야 했다. 위요의 주량은 술 두 되에 지나지 않았다. 손호는 위요를 특별히 예우해서 몰래 찻물을 주고 술을 대신하도록 했다.

손호가 위요에게 술 대신 찻물을 준 것은 3세기경 중국 강남의 지배층에서 술을 대신해서 차를 마셨다는 하나의 증거다. 특히 중요한 연회에서 술을 대신해서 차를 마셨다는 것은 차가 어느 정도 풍속으로 자리 잡았다는 중요한 사례이다. 연회에 차를 내놓은 사례는 『다경』「칠지사(七之事)」에서 인용한 '진중흥서(晉中興書)'에서도 확인할 수 있다. 당시 오흥(吳興) 태수였던 육납(陸納)이 혼자서 수십 명의 손님을 초대하고서도 차와 과일만 대접했다. 특히 손님 중에는 당시 동진(東晉)의 대장군이자 뒷날 재상을 지낸 사안(謝安, 320-385)도 참석했다. 그런데 사안이 집을 떠나자 육납의 조카가 진수성찬을 차리자 육납이 조카를 40대의 장형(杖刑)을 내렸다. 육납이 조카에게 매를 때린 것은 자신의 검소한 행적 및 신념을 더럽혔다고 여기기 때문이다.

형주와 파주의 찻잎 떡

『다경』「칠지사(七之事)」에서 인용한 '광아(廣雅)'에는 지금의 호북성 형주(荊州)와 사천성 파주(巴州)의 차 풍속을 소개하고 있다.

> 형주와 파주에서는 찻잎을 따서 떡을 만들었다. 잎이 쇤 것은 쌀미음을 넣어서 만들었다. 차를 달이려면 먼저 붉은색이 띠도록 구워서 가루가 날 때까지 찧은 후 옹기에 넣고 파, 생강, 귤씨 등을 쏟아부어서 끓인다. 그것을 마시면 술이 깨고 사람으로 하여금 잠을 못 자게 한다.

삼국시대 위나라 장읍(張揖, ?-?)이 227년 경 편찬한 『광아』의 내용은 차를 가공해서 마신 가장 이른 시기의 기록이다. 많이 자란 찻잎은 차로 먹지 않고 미음을 섞어서 떡을 만들어 먹었다는 내용은 쌀농사 중심의 강남에서 가능한 일이다. 아울러 차를 달이는 방법은 당나라 때 성행한 자차법과 다르지 않다.

귀신에게 차를 대접한 진무 부인

삼국시대가 끝난 후 진(晉, 265-316) 나라가 중국을 통일했다. 그러나 통일제국 진나라는 얼마지 않아 유목민족이 세운 남흉노에게 멸망했다. 이에 진나라의 황실은 강남으로 피난해서 토착 세력을 몰아내고 동진(東晉)을 세웠다. 동진시대의 양자강 이북에는 오호십육국시대였다. 동진이 명망한 후 양자강 이남에는 송(宋)·제(齊)·양(梁)·진(陳) 등 왕조가 등장했다. 4왕조는 오호십육국을 통일한 북위(北魏)가 동위(東魏)와 서위(西魏)로 분열하고, 동위는 다시 북제(北齊)로, 서위는 다시 북주(北周)로 분열했다. 양자강 이남의 4왕조와 양자강 이북의 4왕조를 '남북조'라고 부른다. 양자강 이남의 4왕조와 이전에 양자강 이남에 존재했던 오나라와 동진을 합쳐서 6개의 왕조, 즉 '육조(六朝)'라 부른다. 육조는 중국사에서 아주 중요한 의미를 갖는다. 우선 육조시대는 남북조를 통일한 수나라, 수나라를 계승한 당나라와 더불어 중국사에서

'귀족사회'였다. 특히 강남 육조는 중국사에서 귀족사회가 가장 발달한 시대였다. 다음은 차가 육조 귀족사회에서 크게 발달했다. 귀족사회는 불교를 지배 이념으로 삼았기 때문에 차는 불교와 더불어 크게 발달할 수 있었다.

육조 중 한 왕조였던 송나라 때 지금의 강소성 서주(徐州) 출신 유경숙(劉敬叔, ?-?)의 『이원(異苑)』에는 귀신에게 차를 대접해 보답을 받은 내용이 나온다.

> 섬현(剡縣)에 사는 진무(陳務)의 부인은 젊어서 과부가 되어 두 아들과 함께 살았으며, 차 마시기를 좋아했다. 집에는 이전부터 오래된 무덤이 있었는데 매일 차를 만들어 마실 때면 먼저 그 무덤에 제사를 지냈다. 두 아들이 이를 걱정해 말했다.
> "옛 무덤이 무얼 안다고 헛되이 수고롭게 제사를 지냅니까?"
> 그러고는 무덤을 파서 없애버리려 했는데 어머니가 한사코 말리는 바람에 그만두었다. 그날 밤에 어머니의 꿈에 한 사람이 나타나 말했다.
> "나는 이 무덤에 머문 지 200여년이 되었는데, 외람되게도 많은 은혜를 입었습니다. 당신의 두 아들이 항상 무덤을 훼손하려 했지만, 당신 덕분에 보호받았습니다. 또한 나에게 좋은 차를 대접했으니 비록 황천의 썩은 해골이라 한들 어찌 예상(翳桑)의 보은을 잊을 수 있겠습니까?"
> 그녀는 마침내 꿈에서 깨어나 다음 날 새벽에 일어난 후 정원 안에서 10만 냥의 돈을 찾았는데, 그 돈은 오랫동안 땅속에 묻혀있었던 것 같지만 돈을 꿴 줄은 모두 새것이었다. 그녀가 돈을 들고 돌아와서 두 아들에게 이 사실을 알렸더니 두 아들은 부끄러워했다. 이때부터 더욱 지극정성으로 무덤에 기도하고 제사 지냈다.

『이원』의 내용은 『다경』「칠지사(七之事)」에도 수록되어 있다. 죽은 자에게 차를 올린 사례는 『다경』「칠지사」에서 인용한 '수신기(搜神記)'에서도 확인할 수 있다. 『수신기』는 동진의 간보(干寶)가 편찬한 설화집이다. 설화집에 따르면 병으로 죽은 하후개(夏侯愷)는 말을 몰고 와서 아내에게 병(病)을 주고, 평상책(平上幘: 두건)을 쓰고 홑옷을 입고 살았을 때처럼 서벽(西壁) 앞의 큰 평상에 앉아 사람을 불러 차를 시켜 마셨다.

차의 별칭, 양과 소 젖의 노예

차의 별칭 '낙노(酪奴)'는 서로 다른 중국의 음식 풍속이 낳은 용어이다. 중국은 양자강 이남과 이북 간에 음식 차이가 아주 크다. 양자강 이북, 특히 황하 유역은 밀 농사 혹은 유목이 중심이지만 양자강 이남은 벼농사 중심이다. 낙노도 중국 남북조 시대의 상황을 잘 보여주는 사례다. 지금의 산동성 낭야(琅琊) 출신 왕숙(王肅)은 남조의 제나라에서 벼슬을 하다가 북위로 망명했다. 그는 남조에 살 때 차를 무척 좋아했지만 망명한 북위에서는 차 대신 양고기와 양젖을 좋아했다. 그는 어느 날 북위의 고조(高祖)인 효문제(孝文帝)와 만나 식사를 했다. 유목 출신 효문제는 중국사에서 '한화(漢化)정책'으로 유명한 황제였다. 그는 자신의 모국어인 호어(胡語)를 비롯해서 유목민족의 풍속을 한족의 풍속으로 바꾸었다. 그러나 음식만은 여전히 유목민족의 풍속에서 벗어날 수 없었다. 그래서 왕숙과의 식사 자리에서도 양고기와 양젖이 많았다. 왕숙은 식사 자리에서 양고기와 양 젖을 많이 먹었다. 그러나 고조는 왕숙이 먹는 음식을 보고 이상하게 여겨 다음과 같이 말했다.

"그대는 한족의 입맛인데 양고기는 생선국과 비교해서 어떠하며, 차는 낙장(酪漿: 양젖)과 비교해서 어떠한가?" 이에 왕숙이 대답하길, "양고기는 뭍에서 나는 최고의 맛이고, 생선은 물에서 나오는 것의 제일입니다. 그 좋은 바가 각각 다르지만 함께 진귀한 것입니다. 하지만 맛으로 말한다면 높낮이가 큽니다. 양고기는 제나라와 노나라처럼 큰 나라에 비유할 수 있고, 생선은 주(邾)와 거(莒)처럼 작은 나라에 비유할 수 있지만, 오직 차만은 양젖의 노예가 될 수 없습니다." 이에 효문제가 크게 웃었다. 팽성왕(彭城王)이 왕숙에게 "그대는 제나라와 노나라 같은 큰 나라는 중하게 여기지 않고, 주나와 거나라 같은 작은 나라를 중하게 여기는구려"라고 했다. 이에 왕숙은 "고향의 맛 있는 것은 좋아하지 않을 수 없습니다."라고 했다. 팽성왕이 다시 "그대가 다음날 나를 찾는다면 나 그대를 위해 주나라와 거나라의 음식을 장만하고 낙노도 준비하겠네"라고 했다. 이로 인해 이후부터 차 마시는 것을 '낙노'라 했다.

위 내용은 『다경』「칠지사」에서 인용한 『후위록(後魏錄)』에 수록되어 있지만, 『이원』의 내용은 북위 양현지(楊衒之)의 『낙양가람기(洛陽伽藍記)』에 수록되어 있다.

차의 별명

불야후(不夜侯)는 차를 마시면 밤에 잠이 오지 않는다는 뜻이다. 척번자(滌煩子)는 번뇌를 없앤다는 뜻이다. 일본 난숙(蘭叔)의 『주다론(酒茶論)』에서 확인할 수 있다. 『주다론』에는 술 마시는 사람을 뜻하는 망우군(忘憂君)을 소개하고 있다. 망우군도 척번자와 같은 의미이다. 조선시대 김명희의 『사차(謝茶)』에서도 척번의 사례를 알 수 있다.

> 학질을 앓아 갈증이 심하므로 신령한 차를 청했다. 근래 연경의 시장에서 구입해온 것은 비단 주머니에 수놓은 천으로 싸서 겉치장만 힘쓸 뿐 거친 가지와 질긴 잎을 차마 입에 넣을 수 없다. 이때 초의가 부쳐 온 차를 얻으니, 응조와 맥과 모두 곡우 이전의 좋은 제품이었다. 한 그릇을 다 마시지 않았는데도 문득 번뇌를 씻어내고 갈증을 해소시키니 전씨의 갑옷은 이미 저만치 멀리 물러나고 말았다.

인용문의 전씨는 중국 삼황 중 한명인 황제의 손자인 전욱이다. 전욱은 오제 중 한 명이다. 전욱의 조카는 제곡이었다. 인용문 중 "전씨의 갑옷은 이미 저만치 멀리 물러나고 말았다"는 "제곡이 쓰던 투구는 아비 또한 쓰지 않았다"를 빌린 말이다. 이는 학질 증세가 간데없이 사라졌다는 뜻이다.

송대 황도보의 『품다요록보』중「다효(茶效)」에서도 차의 효능 중 번뇌를 없애는 내용을 확인할 수 있다.

> 사람이 진차(眞茶)를 마시면 번뇌를 없앤다.
> 人飮眞茶, 除煩.

물의 재앙, 수액

차를 좋아하는 사람은 술처럼 종일 마실 수 있지만, 그렇지 못한 사람들은 여러 잔을 마시면 고통이다. 그러나 차는 종류에 따라 다르지만 한 잔으로 끝날 수 없는 특성을 갖는다. 그래서 자연스럽게 여러 잔을 마실 수밖에 없다. 중국의 경우 삼국시대 이후부터 차를 마시는 풍습이 생기자 차를 물처럼 마시는 자들이 늘어났다. 그래서 차 마시길 좋아하는 사람을 '수액(水厄)'이라 불렀다.

수액의 사례는 남조시대 송나라 출신의 유의경(劉義慶, 403-444)이 편찬한 『세설신어(世說新語)』에서 찾을 수 있다. 『세설신어』에 따르면, 진(晉)나라 사도(司徒) 왕몽(王蒙)이 차 마시길 좋아해서 사람들이 그와 만나기만 하면 문득 차 마시길 권하자 사대부들은 그를 두려워했다. 그래서 사람들은 왕몽을 만나면 "오늘 분명 수액이 있을 것이야"라고 말했다. 이 같은 얘기는 북송시대 이방(李昉, 925-996) 등이 편찬한 『태평어람(太平御覽)』에 실렸고, 송나라 황도보의 『품다요록보(品茶要錄譜)』와 명나라 하수방(夏樹芳)의 『다동(茶董)』에서도 확인할 수 있다.

차 겨루기, 투차

차를 겨루는 투차(鬪茶)는 송대의 중요한 차 풍속 중 하나였다. 투차는 투명(鬪茗), 투시(鬪試), 투품(鬪品), 명전(茗戰) 등의 이름으로도 불리고, 우리나라에서도 중국과 같은 이름으로 불렀다. 그러나 일본은 투차와 명전 외에 차기합(茶寄合), 차향복(茶香服), 회차(回茶) 등을

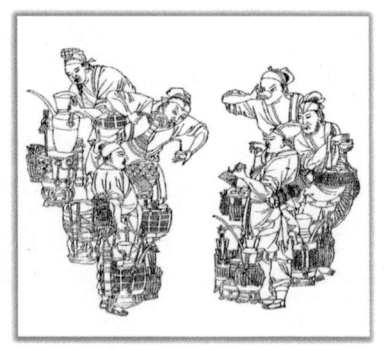

사용했다. 투차의 풍속에 대해서는 북송 휘종의 『대관다론(大觀茶論)』 앞머리에서 확인할 수 있다.

> 세상이 이미 오랫동안 태평하고 사람은 마음의 평정을 얻고 물자가 많으면 일용품은 싫증날 만큼 넘친다. 천하의 선비는 학문에 힘써 맑고 깨끗하게 몸을 닦고 다투어 한가한 풍류의 즐거움을 누리면서…차 상자속의 아름다움을 겨루며 감별의 묘를 다투지 않는 것이 없다. 초야에 있는 선비일지라도 이러한 시대에는 차를 쌓아두지 못한 것을 부끄럽게 여긴다. 참으로 맑은 것을 성하게 숭상하는 세상이라 말할 수 있다.

투차는 북송 말에 당시의 지배자였던 사대부의 중요한 놀이였다. 따라서 투차는 당나라와 달리 송대 사회의 번영에 따라 사대부가 차를 음용의 대상만이 아니라 놀이의 대상 혹은 공부의 대상으로 삼았다는 것을 의미한다. 1603년 명대 고병(顧炳)이 편찬한 《고씨화보(顧氏畫譜)》(혹은 《역대명공화보(歷代名公畫譜)》)에는 판화본인 《투차도(鬪茶圖)》가 실려 있다.

게다가 송대에 투차가 가능했던 것은 북원의 차밭처럼 좋은 차를 생산할 수 있는 조건을 갖추었을 뿐 아니라 차를 마시는데 필요한 고급 차 그릇인 강서성 길주요(吉州窯)에서 만든 흑유목엽문잔(黑釉木葉紋盞)과 복건성 건요(建窯)에서 만든 토호잔(兎毫盞)도 갖추었기 때문이다.

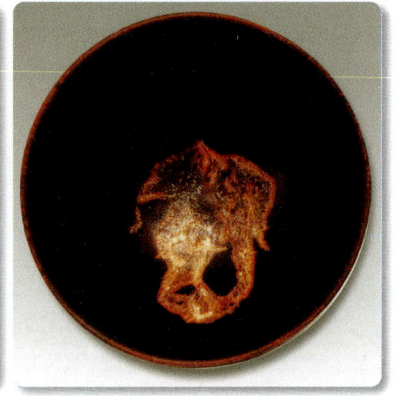

길주요 흑유목엽문잔

중국 흑유는 일본에서 '천목(天目)'이라 불렀다. 왜냐하면 중국에 유학한 일본인들이 절강성 천목산을 통해 복건성 흑유를 본국으로 가져갔기 때문이었다. 일본인들은 조선에서 구운 흑유를 '고려천목(高麗天目)'이라 불렀다. 특히 송대에는 중국에서 거의 최초로 개완(蓋碗)도 등장했다.

송대 개완

좋은 차를 황제에게 바치려는 경쟁은 투차를 보급하는 데 큰 역할을 담당했다. 이 같은 사실은 송대 소식의 「여지탄(荔枝歎)」에서도 엿볼 수 있다. 이 같은 모습은 지금의 사천성 미산(眉山) 출신 송나라 당경(唐庚, 107-1120)의 『투차기(鬪茶記)』와 송나라 강소성 소주 출신 범중엄(范仲淹, 989-1052)의 「장민과 차 겨루기를 노래하다/和章岷從事鬪茶歌」에서 사례를 찾아볼 수 있다. 『투차기』에 소개한 사례는 휘종 정화(政和) 2년(1112) 3월 15일 두세 명의 군자가 기오재(寄傲齋)에서 용당(龍塘)의 물로 만든 팽차(烹茶)를 품평한 내용이다. 『투차기』에서는 "내가 듣기로 차는 단차(團茶: 둥근 모양)인지 과차(銙茶: 네모난 모양)인지 묻지 않고, 신선한지 아닌지가 중요하다"고 말한 데서 알 수 있듯이 차의 평가에서 차의 신선도를 매우 중시했다. 범중엄의 시는 복건성 무이차에 대한 내용이다.

우리나라의 투차 풍속은 차의 대중화가 이루어지지 않은 탓에 관련 자료가 많지 않다. 고려시대의 경우 『동문선(東文選)』에 실린 이연종(李衍宗)의 「박치암이 보낸 준 차를 받고 감사하며/謝朴恥庵惠茶」에서는 '명전(茗戰)'을 확인할 수 있다.

> 소년 시절에 영남 절간에 손님되어 / 少年爲客嶺南寺
> 차 싸움(차를 잘 끓이기를 겨룸) 한가한 유희 여러 번 했다 / 茗戰屢從方外戲
> 용암 바위 봉산 기슭에서 / 龍巖巖畔鳳山麓
> 죽림 속에 중들 따라 매부리를 따다가 / 竹裏隨僧摘鷹觜
> 불 앞에서 말린 것 가장 좋다 하는데 / 火前試焙云最佳

더군다나 용천봉정 물까지 있음에랴 / 況有龍泉鳳井水
중들의 차 솜씨 바르기도 하여라 / 沙彌自快三昧手
찻잔 속에 설유를 쉬지 않고 집어넣었다 / 雪乳翻甌點不已
돌아와 벼슬길의 풍진에 매달려 / 揭來從宦走風塵
세상살이 남북으로 두루 맛보고 / 世味遍嘗南北嗜
이제 병들어 한가한 방에 누워 있으니 / 如今衰病臥閑房
녹록히 분주함은 내가 할 일이 아니로다 / 碌碌營營非我事
양락도 순갱도 생각 없고 / 不思羊酪與蓴羹
화려한 집에서의 풍류도 부럽지 않다 / 不羨華堂擁歌吹
죽창은 정오 햇빛에 향연이 뜨는데 / 竹窓日午篆煙斜
낮잠 자다 일어날 제 차 한 잔 준비되었네 / 一甌要及睡新起
몇 번이고 머리 돌려 영남 적설 생각이 나 / 幾回回首憶南烹
산중 친구는 소식이 없거니 / 山中故人無信使
하물며 당시의 경상이야 / 何況當時卿相門
즐겨 이 사람 기억하여 내사(하사와 같다)품 나눠주려고 / 肯記疏頑分內賜
치암상국은 홀로 잊지 않고 / 恥庵相國獨不忘
초당으로 하인 보내 주었네 / 寄與頭綱草堂裏
봉함 뜯어 자용을 보기도 전에 / 未暇開緘見紫茸
종이에 배인 향내 벌써 코를 찌르네 / 已覺透紙香熏鼻
구리쇠 화롯가에 차의 운치가 행여 깎일까 염려되지만 / 銅灰雖恐損標格
한창 타는 불로 끓이기를 손수 시험했네 / 活火煎烹手自試
솔바람이 솥에 들어 솨솨하니 / 松風入鼎發颼飀
듣기만 해도 마음과 귀를 맑게 하누나 / 聽之足可淸心耳
찻잔에 가득히 맛이 짙으니 / 滿椀悠揚氣味濃
마시자 시원하여 골수를 신선으로 바꾸는 듯 / 啜過爽然如換髓
영남에 놀던 그때는 아직 동몽이어서 / 南遊昔時方童蒙
차 마시는 깊은 취미 몰랐었더니 / 不識茗飮有深致
이제 공의 선사를 받음으로써 / 今日因公輒賜龍
옥천자와 같이 통령했소다 / 通靈也似玉川子
때때로 두 겨드랑 바람을 타고 / 亦欲時乘兩腋風
봉래산 꼭대기로 날아올라가 / 飛向蓬萊山上墮
서왕모의 자하상(자하주 술잔) 한 번 기울여서 / 一傾王母紫霞觴
종전 연화의 누를 말끔히 씻고 / 洗盡從前煙火累

> 다시 신선이 되는 약 가지고 와서 / 還將九轉眞金丹
> 공의 진중한 마음 보답하고저 / 來謝我公珍重意

조선시대의 투차 풍속은 『동문선(東文選)』에 실린 김수동(金壽童, 1457-1512)의 「밤에 앉아 읊조리다/夜坐有吟」에서 엿볼 수 있다.

> 성 서쪽 10리가 속세와 막혔으니 / 城西十里隔塵凡
> 이은을 겸한 시세를 자랑할 만하누나 / 身世堪誇吏隱兼
> 언덕을 치는 늦은 바람은 저녁 물결을 뒤집는데 / 擘岸晚風飜夕浪
> 구름에서 새어나온 가느다란 달은 성긴 발에 드나니 / 漏雲纖月入疏簾
> 차 다리기 다투노라 새로이 치수의 불을 시험하고 / 鬪茶新試錙銖火
> 질책을 펴고는 이내 갑을의 첨을 꽂도다 / 散帙仍懸甲乙籤
> 나그네라 봄 흥의 괴로움을 금하지 못하거니 / 客裏不禁春興惱
> 근래에 시와 술의 성벽을 고치기 어려워라 / 邇來詩酒癖難砭

일본의 투차 풍속은 송나라에 유학한 에이사이 선사가 송나라 차법을 보급하면서 시작되었다. 일본의 투차 모습은 에이사이의 『끽다양생기(喫茶養生記)』와 겐케이(玄惠)의 『끽다왕래(喫茶往來)』에서 확인할 수 있다. 일본에서는 사대부 중심으로 전개된 중국의 투차 풍속과 달리 신흥 무사의 차회 중심으로 이루어졌다. 차회 중심의 투차는 몇 명을 중심으로 수양의 대상으로 삼은 중국 사대부의 차 겨루기와 달리 대규모로 이루어졌다는 것을 의미한다. 더욱이 일본에서는 가마쿠라막부 시대 사사키도요(佐佐木導譽, 1296-1306)의 예에서 보듯이 도박성 투차까지 성행했다. 아시카가 다카우지(足利尊氏, 1305-1358)는 투차의 폐단이 심하자 1336년 투차를 금지했다. 무로마치시대(室町時代)시대에는 서원(書院)의 장식법과 점다법(點茶法)을 만들어 동산류(東山流)의 다도를 형성했다. 동산류의 다도는 교토의 은각사(銀閣寺)를 중심으로 이루어졌기 때문이다. 은각사와 동산의 관계는 은각사의 본명이 동산자조사(東山慈照寺)이기 때문이다. 동산류의 다도는 곧 에이사이 선사의 차법을 계승한 것을 의미한다. 왜냐하면 은각사는 임제종 상국사파(相國寺派)이고, 에이사이는 일본 임제종의 시조이기 때문이다.

동산시대의 서원차(書院茶)는 일본 투차의 전성기였으며, 고요하고 형식적이며 대중성을 갖춘 차회의 기초를 마련했다. 무라다쥬꼬(村田珠光, 1423-1502)는 선(禪) 사상의 차회에 서민의 차회인 기회(寄會)와 귀족의 차회인 차수기(茶數寄))를 통합하여 아주 좁은 다다미에서 이루어지는 품차법을 고안했다. 이로써 일본의 투차는 단순한 놀이에서 다도로 바뀌기 시작했다. 쥬꼬식 투차에는 겨루기의 의미가 사라지고 엄숙한 분위기로 바뀌었다. 이 같은 투차 형식의 변화는 무로마치시대 말 다케노 조오(武野紹鷗, 1502-1555)와 센리 큐(千利休, 1522-1591)에게 이어졌다. 다케노조오는 '와비(侘び)'라는 말을 처음 사용한 인물이다. 와비는 이전 시대의 화려한 투차와 달리 소박한 차기를 통해 초라하거나 불완전한 아름다움을 뜻한다. 센리 큐의 등장은 곧 일본 와비다도의 완성을 의미함과 동시에 일본다도의 절대 권위를 뜻한다. 센리 큐가 죽은 후 와비차는 오모데센게(表千家)와 우라센게(裡千家) 등 갈래가 생겼으며 각 유파는 기본적으로 말차법을 가지고 있었다. 현재 일본에서는 이에모토(家元)가 각 유파를 관리하고 있다. 일본의 투차 풍속은 16세기 말 에도(江戶) 초기에 명대의 영향을 받은 잎차를 달이는 전차법(煎茶法)이 일부 승려들에게서 유행했다.

중국 소수 민족의 차 풍속

중국은 다민족 국가이다. 현재 중국은 51개의 민족으로 구성된 국가지만 실제 민족의 수는 훨씬 많다. 중국의 민족 중에서 절대다수가 한족이기 때문에 다른 민족은 흔히 '소수민족'이라 부른다. 각 민족마다 음식이 다르듯이, 차 풍속도 각 민족에 따라 다르다. 그래서 소수민족마다 차 풍속이 다를 수밖에 없다. 중국의 소수 민족은 전국에 분포하고 있지만, 그 중에서도 중국 보이차를 대표하는 운남성은 스물여섯의 서로 다른 민족이 살고 있는 곳이다. 그런데 운남성의 각 민족은 만족마다 다른 차 풍속을 갖고 있으면서도 같은 풍속을 갖고 있는 경우도 적지 않다. 그 이유는 지역이 가까우면 같은 방식의 풍속을 띨 가능성이 아주 높기 때문이다.

기낙족(基諾族)의 양반차(凉拌茶)는 차를 무침처럼 만들어 먹는 것을 뜻한다. 기낙족의 '기낙'은 '존경하는 어른'을 뜻하고, 서쌍판납(西雙版納)의 기낙산에 사는 민족이다. 청대의 지리지에는 기낙산을 유락산(攸樂山)이라 불렀으며, 이들을 유락인이라 불렀다. 양반차는 차와 더불어 백삼,대파, 고춧가루, 소금 등을 넣고 함께 버무려서 먹는다.

백족(白族), 이족(彝族), 한족(漢族)의 철판소차(鐵板燒茶) 혹은 고차(烤茶)는 우선 얇은 철판이나 기와를 숯불에 달군 후 여린 찻잎이 황색으로 변할 때까지 구웠다가 끓는 물에서 함께 끓여 먹는 것이다. 고차를 '뢰향차(雷响茶)'라 부른다.

덕앙족(德昂族) 및 경파족(景頗族)의 엄차(腌茶)는 글자대로 절인 차를 말한다. 찻잎을 따서 항아리나 대나무 통에 눌러 담고 봉한 후 몇 개월 지난 뒤 꺼내서 고춧가루, 소금, 파, 기름 등을 넣고 버무려 먹는다. 덕앙족과 경파족은 형제 민족이다. 엄차는 차를 약으로 사용한 예이다. 먹을 때 향유(香油)를 뿌려서 먹는다.

포량족(布朗族)의 산차(酸茶)는 해마다 찻잎을 끓여 익힌 후 차의 과즙, 대파, 고춧가루, 소금, 생강 등을 어두운 곳에 넣고 10일 뒤 정도 꺼내서 곰팡이가 피길 기다렸다가 대나무 통에 넣은 후 땅에 묻고 몇 개월이 지난 후에 꺼내 먹는다. 산차는 산차라는 차 종류로 만들었지만 지금은 사라지고 없다. 산차는 흙을 파서 묻는 방법인 토갱법(坑法)과 도기법(陶器法)이 있다. 토갱법은 도자기가 없던 시대에 사용한 방법이다.

이족·노족(怒族)·묘족(苗族)·보미족(普米族)·속속족(僳僳族)·납서족(納西族) 등의 염파차(鹽巴茶)는 '염파', 즉 소금을 넣어 끓여 먹는 것이다. 먼저 작은 토기 항아리를 불에 달군 후 찻잎을 넣고 저은 후 뜨거운 물을 붓고 끓인 후 다시 소금을 넣는 방식이다. 육우『다경』에서 소금을 넣는 방식과 비슷하다. 특히 노족은 염파차를 '화당(火塘)'이라 불렀다. 왜냐하면 불을 지피는 웅덩이 주변에 둘러 앉아 차를 끓였기 때문이다. 노족은 반드시 하루에 아침, 점심, 저녁 등 세 차례 염파차를 마셨다.

요족(瑤族)과 동족(侗族)의 타유차(打油茶)는 '흘두차(吃豆茶)'라 부른다. 이는 주로 손님을 대접할 때 내놓는 차이다. 호남과 귀주, 그리고 광서 등지에서 유행했다. 타유차는 토기 항아리를 숯불에 달구어 돼지기름 등을 넣어 다시 달군 후 찻잎을 넣어 볶고, 다시 뜨거운 물을 붓고 약한 불에서 끓인 후 사발에 물을 따르고 생강, 후추, 소금과 각종 열매 등을 넣어 함께 마신다. 또는 땅콩, 누런 콩, 찹쌀, 말린 죽순 등을 솥에 넣고 약한 불에 끓인 후 찻물 부어서 함께 마시기도 한다. 이 같은 방법은 당나라 때 시작했다. 특히 손님을 대접할 때 유차회(油茶會)를 열었다. 손님 중에서도 여자 손님 때 유차를 대접했다. 그런데 유차를 마실 때 동족은 젓가락을 사용했지만 손님은 사용하지 않았다. 만약 두 차례 마시고 싶으면 젓가락을 사용했다. 젓가락은 손님의 주인에 대한 감사의 표시이다. 이들은 유차를 만들기 위해 집 주변에 차나무를 심고 매년 한 두 차례 잎을 따서 유차를 만들어 먹었다. 유차는 요족에게 주식이기도 했다.

백족(바이족)의 삼도차(三道茶)는 세 차례 차를 마시는 것이다. 삼도차는 '향차(香茶)'라 부른다. 삼도차는 중국 당나라 때 운남의 남조(南詔)시기 생겼다. 삼도차의 제1도는 약간 쓴 맛이 느껴지는 타차(沱茶)를 진하게 마신다. 이는 인생의 괴로움과 엄함을 의미한다. 타차는 주로 대리 하관(下關) 차창에서 만드는 명차이다. 원래 이름은 단차(團茶)이다. 1902년 복춘항(福春恒) 상호로 생산해서 사천성 서부(敍府), 즉 지금의 의빈(宜賓)에 판매했다. 타차는 사천성의 타강의 물을 사용해서 생긴 이름이다. 타차는 운남성의 임창, 보산, 사모 등 30여 곳의 찻잎으로 만든다. 제2도는 감미로운 향과 맛이 있는 감통차(感通茶)를 마신다. 이는 즐거움과 행복을 뜻한다. 제3도는 운남 대리(大理)의 이해(洱海)에 가까운 명차 창산설록(蒼山雪綠)을 마신다. 이는 즐거움과 슬픔이 있는 인생의 긴 길을 회상하는 의미이다. 백족의 삼도차는 궁중에서 손님을 대접할 때 사용한 풍속이다. 마지막 제3도에서 사용하는 창산설록의 '창산'은 이른바 대리석(大理石)의 산지이다. 대리석은 바로 운남 대리에서 생산한 돌을 의미한다.

장족(藏族: 티베트)의 수유차(酥油茶)는 연유를 넣어 만든 것이다. 티베트의 차는 당나라 황실의 문성공주(文成公主)가 티베트왕 송짼감뽀[松贊干布]에게 출가하면서 시작되었다. 수유차는 찻잎을 차호에 넣고 끓인 후 차즙을 우려내고, 타차통(打茶筒)에 걸린 후 각종 조미료와 수유를 넣어서 만든다. 조미료의 종류는 호두 알을 비롯해서 참깨 가루, 땅콩, 수박 및 호박 씨, 소금 등이다. 이 과정에서 차즙과 조미료를 섞기 위해 공구를 사용해서 계속 젓는다. 수유차는 마실 때 예의를 매우 중시한다.

몽골족의 내차(奶茶)는 우유나 양유를 넣어 만든 차이다. 몽골족은 매끼마다 내차를 마신다. 내차는 전차(磚茶)를 잘게 부수어 철주전자를 비롯한 여러 재질의 주전자에 물과 함께 넣고 끓인 후, 먼저 끓인 우유나 양유를 타고 다시 소금을 넣어 잘 섞어서 만든다.

차와 혼인 풍습

하차(下茶)는 혼인 때 신랑 집에서 신부집으로 찻잎을 보내는 납폐(納幣)의 일종이다. 이 같은 풍속은 중국 명나라 허차서(許次紓)가 지은 『차소(茶疏)·고본(考本)』에서 확인할 수 있다.

> 차나무는 옮겨 심지 않는 본성이 있어/茶不移本
> 심을 경우 반드시 종자라야 태어난다./植必子生
> 옛사람은 혼처를 정하면/古人結婚
> 반드시 차로 예를 표했다./必以茶爲禮
> 이는 시집간 딸은 재가하지 않는다는 의미/取其不移置子之意也
> 요즘 사람들이 혼례를 하차라 하는 것과 같다./今人猶名其禮曰下茶
> 남쪽 사람들은 혼례 때 반드시 필요한데/南中夷人定親必不可無
> 다만 많고 적고 있으니 예를 잃을까 야인에게 구한다/但多寡禮失而求諸野
> 지금은 남쪽에서 구한다/今求夷之矣

차 관련 중국 속담

『중국농언(中國農諺)』에는 지역별 차 관련 속담 89개를 소개하고 있다. 그중에서 절강성 관련 속담이 55개로 압도적으로 많다. 이는 절강성의 차 문화가 발달했다는 증거 중 하나이다. 절강성 관련 농언을 소개하면 다음과 같다.

> 천 그루의 차나무, 만 그루의 뽕나무면 만사형통하다.
> 천 그루의 차나무, 만 그루의 오동나무면 한 평생 일하지 않아도 된다.
> 하나의 찻잎은 일곱 알의 쌀과 같다.
> 높은 산에는 찻잎이 좋고, 낮은 산에는 차 씨가 좋다.
> 높은 산과 많은 운무는 명차를 낳는다.
> 평지에는 꽃이 좋고, 높은 산에는 차가 좋다.
> 사토(沙土: 모래 땅)에는 버두나무와 매실나무가 잘 자라고, 산토(酸土: 산성 땅)에는 차나무가 잘 자란다.
> 차나무와 오동나무의 열매를 많이 얻으려면 산 고개와 언덕에 심어야 한다.
> 한 담(擔)의 차를 따려면 백담의 거름이 필요하다.
> 차나무에 거름이 부족하면 차 싹이 왕성하지 못하다.
> 3년 베지 않으면 차나무에 꽃이 핀다.
> 청명에 잎이 돋으면 부녀자들이 잎을 따느라 바쁘다.
> 대추나무에 싹이 돋으면 산에서 찻잎을 딴다.
> 차나무는 잎을 따면 딸수록 잎이 돋는다.
> 청명에 새싹이 돋고 곡우에 찻잎을 딴다.
> 봄 차는 쓰고, 여름 차는 떫고, 먹기 좋을 때는 가을 백로(白露)다.

(2) 중앙아시아의 차 문화

중앙아시아인들에게 차는 집에서 식사를 할 때, 손님을 접대할 때, 그리고 밖에서 사람들과 만나 이야기를 나눌 때 등 일상생활 속에서 없어서는 안되는 음료이다. 1868년에 중앙아시아를 여행한 헝가리인 아민 밤베리도 중앙아시아에 자리 잡은 여러 나라 사람들이 차를 많이 마시는데, 여름에는 피를 맑게 하고 소화를 돕는 녹차를, 겨울에는 놀랍도록 거칠고 자극적인 전차를 마셨다고 기술할 정도로 차는 중앙아시아에서 오래전부터 하나의 생활양식으로 자리 잡았다.

중앙아시아 찻집

이 지역 차 문화의 특징은 손님 접대에서 가장 잘 드러난다. 손님이 자리에 앉으면 즉시 갓 끓인 차가 든 주전자와 찻잔을 내어놓는다. 찻잔은 손님 수보다 하나 더 많게 제공된다. 여분의 잔은 "카이타르"를 위한 것이다. 카이타르는 찻물을 찻잔과 차주전자에 옮겨 붓는 행위를 일컫는데, 차 맛을 향상시키기 위한 것이다. 이 행위는 세번 반복된다. 차를 옮겨붓는 행위를 할때 로이, 모이, 초이라고 읊었다. 각각 진흙, 기름, 차라는 의미를 지닌다. 첫번째 옮겨 담은 찻물은 진흙과도 같고, 두번째 옮겨 담은 찻물은 기름과도 같으니, 찻물을 세번 옮겨야지만 진정한 차 맛을 느낄수 있다는 뜻이다. 주인은 자신의 찻잔에

다과와 함께하는 차

먼저 차를 따라 한 모금 마신 후 다른 사람들에게 따라주는데, 이는 오랜 옛날에 손님에게 차에 독이 없다는 것을 보여주기 위한 의미로 행해졌으나, 지금은 그런 의미보다는 차 맛을 확인하기 위한 것으로 이해하고 있다. 중앙아시아인들은 차를 마실때 우리가 사용하는 찻잔과는 다른 모양의 그릇을 사용한다. 피알라 또는 케세라고 불리는 이 찻잔은 손잡이가 없는 작고 둥근 잔으로, 위로 가면서 넓어지는 형태를 띠고 있다. 잔의

피알라

크기는 유럽과 동아시아의 찻잔의 중간 정도이다. 손잡이가 없는 찻잔인 피알라는 이동할 때 짐의 부피를 줄일 수 있어서 목초지를 찾아 자주 옮겨 다녀야하는 유목민의 생활양식에 적합했으며 잔의 크기가 작아(전통적으로 25-150㎖) 차의 온기가 오래 유지되므로 차 맛과 향을 충분히 즐길 수 있었다. 또한 뜨거운 차가 담긴 잔을 조심스럽게 다루게 됨으로써 행동과 사고의 안정을 유도하는 효과도 있었다. 중앙아시아에서는 계절에 따라 다른 재질로 만든 피알라를 사용하는데, 차의 온기를 빨리 식히기 위해 자기로 된 얇은 피알라를, 겨울에는 열을 유지하는데 효과적인 세라믹 피알라를 사용한다.

   손님들은 식탁보가 깔린 낮은 탁자를 둘러싸고 앉는데, 공식적 또는 비공식적인 지위에 따라 자리 위치가 정해진다. 가장 존경받는 사람이 입구와 가장 멀리 떨어진 상석에 앉고, 차를 따르는 집안의 안주인이나 며느리는 출구 가까이 앉는다. 안주인은 사모바르를 비롯한 차를 마시는데 필요한 모든 물품들을 가까이 두었는데, 이는 차를 대접하는 중간에 일어나는 것은 예절에 어긋난다고 생각했기 때문이다.

   차는 가장 존경받는 사람부터 차례대로 제공된다. 우즈베키스탄에는 "음악이 흐르는 찻집"이라는 유명한 노래가 있다. 그 노래에는 "피알라는 원을 그리며 돌아간다"라는 소절이 있는데, 이는 중앙아시아인들의 차 전통의 중요한 특성을 잘

보여주는 문구라 하겠다. 차를 마시는 사람들은 상을 둘러싸고 빙 둘러 앉았는데, 집안의 안주인이나 며느리가 차가 담긴 피알라를 가장 가까이 있는 사람에게 주면 그 사람은 옆에 있는 사람에게 넘기는 식으로 가장 존경받는 사람에게 제일 먼저 피알라가 전달된다. 이처럼 피알라를 다른 사람에게 넘기는 행위는 상대방에게 존경을 표하는 것으로, 이를 통해 "존경과 존중의 사슬"이 형성된다.

 중앙아시아인들이 차를 마실 때 가장 민감하게 살펴보는 것은 아마도 피알라에 담긴 찻물의 양일 것이다. 이들은 찻잔 가득 차를 따름으로써 손님에게 존경과 우호적인 마음을 표현한 러시아인들과는 달리 찻잔에 찻물이 가득차 있으면 이를 모욕으로 받아들였다. 이는 러시아인과 중앙아시아인들이 손님접대에 있어서 최상의 예의를 표현하는 방법이 서로 다르기 때문에 생겨난 문화적 차이이다. 러시아인들에게 있어서 손님을 융숭히 접대한다는 것은 최대한 다양한 음식을, 최대한 많이 제공하는 것인데 반해, 중앙아시아인들은 손님이 필요로 하는 것이 무엇인지, 불편한 점은 없는지를 세세하게 파악하여 손님에게 편안함과 즐거움을 제공하는 것이 손님에 대한 최고의 예우로 생각했기 때문이다. 손님의 피알라에 찻물을 적게 담으면, 주인은 더 자주 손님의 피알라를 살펴보게 될 것이고, 자동적으로 손님에게 집중하게 된다. 그렇기에 중앙아시아인들은 찻잔에 담긴 찻물의 양으로 존경의 정도를 가늠했다. 바로 그런 이유로 찻물이 가득 담긴 피알라를 손님에게 준다는 것은 곧 주인이 손님을 귀찮게 여기며 빨리 자리를 뜨길 바란다는 것으로 간주되기에 주인은 손님을 대접할때 각별하게 신경을 써가면서 찻물의 양을 조절했다. 안타깝게도 찻물의 양에 대한 문서화된 규칙이 없다. 그래서 지역마다 "존경"을 뜻하는 찻물의 양이 다르다. 우즈베키스탄 북부지역에서는 손님이 직접 차를 따라 마실수 있게 차를 우린 작은 찻주전자를 손님의 오른편에 두었다. 손님이 언제, 얼마나 차를 부을지를 스스로 결정할 수 있도록 배려한 것이다. 차를 마실때에 요구되는 예절이 몇 가지 있다. 차를 마실때에는 차가 너무 뜨겁더라도 입으로 바람을 불어서 차를 식혀서는 안 되고, 컵에 담긴 차의 온도를 떨어뜨리기 위해 돌려서도, 그리고 잔을 다른 사람에게 전달할 때 찻물을 떨어뜨려서도 안되며, 잔을 잡은 오른손 팔꿈치를 왼손으로 받치고 원을 그리면서 우아하게 컵을 이동해야 하는 것이 기본 규칙이라 하겠다.

우즈베크인, 카자흐인, 투르크멘인, 키르기즈인, 타지크인들은 비록 중앙아시아에 살고 있지만, 각자 선호하는 차 종류와 음다법, 차와 관련된 풍습에서 차이를 보이고 있다. 카자흐인들은 기온이 45-50도나 되는 건조한 우리 초원에는 건강에 좋을 뿐만 아니라 갈증을 해소하기 위해, 그리고 떫고 짠맛이 나는 고인 물을 마셔서 생기는 쓴맛과 나른함을 없애고 몸을 활력있게 하기 위해서 차를 마셨다. 타타르인들, 러시아인들과 인접해 살았던 북부 카자흐인들은 처음에는 우유 없이 홍차를 마셨고, 칼미크인과 이웃한 카자흐인들은 우유, 버터 및 소금을 넣은, 소위 "칼미크 차"를 마셨다. 알타이지역의 카자흐인들은 최근까지도 우유 외에 크림, 샤워 크림, 응고한 동물의 비계, 소금 또는 설탕을 넣은 차를 마셨다. 그러나 카자흐스탄 남서부 지역의 카자흐인들은 북서부 투르크메니스탄의 투르크멘인처럼 지방이 많은 뜨거운 낙타 우유를 넣은 차를 마셨다.

이들은 일상생활에서 차를 자유롭게 마시지만, 특별한 목적이 있어서 마시기도 하는데, 이때 마시는 차는 관습적으로 굳어져 있다. '회의 차'를 예로 들 수 있는데, 카자흐인들은 차를 마시기 전에 중대 사안을 이야기하지 않는 관습이 있었기 때문에 가족, 친구 또는 친척들이 식탁에 앉아 중요한 문제를 논의하기 위해 모이는 자리에는 차가 필수적으로 제공된다. 그 외에도 '문중 며느리 차'가 있다. "며느리들이 서로 사이가 좋으면 식탁이 풍성해질 것이다" 라는 말이 있을 정도로 카자흐인들은 가문 구성원들의 결속을 중요시 여겼는데, 친목 도모를 위해 문중 며느리들이 모임을 가질때에도 차는 빠지지 않고 제공된다. 그리고 '감사의 차'라는 것이 있는데, 이는 카자흐인들의 세계관과 연관이 있다. 카자흐인들은 12년마다 "위험한" 해를 맞이한다고 생각했고, 누군가가 이 시기를 무사히 넘기면 이를 축하해줬다. 이때 축하를 해준 사람들에게 차를 대접했는데, 이것이 바로 '감사의 차'이다. 그들에게 감사하는 마음으로 차를 대접한다. 혼례와 관련된 차 의식도 있는데, '며느리 차'라고 불린다. 결혼식이 끝난 후 신랑의 친지들이 신혼 집을 방문할 때 신부가 이들에게 차를 대접하는 풍습이 있는데, 며느리 입장에서는 새로운 친척과 더 가까워질 수 있는 좋은 기회였고, 신랑측

입장에서는 며느리의 가사 능력과 가정교육을 파악하는 시간인 것이다.

　우즈베키스탄에서는 주로 녹차를 마시는데, 지역 기후에 따라 다른 종류의 차를 선호하기도 한다. 우즈베키스탄에서도 가장 더운 곳인 페르가나, 나망간, 안디잔 지역 주민들은 녹차를 주로 마시고 그곳보다는 시원한 지역인 타슈켄트에서는 흑차를 마시기도 한다. 일반적으로 녹차는 다과 없이 마시고, 흑차는 당분이 있는 과자나 빵류와 함께 마신다. 우즈베크인은 뜨거운 물에 우려낸 찻물에 물을 희석해서 마시는 러시아인과는 달리 차를 특별한 용기나 금속으로 제작한 차 주전자에 찻잎을 넣고 물이 끓어 찻잎이 움직이기 시작하면 바로 용기를 불에서 내렸는데, 이보다 더 끓이면 차는 색이 붉어지고 맛과 향이 사라지기 때문에 계속 주시해야 한다. 우즈베크인들도 카자흐인들과는 마찬가지로 우유나 지방을 넣은 흑차를 마시기도 하지만 차의 본연의 맛을 즐기는 것을 더 선호한다.

　키르기스스탄에서도 녹차와 알트칸 차라고 불리는 전통 차를 마신다. 이 차는 홍차를 진하게 우린 찻물에 우유를 넣고 끓인 후 버터 또는 샤워 크림과 소금을 넣고 다시 끓인 것이다. 이는 티베트 수유차와 제조법이 동일한 것으로 보아 티베트에서 기원한 것으로 보고 있다. 이들은 카자흐인과 우즈베크인들과는 달리 피알라가 아니라 국 그릇처럼 큰 찻잔에 부어 마셨다. "네가 차를 어떻게 마시는지 알려주면 당신이 누구인지 내가 말하겠다"라는 말이 있을 정도로 키르기스스탄은 지역에 따라 음다 방식에 차이가 난다. 남부지역에서는 배가 불룩한 도자기 찻주전자에 우린 떫은맛이 강하게 나는 녹차를 마신다. 주로 숯으로 찻주전자를 가열했는데, 찻물에 숯향기가 덧입혀져 또 다른 차향을 즐길수 있었다. 녹차는 설탕이나 다른 첨가물 없이 마셨다. 손님이 오면 집주인이 직접 차를 따라줬다. 그러나 북부지역에는 사모바르에서 끓인 물로 우린 진한 홍차를 선호했다. 이곳에서는 차에 설탕, 지방이 많은 우유, 때로는 버터를 넣어 마시기도 했다. 그리고 집주인이 손님에게 차를 따라주는 남부와는 달리 며느리, 또는 어린 딸이 차를 따랐다.

　유목민들이 차를 마신 이유는 양고기, 말젖과 낙타젖, 그리고 버터로 이루어진 유목민들의 일상 식단때문이다. 이 식단은 비타민과 필수 미네랄이 부족한데, 차는 이를 보충해주는 아주 요긴한 식재료였다. 또한 동물 지방을 분해해서 소화를 촉진했으며, 카페인 성분을 함유하고 있어서 피로를 덜 느끼고, 집중력을 유지하는데 도움을 주는 등의 장점들 때문에 유목민들 사이에 차 문화가 전파되는데 영향을 끼쳤을 것이다. 그 외에도 보관이나 이동 및 운반에도 용이했다는 점 또한 차가 이들의 생활양식에 빨리 자리를 잡게 되는데 일조했을 것이다. 이들의 차 문화를 살펴보면 중국, 몽골, 러시아의 영향이 복합적으로 발견된다. 이는 중앙아시아에 거주하고 있는 민족들의 지형적, 정치적 상황과 생활양식의 특성에 따른 차이로 이해할 수 있을 것이다.

(3) 러시아의 차 문화

17세기 중반부터 의료용품으로 음용된 된 차는 100년이 지난 후인 18세기 중반부터 상류계급의 일상에 정착하게 되었고, 다시 100년이 지난 19세기 중반부터 일반적인 음료가 되면서 모든 계급의 사람들이 즐겨 마시게 되었다. 러시아 사회에 차가 보급된 단계를 시간별로 구분하기는 매우 어렵다. 그럼에도 러시아 사회의 다양한 계층에서 차가 보급된 시기를 구분해 보자면 다음과 같다.

> 1단계: 17세기 말-18세기 초, 차는 상류 계층에게만 알려져 있었으며 실제로는 약으로만 소비했다. 이때는 궁정 관료, 대귀족, 거상, 시베리아 원주민만이 마실 수 있었다.
> 2단계: 18세기세기 전반-18세기 후반, 차는 상류층에서 약으로 음용했고, 일부 귀족들이 음료로 소비했다. 궁정 관료, 귀족, 부유한 상인, 시베리아의 원주민이 마셨다.
> 3단계: 18세기 말-19세기 초반, 차는 사회의 부유한 사람들만이 건강 관리를 위해 마시는 음료로 소비했다. 궁정, 귀족, 일부 신부와 선교사, 중산층 상인, 부유한 시민, 축제 때 일부 부농, 시베리아의 원주민이 마셨다.
> 4단계: 1830년대-1850년대, 차는 부유한 사람들에 의해 음료로 소비하기 시작했다. 더 이상 약용 음료로 간주하지 않게 되었다. 상류층 외에도 부농과 중산층 시민, 중산층 노동자, 일부 성직자를 포함한 중상위 소득을 가진 전체 사회 그리고 선교사, 시베리아 원주민이 마셨다.

> 5단계: 1860년대-1880년대, 다양한 품질의 차가 러시아에 들어왔기 때문에 거의 전 사회가 차를 음료로 소비하기 시작했다. 시장에는 위조된 차가 많이 유통되었다. 실제로 가난한 농부를 제외한 전 인구가 하루에 한 번 또는 두 번 차를 마시게 되었고, 가난한 농부는 질이 나쁜 차를 매일이 아닌 축제 때에만 마셨다.
>
> 6단계: 1880년대 말-1917년, 차는 건강에 좋은, 그리고 아주 맛있는 음료로 자리 잡았다. 가난한 농부를 제외한 거의 전 인구가 차를 마셨고, 대부분은 하루에 몇 번씩 마셨다. 가난한 농부는 질이 나쁜 차를 매일이 아닌 축제 때에만 마셨다.

러시아인들은 차를 쉽게 구할 수 있게 되면서, 저녁만 되면 차를 마셨고, 기분이 울적할 때도 차를 마셨으며, 할 일이 없어도, 그리고 특별한 이유 없이도 차를 마셨다. 차가 그만큼 러시아인들의 일상 생활속에 깊숙히 자리를 잡게 되었고 일상화 된 것이다. A.I. 비유르코프의 『옛 모스크바 이야기』에서는 모스크바 사람들이 차를 마시는 풍경을 매우 상세하게 기술하고 있다.

> 모스크바 사람들은 아침, 정오, 그리고 특히 오후 4시에 차를 마셨다. 이때가 되면 모스크바의 모든 집에서 사모바르가 끓고 있었다. 그리고 찻집과 선술집은 사람들로 가득 찼으며, 마치 삶이 잠시 멈춘 것 같았다.

러시아 사람들의 차 사랑은 V.G. 벨린스키의 수기 『페테르부르크와 모스크바』에서도 확인할 수 있다.

> 모스크바에는 많은 선술집들이 있고, 그곳은 항상 오직 차를 마시기 위해 온 민중들로 발 디딜 틈이 없었다. 우리가 지금 어떤 민족에 대해 말하는지는 설명할 필요도 없다. 이 민족은 하루에도 사모바르 15개 양의 차를 마셔대며, 차 없이는 살 수도 없는 민족이다. 이 민족은 집에서는 차를 다섯 번 마시면서 선술집에서는 셀 수도 없이 차를 마시는 민족이다. 만일 여러분들께서 이 민족을 보신다면 차가 그들의 신경을 예민하게 만들지도 않고, 잠을 방해하지도 않으며, 치아를 상하게 하지도 않는 것에 놀랄 것이다.

러시아는 17세기부터 차를 마셨다. 시간이 지나면서 러시아인들은 향기롭고 건강한 음료가 없는 하루를 상상할 수조차 없게 되었다. 차는 지인들을 만나서 진심 어린 대화로 저녁을 보낼때 꼭 필요한 음료였고, 축제 및 중요한 행사, 그리고 행복과 기쁨을 나눌 때에도 함께했다. 이렇게 사람들의 삶의 순간에 차가 함께했기 때문에 러시아에서도

상인부인의 티타임

동양처럼 특별한 다도가 형성되었을 것으로 생각할 수 있다. 그러나 실제로는 러시아의 다도는 무엇이다라고 구체적으로, 그리고 단정적으로 언급하는 것은 거의 불가능하다. 왜냐하면 지난 150년동안 생활방식의 변화가 컸기에 러시아 차 전통 중에서 무엇이 가장 중요한지 명확하지 않기 때문이다. 그러나 러시아에서는 동양 및 유럽의 다도와 다른 러시아 고유의 차 에티켓이 형성되어 있음은 분명하다.

가격이 비싸 귀족들과 거상들만이 향유하는 사치품이었던 차는 19세기가 되면서 가격이 현저히 하락해 평민들까지 구매할 수 있게 되었고, 사모바르가 공장에서 대량 생산되어 차를 끓이기가 쉬워지게 되면서 많은 사람들이 즐기게 되었다. 그때부터 러시아 고유의 차 음용 에티켓이 형성되었다고 볼 수 있다.

우선 차를 우려내는 방법을 살펴보면 크게 3가지가 있다. 첫 번째는 가장 "러시아적"인 방법으로, 사모바르의 파이프에 가문비나무 조각 또는 자작나무 조각을 넣어 물을 끓이고, 사모바르 상단의 찻주전자 받침대에 찻잎과 뜨거운 물을 넣은 찻주전자를 얹어 차를 우리는 것이다. 우린 찻물을 잔에 붓는데, 물이나 설탕을 따로 추가하지 않는다. 디저트류가 제공되는데 차를 마시면서 한입씩 베어 먹는다.

두 번째 방법은 차가 오랫동안 온기를 유지하도록 두께가 있는 자기

찻주전자에서 우리는 방법으로, 찻주전자에 찻잎과 뜨거운 물을 넣고 보온 덮개를 덮는다. 이때 찻주전자의 주둥이를 덮지 않도록 조심했는데, 그렇지 않으면 차 맛이 변하기 때문이다. 그 상태로 3~5분 동안 가만히 둔 후 차를 "결혼" 시킨다. 이것은 찻주전자의 찻물을 찻잔으로, 찻잔의 찻물을 다시 찻주전자로 옮기는 행위를 말한다. 이 행위를 통해서 부유하는 차 입자는 찻주전자 바닥에 가라앉고, 찻물의 색상과 맛, 향기가 더 깊어진다. 설탕과 디저트가 별도로 제공된다.

세 번째 방법은 소비에트 시대 가난한 사람들 사이에서 생겨난 것으로, 찻주전자에 찻물을 진하게 우려낸 후 찻잔에 이 찻물을 조금 따르고 뜨거운 물을 추가로 부어 찻물을 희석해서 마시는 방법이다. 이 방법은 현재 러시아 가정에서 흔히 볼 수 있다.

사회적 계층에 따라서도 차 음용 방법에 차이가 있었다. 귀족들은 유럽의 문화를 추앙했기에, 차 음용에 있어서도 유럽의 에티켓을 수용했고, 특히 영국식 다도 규범을 고수했다. 이러한 음다 문화는 상트-페테르부르크와 모스크바 살롱에서 인기가 있었다. 전통적으로 하루에 두 번 차를 마셨고, 의식의 중요성을 강조하기 위해 값비싼 도자기 세트를 테이블 위에 차렸다. 그들은 아주 절제된 태도로 차를 마셨는데, 이때 종종 시와 음악이 동반되기도 했다. 이들은 차를 마실때 설탕이나 크림을 넣어 마실 수 있도록 찻물을 찻잔 가득 채우지 않았다. 특히 잔의 가장자리가 더러워지지 않게 조심했고, 상대방의 대화를 방해하지 않도록 조용조용 이야기를 나누었다. 각설탕은 설탕 전용 집게로 잡고 잔에 넣었고, 설탕을 저을 때에는 티스푼이 잔에 닿아 소리 나지 않도록 주의를 기울였다. 그런 후 티스푼을 접시나 냅킨에 올려놓았다. 차를 마실 때 차를 식히기 위해 바람을 불거나 숟가락으로 떠서 마시는 것은 금지되었다. 또한 차를 소리 나게 들이마시거나 쩝쩝 소리 내면서 마시는 것도 예의에 어긋나는 것으로 보았다. 새끼손가락을 내밀고 컵을 잡는 것은 저속한 것으로 간주했다. 잔을 뒤집어 엎어놓음으로써 더 이상 차를 원치 않는다는 것을 표시했다.

귀족의 티타임

　18세기 후반까지만 해도 차가 비쌌기 때문에 교양 있는 사람들은 손님으로 초대되면 차를 한 잔만 마셨다. 이때까지만 해도 더 이상 차를 원하지 않는다는 표시로 잔을 거꾸로 뒤집어 놓거나 찻잔 받침으로 잔을 덮었다. 그러나 귀족들은 유럽의 관습을 받아들여 컵에 티스푼을 넣어둠으로써 충분히 차를 즐겼음을 표했다. 귀족 A.A. 바실로프(1777-1847)는 회고록에 이와 관련된 글을 남겼다.

　알렉세이 그리고리예비치 오를로프-체스멘스키 백작이 드레스덴에 거주하고 있었다. 러시아인이라면 모두 그 백작의 집을 방문했다. 고인이 된 알렉산드르 알렉세예비치 체스멘스키가 나를 그 노인에게로 데리고 갔다. <...> 백작은 나를 매우 정중하게 맞이해 줬는데, 거기서 망신스러운 일이 있었다. 손님에게 차를 대접할 때 벌어졌던 일이었다. 차 한 잔을 마시고 나서는 더 이상 마시지 않겠다는 의미로 잔을 덮었던 그 당시 관습 때문에 우리 러시아인은 야만인이 되었다. 계몽된 독일인들은 다른 관습을 가지고 있었다. 그들은 찻잔에 숟가락을 넣음으로써 더 이상 차를 원하지 않음을 표시했었다. 나는 차 한 잔을 마시고 잔을

> 덮었다. 2분 후에 나에게 다른 잔을 갖고 왔다. 나는 그 사람이 혼이 날까 걱정되어 거절하지 않고 그 차를 마셨다. 그러고 나서 다시 잔을 덮었다. 나는 이미 땀을 뻘뻘 흘리고 있었다. 하인들이 잔을 치웠다. 세상에! 세 번째 잔을 갖고 왔다. 나는 위에서 말했듯이 그들이 꾸지람을 듣게 될까봐 두려워서 세 번째 잔도 마셨다. 결국 네 번째 잔을 나한테 갖고 왔다. 우박 같은 땀이 뚝뚝 떨어졌다. 그러자 나는 "더 이상은 원치 않는다"라고 말했다. 그러자 그 못된 놈이 자신의 행동을 정당화하기 위해 나에게 "하지만 당신은 찻잔에 티스푼을 안 넣었지 않습니까."라며 매우 큰 소리로 말했다. 나는 이제 땀만 흘리고 있는 게 아니라 부끄러워서 얼굴도 벌게졌다. 다른 사람들이 어떻게 하고 있는지를 보고 러시아 관습을 버리게 되었다.

집에서 차 모임을 가질 때 안주인은 손님이나 가족들에게 차를 따랐고 테이블에 간식이 충분히 있는지, 손님의 잔에 차가 채워져 있는지 확인한 후에야 자기 자리에 앉았다. 차를 따라주는 안주인의 역할은 매우 책임감이 따르는 명예로운 일로 여겼다. 톨스토이의 『결혼의 행복』에서 그것을 확인할 수 있다.

> 저녁 시간이 되면 모두 응접실 테이블에 모였고 내가 차를 따르곤 했다. 거울처럼 반짝거리는 사모바르 앞에 모여 앉는 일이나 컵과 잔을 나눠주는 일은 오랫동안 나에게 부담스러운 일이었다. 내가 이런 중요한 일을 맡을 자격이 있는지 의심스러웠기 때문이다. 큰 사모바르를 잠그고 니끼따 앞에 잔을 놓으며 '뽀뜨르 이바노비치 씨, 마리야 미니치나 씨에게 잔을 전달해 주세요.'라고 말하고, '너무 달지는 않은 가요?'라고 물으며 유모와 다른 사람들 앞에 각설탕을 놓는 일을 하기에는 나는 아직 너무 어리고 신중하지 못하다고 생각했기 때문이다.

상인과 부르주아 층도 자신들만의 차 마시는 전통을 보유하고 있었다. 이들은 우선 자신의 부를 최대한 과시하면서 차를 마셨다. 그래서 화려한 사모바르와 다양한 종류의 디저트류, 음식들을 쌓아 놓고 마시길 좋아했다. 그래서 차와 함께 꿀, 잼, 다양한 재료로 속을 채운 파이, 제과 등이 제공되었다. 때때로 차에 도수가 강한 리큐어와 발삼 등의 알코올을 섞어 마시기도 했다. 그들은 차를 최소 10잔 이상, 헤아릴 수 없을 정도로 많이 마셨다. 그들은 찻잔 받침에 차를 부어 마셨는데, 이것은 귀족과는 차이가 나는 음다법이라 하겠다. 이들은 잔에 담긴 뜨거운 차를 받침 접시에 소량 부어 흡입했다. 이때 후루륵하는 소리를 일부러 냈는데, 이 소리가 크면 클수록 차를 마시는 즐거움도 커졌다. 부르주아와 상인들은 깊이가 있는 찻잔 받침에 차를 따라 마시는 것을 선호했다. 손가락을 다 편채 손바닥에 찻잔 받침을 얹어 마셨는데, 이것은 유리컵이나 잔보다 불편했지만, 차를 더 빨리 식힐 수 있고, 색과 향을 더 잘 즐길 수 있어서 평민들은 이 방식으로 차를 마셨다. 귀족들이 차를 마실 때는 설탕을 넣어 마신 데 반해, 그들은 잔에 설탕을 넣는 대신, 설탕 덩어리를 찻물에 적셔 천천히 갈아 먹었다. 이 당시 차와 함께 먹는 설탕은 덩어리 형태였는데, 과립형 설탕을 차어 넣으면 찻물의 색이 흐려질 것이라고 생각했기 때문이었다. 설탕은 이 당시 차와 마찬가지로 사치품이었다. 러시아에서는 사탕수수로만 설탕을 만들었기에 가격이 매우 비쌌으나 차가 유행하면서 그 수요가 증가했고, 그 결과 설탕은 차와 마찬가지로 아주 고가의 식품이 되었다. 덩어리 형태의 설탕은 매우 단단했고, 천천히 녹기 때문에 설탕 덩어리 한 개면 차를 여러 잔 마실 수 있었다. 설탕을 절약하기 위해서 손님을 대접할때 일부러 찻잔에 찻물을 가득 따르기도 했다. 물이 가득 찬 찻잔에 설탕 덩어리를 넣으면 넘치기때문에 손님들이 설탕을 넣지 못하게 하려는 의도의 행위인데, 손님은 주인의 의도를 금방 눈치챘고, 주인의 그런 행동을 이해했다. 그렇지 않으면 손님을 접대하는데 너무나 많은 비용이 들기 때문이었다. 더이상 차를 원치않을 때에는 찻잔을 뒤집어엎어 놓고 그 위에 남은 설탕을 올려놓음으로써 차를 온전히 즐겼음을 표현했다.

 공무원, 종업원, 상점주, 자유민 등의 소시민들은 귀족과 상인의 차 마시는 전통을 결합했다. 이들은 테이블에 가능한 한 많은 음식을 차려놓고 시나 음악을 즐기면서 차를 마시는 것을 선호했다.

 농민과 노동자들은 아주 소박하게 차를 마셨다. 이들은 찻주전자에 찻잎을 진하게 우린 후 그것을 찻잔에 조금 따르고 나서 뜨거운 물로 희석해서 마셨다. 이 관습은 혁명 이후에 생겨났다. 이는 차가 귀했던 시기에 가난한 계층이 차를 즐기기 위한 자구책이었다. 이 "경제적인" 방법은 차의 진정한 맛을 훼손시켰고, 이 향기로운 음료를 샌드위치를 먹을 때나 함께 마시는 유색 액체로 위상을 격하시켰다.

노동자의 티타임 / 평민가정의 티타임

찻집이나 레스토랑에서도 차를 마셨다. 이때 종업원에게 팁을 줬었다. 러시아어로 팁은 "차예브예чаевые"라는 단어를 사용한다. 이 단어는 차(чай)에서 파생된 것이다. 종업원에게 서비스료로 가장 싼 찻값 정도의 금액을 준 것에서 유래했다.

러시아만의 독특한 차 문화는 다식에서도 찾아볼 수 있다. 옛날부터 중국과 일본에서는 순수하게 차 맛을 즐기는 것이 관례였다면, 러시아에서는 여러 음식들과 함께 차를 마셨다. 특히 손님을 대접할 때에는 집에 있는 가장 좋은 것들을 최대한 많이 꺼내놓음으로써 손님에 대한 존경을 표시하고 자신의 부를 과시했다. 도스토예프스키의 『학대받고 모욕받은 사람들』에서는 다식이 얼마나 화려할 수 있는지를 잘 보여주고 있다.

> 예쁘고 값비싼 식탁보가 덮인 둥근 탁자 위에는 놋쇠로 만든 훌륭한 사모바르가 끓고 있었고, 크리스털, 도자기, 은으로 된 다구(茶具)가 빛나고 있었다. 다른 종류의 고급 식탁보가 덮여 있는 또 다른 탁자에는 고급 과자와 진하고 묽은 키예프 잼

> 두 종류, 마멀레이드, 캔디, 젤리, 프랑스제 잼, 오렌지, 사과 그리고 서너 종류의 견과가 놓여 있었는데 한마디로 과일 가게 하나가 접시 위에 차려져 있는 듯했다. 뿐만 아니라 눈부시게 흰 식탁보가 씌워져 있는 세 번째 탁자 위에는 다양한 전채가 놓여 있었다. 철갑상어 알, 치즈, 고기만두, 소시지, 훈제 베이컨, 생선 그리고 최상급 술이 든 루비색, 갈색, 황금색의 다양한 크리스털 병들이 가지런히 놓여 있었다.

다식 중에서 가장 흔한 것은 달콤한 캔디, 제과, 잼류였었는데, 이는 러시아인들이 홍차를 진하게 마신 습성과 관계가 있다. 잼이나 마멀레이드를 직접 홍차에 넣어 마시는 것이 아니라 티스푼에 떠서 차를 마시면서 조금씩 핥아먹거나, 입안에 머금고 음미하듯이 먹었다. 이는 너무 진하게 우려진 차의 쓴맛을 입안에서 달콤함으로 중화시키면서 홍차를 즐기고자 했던 러시아인들의 독특한 차 음용 방식이었다.

각각의 계층은 저마다 차를 마시는 방법이 다르긴 했지만, 상황이 허락하는 한 다음의 규칙을 지키려고 노력했다.

> 1. 테라스, 베란다 또는 거실에서 차 제공
> 2. 녹차 제공, 경제적 상황이 여의치 않을 시 홍차 제공
> 3. 각자 취향에 맞춰 당도를 조절 할 수 있게 레몬과 설탕 제공
> 4. 영양가 높은 간식(파이, 고기와 생선을 채운 팬케이크 등), 가벼운 간식(치즈, 빵, 버터, 붉은 생선 등), 달콤한 간식(초콜릿, 잼, 견과류, 달콤한 속이 든 팬케이크 등) 등 최소 4종류의 간식을 준비함으로써 손님이 배불리 먹을수 있도록 준비함
> 5. 각자 취향에 따라 보충할 수 있도록 향기로운 허브, 말린 열매 또는 알코올과 같은 첨가물 제공
> 6. 친근하고 화목한 분위기 조성

이처럼 차 대국 러시아에서는 영국과 또 다르게 자신들만의 특색 있는 방식으로 차 문화를 즐겼다. 러시아인들이 오랫동안 차를 마셨는데도

중국이나 일본, 영국처럼 엄격한 다도가 형성되지 않은 것은 바로 이들이 차를 마시는 목적때문이 아닐까라는 생각이 든다. 러시아인들은 같은 식탁에 앉아 있는 사람들끼리 서로 친목을 도모하고 가까워지고자 하는 목적에서 차를 마시기 때문에 특별히 까다로운 규칙 없이 비교적 자유로운 분위기에서 차를 마시게 된 것이다. 그리고 바로 이런 점이, 차를 마시면서 희로애락을 나누는 문화 덕분에 현재까지도 러시아에서는 차를 많이 마시는 것일지도 모른다.

4. 차의 효능

중국·한국·일본의 다서에는 차의 다양한 효능을 언급하고 있다. 특히 다서의 효능은 거의 현대과학에서 분석한 내용과 같다. 다서에 등장하는 차의 효능을 분석하면 빈도는 술과 잠을 쫓음, 눈을 밝게 함, 가래 및 열과 갈증 해소·장수, 이뇨 작용, 차의 부작용·두통 치료, 치아 치료·음식 소화, 기름기 제거, 기력 보강·만병통치, 답답한 가슴·피부 치료, 냉병과 숙병 치료·놀라 넘어졌을 때, 기억력 향상·설사 치료·식욕 억제·중풍 치료·감기 치료·폐 기능 강화·전염병 치료·풍토병 치료 등의 순이다. 그 중에서도 생리적 현상 중에서 가장 두드러진 특징은 신경계의 술과 잠을 쫓음이 압도적으로 많다는 점이다. 그 다음이 신체 일반의 눈을 밝게 함, 가래 및 열과 갈증 해소와 장수도 높은 비중을 차지한다. 이같은 특징은 다서 기록자의 삶과도 결코 무관하지 않다. 중국의 다서는 당나라 육우의 『다경』과 송나라 휘종의 『대관차론』을 제외하면 모두 송나라 사대부와 명나라, 청나라 신사의 작품이다. 이들의 삶은 술과 불가분의 관계를 갖고 있다. 그래서 그들은 대부분 차와 술을 함께 즐겼다. 중국의 다서에 나타난 생리적 효능 중 또 다른 특징은 눈을 밝게 함과 이뇨 작용이 차지하는 비중이 높다는 점이다. 이 같은 특징도 다서 저자의 삶과 밀접한 관련이 있다. 『다경』 중 잠을 쫓는 내용은 『육지음』에서 확인할 수 있다.

> 만약 목이 마르면 미음을 마시고, 우울함과 분노를 없애려면 술을 마시고, 정신이 혼미하고 잠을 쫓을 때 차를 마신다.

『다경』 중 두통과 관련한 내용은 『일지원』에서 확인할 수 있다.

> 머리가 아프면, 네다섯 모금만 마시면 제호나 감로를 마신 것과 견줄 만하다.

육우가 언급한 제호는 우유에서 추출한 아주 귀한 식품을 의미하며, 불교의 『열반경(涅槃經)』 14권 『성행품(聖行品)』에 나오는 개념이다. 그래서 제호는 정법이나 인품의 아름다움을 비유할 때 사용한다. 육우가 차를 불교에서 사용하는 개념에 비유한 것은 당시 불교가 가장 성행한 당나라였던 점과 차의 가치를 극대화하기 위한 표현으로 이해할 수 있다. 감로는 좋은 이슬을 의미하며, 불교에서는 불전에 올리는 좋은 차를 뜻한다. 송대 황도보(黃道輔)의 『품다요록보(品茶要錄補)』 중 『뇌통복유』에서 언급한 수나라 문제의 투통에 대해 언급했다.

> 수문제가 등극하기 전에 꿈을 꿨는데, 귀신이 나타나서 그의 뇌 골을 바꾸어 버렸다. 그때부터 두통이 생겼다. 어느 날 한 스님을 만나니, '산 중의 차풀[茗草]을 복용하면 치유할 수 있다'고 했다. 진사(進士) 권서(權紓)가 다음과 같이 칭송했다. "춘추를 연구하고, 주역을 통해도 차 한 수레 실은 것만 못하다."

기름기 제거는 차의 효능 중에서 많은 사람들이 인식하고 있는 내용이다. 중국인들이 식사 때 차를 마시는 이유 중 하나도 기름기 많은 음식 때문이다. 황도보의 『품다요록보』 중 『다효』에서는 기름기 제거 효능을 확인할 수 있다.

> 사람이 진차(眞茶)를 마시면 기름기를 제거할 수 있다.

중국·한국·일본의 다서에 나타난 생리적 효능 외의 효능 중에서 두드러진 특징은 정신 수양과 신선이 압도적으로 많은 부분을 차지한다는 점이다. 육우 다경의 『일지원』과 에서 정신 수양과 관련한 내용은 아래에서 확인할 수 있다.

> 차의 쓰임은 맛이 아주 차며, 마시는 데는 행동을 정밀하게 하고 덕을 검소하게 하는 사람에게 가장 적합하다.

여기서 또 한 가지 주목할 것은 차를 마시는 대상을 '정행검덕'의 사람으로 규정한 사실이다. 육우가 언급한 '정행검덕'은 아주 중요한 개념이다. 이는 바로 육우가 다도를 처음으로 언급한 내용이기 때문이다. 그러나 '정행검덕'에 대한 해석은 학자 간에 조금씩 다르다. 명대 하수방(夏樹芳)의 『다동(茶董)』 권상 『환동진고(還童振枯)』에서는 장수의 내용을 확인할 수 있다.

> 이백의 다술에 다음과 같이 말했다. 내가 듣건대 형주의 옥천사는 청계산 여러 산 가까이에 있다. 산골짜기에는 가끔 종유 동굴이 있다. 굴 안에는 옥샘물이 교차하면서 흐른다. 그 물 주변 곳곳에는 차풀이 널어져 산다. 가지와 잎은 백옥 같다. 옥천사 진공만이 항상 따서 마셨다. (그는) 나이가 80세였는데도 얼굴색이 복사나무 꽃과 같았다. 이 차는 향기가 맑고 맛이 부드러워서 다른 곳의 차와 달랐다. 그래서 늙음을 떨치고 어린 아이로 돌아가게 하여 사람의 장수를 돕는다. 내가 금릉에 놀러갔다가 한 집안 중 중부를 만났는데 그가 내게 차 수십 근을 주었는데 쪼개서 쌓은 모양이 손과 같아서 선인장차라 불렀다. 아울러 시를 주어 내게 화답하게 했다. 훗날 고승과 대은은 선인장차가 중부 스님 및 청연거사 이백에게 출발했음을 알 것이다.

당나라 노동(盧仝)의 『다가(茶歌)』는 차를 마시면 신선이 된다는 내용을 담고 있다.

「차를 노래하다/茶歌」

해가 한 발이나 높도록 잠이 바로 깊었는데/日高丈五睡正濃
군장이 문 두드려 주공의 꿈 놀라 깨게 하였네/軍將扣門驚周公
입으로 전하기를 간의대부가 서신 보내었다 하니/口傳諫議送書信
흰 비단에 비스듬히 봉하고 세 개의 도장 찍었구나/白絹斜封三道印
봉함 열자 완연히 간의대부의 얼굴 보는 듯하니/開緘宛見諫議面
첫 번째로 월단 삼백 편 보았노라/ 首閱月團三百片
들으니 새해의 기운 산속에 들어와/ 聞道新年入山裏
땅속에 숨어 있던 벌레 놀라 움직이고 봄바람 일으킨다네/蟄蟲驚動春風起
천자는 모름지기 양선의 차 맛보셨을 것이니/天子須嘗陽羨茶
온갖 풀들 감히 다보다 먼저 꽃 피우지 못했으리라/百草不敢先開花
온화한 바람에 살며시 진주같은 꽃봉오리 맺히니/仁風暗結珠蓓蕾
봄에 앞서 황금 같은 싹 돋아났으리라/先春抽出黃金芽
신선한 싹 따서 향기롭게 볶아 곧바로 싸서 봉함하니/摘鮮焙芳旋封裹
지극히 정밀하고 지극히 좋으면서도 사치하지 않다오/至精至好且不奢
지극히 높은 분께서 드신 나머지는 王公에게나 적합한데/至尊之餘合王公
무슨 일로 곧 산 사람의 집에 이르렀나/何事便到山人家
사립문 다시 닫아 세속의 손님 없으니/ 柴門反關無俗客
사모로 머리 감싸고는 스스로 차 끓여 마신다오/紗帽籠頭自煎喫
푸른 구름 같은 차 연기 바람을 끌어 끊임없이 불어대고/碧雲引風吹不斷
흰 꽃 같은 차 거품 빛이 떠 찻잔 표면에 엉겨 있네/白花浮光凝碗面
첫째 잔은 목과 입술 적시고/ 一碗喉吻潤
둘째 잔은 외로운 고민 달래고/二碗破孤悶
셋째 잔은 마른 창자 헤쳐주니/ 三碗搜枯腸
오직 뱃속에는 문자 오천 권이 있을 뿐이라오/惟有文字五千卷
넷째 잔은 가벼운 땀을 내니/四碗發輕汗
평생에 불평스러운 일/平生不平事
모두 땀구멍 향해 흩어지게 하네/盡向毛孔散
다섯째 잔은 기골을 깨끗하게 하고/五碗肌骨淸

> 여섯째 잔은 신령을 통하게 하며/六碗通仙靈
> 일곱째 잔은 마실 것도 없이/七碗喫不得
> 겨드랑이에 날개 돋아 솔솔 청풍이 읾을 느끼네/ 也唯覺兩腋習習淸風生
> 봉래산은 어느 곳에 있는가/ 蓬萊山在何處
> 옥천자는 이 청풍 타고 돌아가고 싶다오/玉川子乘此淸風欲歸去
> 산 위의 여러 신선들 하토 맡았으나/山上群仙司下土
> 지위가 맑고 높아 풍진 세상과 막혔네/地位淸高隔風雨
> 어찌 알겠는가! 백만 억조의 창생들/安得知百萬億蒼生
> 운명이 높은 벼랑에 떨어져 고통 받음을/命墮顚崖受辛苦
> 곧 간의대부에게 창생을 묻노니/便從諫議問蒼生
> 끝내 마땅히 소생함을 얻겠는가/到頭合得蘇息否

노동의 「다가」는 '간의대부 맹간이 차를 보내준 것에 사례하다/謝孟諫議簡惠茶'는 부제(副題)가 있다. 다만 편의상 생략하지만 노동이 당시 간의대부였던 맹간이 보낸 차에 대한 사례로 지은 작품이라는 사실을 이해하는 데 도움을 준다. 노동의 작품은 이후 중국은 물론 우리나라 이목(李穆)의 「다부(茶賦)」에 큰 영향을 주었다.

4부

차 생산 및 유통

1. 중국의 차밭과 생산 및 유통

(1) 당대와 송대의 차밭

당대의 차밭

중국은 세계에서 가장 많은 차밭을 가진 국가다. 그만큼 중국은 차나무가 살 수 있는 땅이 넓기 때문이다. 중국의 차밭에 대한 정보 중 당나라의 경우는 육우의『다경』「팔지출(八之出)」에서 확인할 수 있지만, 그 이후의 차밭에 대해서는 1930년대에 나온『지나토지이용지도집성(支那土地利用地圖集成)』을 통해서 짐작할 수 있다.『지나토지이용지도집성』은 미국인으로서 중국 남경대학에서 농업경제 분야 교수를 역임한 벅(J. Lossing Buck, 1890-1975, 중국명 卜凱)의 작품이며, 일본에서 번역했다. 벅은 1915년 중국에 가서 1944년까지 머물렀다. 벅의 작품은 육우의『다경』이후부터 1949년 중화인민공화국 성립이전까지 중국의 차밭을 이해하는 데 아주 중요한 자료이다.

『다경』에서 언급한 중국의 차밭은 당 태종 원년(627)때 설정한 이른바 '정관십도(貞觀十道)'에 기초한 것이나. '정관십도'의 '징관'은 덩 태종의 연호이다. 당 태종은 중국 역대 황제 중에서 가장 뛰어난 정치지도자로 평가받고 있다.『정관정요(貞觀政要)』는 당 태종과 신하가 나눈 정치철학서이고, 이후 중국은 물론 우리나라의 정치가들은 정치학의 교본으로 삼았다. 당 태종은 전국을 열 개의 도(道)로 나누었다. 육우가 살았던 당 현종 개원 21년(733) 때는 15도였으며, 현종 때의 연호 중 하나인 개원(開元)을 본 따서 '개원십오도(開元十五道)'이다. 지금 중국의 가장 큰 행정 단위인 성(省)은 명나라 때 생겼다. '정관십도'는 관내(關內), 하남(河南), 하북(河北), 산남(山南), 농우(隴右), 회남(淮南), 강남(江南), 검남(劍南), 영남(嶺南)이고, '개원십오도'는 '정관십도'에 경기(京畿), 도기(都畿), 산남동도(山南東道), 강남동도(江南東道), 강남서도(江南西都), 검중(劍中)을 더했다. 육우가 설정한 차밭은 산남, 회남, 검남, 영남, 절동(浙東), 절서(浙西), 검중이다. 육우가 차밭을 설정하면서 '정관십도'와 달리한 것은 차밭은 기후와 토양 상 행정구역과 반드시 일치할 수 없기 때문이다. 육우가 여덟 차밭을 성정한 행정 구역은 1개 군(郡)과 42개 주(州) 및 44개 현(縣)이다.

육우가 『다경』에서 가장 먼저 언급한 차밭은 산남이다. 산남은 '산의 남쪽'을 뜻한다. 이는 당나라 때 행정 구역을 산을 기준으로 삼았다는 것을 의미한다. 산을 기준으로 한 행정 구역은 우리나라에서도 흔한 일이다. 산을 기준으로 삼은 것은 큰 산이 교통과 삶에 큰 영향을 주기 때문이다. 산남의 '산'은 지금의 섬서성 서안시 남쪽에 위지한 종남산(終南山)과 섬서성 화양현(華陽縣) 남쪽에 위치한 태화산(太華山)이다. 종남산과 화양산은 진령(秦嶺)의 주봉 중 하나이다. 진령은 중국 동서에 걸친 산맥의 이름이다. 진령 산맥은 길이 1600킬로미터, 해발 2000-3000미터이다. 진령 산맥은 서쪽으로 감숙성 임조(臨洮), 동으로 하남성 효산(崤山)·웅이산(熊耳山), 숭산(嵩山)과 복우산(伏牛山)에 이른다. 그런데 진령의 중심은 섬서성 중남부 지역이다. 이처럼 진령은 중국의 역사를 이해하는데 아주 중요한 산맥일 뿐 아니라 차를 비롯한 작물 지배에도 아주 중요하다. 진령 산맥은 차 재배의 상한선이자 벼 재배의 상한선이기도 했기 때문이다. 그래서 중국의 차밭을 이해할 때 차와 벼에 주목할 필요가 있다.

산남의 기준 중 하나인 태화산은 곧 화산(華山)이다. 화산은 중국 오악(五嶽) 중 서악(西嶽)에 해당한다. 산남의 또 다른 기준인 종남산은 중남산(中南山)·남산(南山)·태을산(太乙山)이라 부른다. 특히 종남산은 화산이 위치한 위수(渭水)와 더불어 우리나라에도 많은 영향을 주었다. 즉 우리나라에서도 서울의 남산과 한강의 별칭으로 사용했다. 당나라의 유명한 차인(茶人) 노동(盧仝)이 과거 시험에 낙방한 후 은거한 곳도 종남산이었다. 이처럼 육우가 중국의 차밭을 가장 먼저 산남에서 출발한 이유는 정확하게 알 수 없지만, 산남이 당나라 수도 장안에 위치하고 있기 때문일 것이다. 그러나 육우가 산남의 차밭 중에서 으뜸으로 꼽은 곳은 협주(峽州)의 원안현·의도현·이릉현의 산곡(山谷)이었다. 협주는 당나라 때는 산남동도이고, 지금 호북성 의창시에 위치한 곳이다. 게다가 이곳은 사천과 그다지 멀지 않다. 육우가 협주 다음으로 꼽은 차밭은 양주(襄州)의 남장현과 형주(荊州)의 강릉현 산곡이다. 양주와 형주도 산남동도에 위치하고 있으며, 협주와 인접한 곳이다.

　육우가 다음으로 언급한 산남의 차밭은 형주(衡州)의 형산과 다릉의 산곡이다. 형주는 중국 오악 중 호남성의 남악(南嶽)이 위치한 곳이고, 강남서도이다. 특히 다릉은 차와 관련한 지명이라는 점에서 주목할 만하다. 다릉은 근처의 다산(茶山) 때문에 생긴 지명이다. 다산은 경양산(景陽山) 혹은 운양산(雲陽山)이라 불렀다. 고조우(顧祖禹,(1631-1692)의『독사방여기요(讀史方輿紀要)』에 따르면, 다릉은 능 골짜기에 차가 많이 나서 생긴 이름이다. 육우가 다음으로 언급한 차밭은 금주(金州)의 서성과 안강 산곡, 양주(梁州)의 양성과 금우 산곡이다. 금주와 양주는 현재 사천성에 위치하고, 당나라 때 산남서도에 속한다,

　육우가 가장 먼저 언급한 산남 차밭의 중요한 특징은 모두 산곡에 위치한다는 점이다. 이는 강렬한 햇볕을 싫어하고, 적당한 그늘과 습기를 좋아하는 차나무의 생태와 밀접한 관련이 있다. 게다가 섬서성, 호북성, 호남성을 아우르는 산남의 차밭이 위치한 산곡은 태화산, 종남산, 다산, 형산 등의 산자락에 위치하고 있다. 산남 차밭의 이 같은 특징은 다른 지역의 차밭에서도 공통적으로 발견할 수 있다.

　육우가 두 번째로 언급한 차밭은 회남(淮南)이다. 회남은 회수(淮水)의 남쪽을 의미한다. 회수는 회하(淮河)의 옛 이름이고, 안휘성을 상징하는 이름이다. 그래서 안휘성을 '회', 호남성을 상수(湘水)의 '상(湘)'이라 부른다. 중국근대사에서 이홍장이 만든 군대를 일컫는 '회군(淮軍)'은 이홍장의

고향이 안휘성이기 때문에 붙인 이름이다. 회남은 당나라 때 회남도에 속한다. 육우가 언급한 회남에서 가장 좋은 차밭은 광주(光州)의 광산현과 황두항이며, 산남의 협주와 같은 수준이다. 다음은 의양군(義陽郡)의 의양현과 종선은 산남의 양주와 같으며, 서주(舒州)의 태호현과 잠산은 산남의 형주와 같다. 의양군과 서주는 지금의 하남성과 안휘성에 속한다. 육우가 다음으로 언급한 차밭은 수주(壽州)의 성당현 곽산은 산남의 형산과 같다. 수주는 지금의 안휘성에 속한다. 다음은 기주(蘄州)의 황매현 산곡과 황주(黃州)의 마성현 산곡은 산남의 형주와 양주와 같다. 기주와 황주는 지금의 호북성에 속한다. 기주의 황매현은 중국 불교를 탄생시킨 육조 혜능의 스승인 홍인이 수도한 곳으로도 유명하다. 황매현은 황매산에서 유래한 것이고, 이곳에 매화가 많아서 붙인 이름이다. 우리나라 경남 합천군의 황매산도 중국의 황매산에서 빌린 이름이고, 영암사지(靈巖寺址)가 있다.

 육우가 두 번째로 언급한 회남 차밭의 특징은 산남의 차밭과 비교한 점이다. 육우의 이러한 서술 방식은 이후의 차밭에 대해서도 똑같이 적용하고 있다. 육우의 이러한 서술 방식은 중국의 차밭을 정말 훤하게 파악하고 있지 않으면 불가능하다.

 육우가 세 번째로 언급한 차밭은 절서(浙西)이다. 『강희자전(康熙字典)』에 따르면, 절서의 '절'은 절강성의 중심 강인 전당강(錢塘江)의 물길이 '지(之)' 모양으로 꺾이는 '절(折)'같아서 생긴 이름이다. 그래서 절강을 '지강(之江)'이라 불렀다. 절서는 당나라 때 강남동도에 속한다. 절서 중 가장 좋은 차밭은 호주(湖州)의 장성현 고저산곡이며, 산남의 협주와 회남의 광주와 같다. 또한 호주의 산상사와 유사사, 천목산·백모산 현각령의 차밭은 산남의 양주와 형주, 그리고 회남의 의양군과 같다. 호주의 봉정산의 봉익각·비운사·곡수사와 탁목령의 차밭은 회남의 수주와 산남의 상주[형주(衡州)]와 같다. 그런데 『다경』의 '상주'는 육우가 다음에서 소개하고 있는 상주(常州)와 비교하면 오자임에 분명하다. 상주는 산남의 형주를 일컫는다. 호주의 안길현과 무강현 산곡의 차밭은 산남의 금주와 양주와 같다. 호주는 지금의 절강성 호주부이며, 호주의 '호'는 인접한 태호(太湖)에서 유래한 이름이다. 호주는 차밭도 유명하지만 뽕나무 밭도 유명한 곳이다. 육우가 다음으로 언급한 상주(常州)의 의흥현 군산 현각령 북쪽 고개의 차밭은 산남 형주와 회남 의양군과 같고, 권령(圈嶺)의 선권사와 석정사의 차밭은 회남의 서주와 같다. 상주는 지금의 강소성 상주부에 속한다. 절서 중에서 호주와 상주는 당나라 때 강남동도이다.

다음으로 선주(宣州)·항주(杭州)·목주(睦州)·흡주(歙州)의 차밭을 소개하고 있다. 선주의 선성현과 아산의 차밭은 회남의 기주와 같고, 태평현의 상목과 임목은 회남의 황주와 같다. 선주와 태평현은 지금의 안휘성에 속하고, 당나라 때 강남서도에 속한다. 항주(杭州)의 임안과 어잠현 천목산의 차밭은 회남의 서주와 같다. 전당의 천축사와 영은사, 목주의 동려현 산곡, 흡주의 무원 산곡의 차밭은 산남의 형주와 같다. 항주·목주·흡주는 모두 절강성 항주에 속하고, 당나라 때 강남동도에 속한다. 절서의 마지막에 언급한 윤주(潤州)의 강령현 오산과 소주(蘇州)의 장주현 동정산 차밭은 산남의 금주와 양주, 회남의 기주와 같다. 절서 차밭의 중요한 특징은 사찰의 차밭이 적지 않다는 점이다.

육우가 네 번째 소개한 검남(劍南)은 지금의 사천성 보령부(保寧府)의 대검산(大劍山) 자락과 면주(綿州)에 속한다. 당대에는 검남도북부(劍南道北部)에 해당한다. 대검산은 검문산(劍門山)이라 부르고, 대소(大小)가 있다. 산의 이름은 산봉우리가 마치 날카로운 검을 닮아서 붙인 것이다. 검남에서 가장 좋은 차밭은 팽주(彭州)이다. 팽주 중에서도 구롱현의 마안산 지덕사와 붕구의 차밭은 산남의 양주와 같다. 팽주의 차 산지인 구롱현은 구롱사에서 빌린 이름이자 북주(北周) 때 팽주 이전의 지명이다. 다음으로 좋은 차는 면주(綿州)와 촉주(蜀州)이다. 면주은 사천성의 수도인 성도부(成都府)와 북쪽으로 인접한 곳이다. 면주에서는 용안현(龍安縣)의 송령관(松嶺關)에서 나는 것이 산남의 형주 차와 같다. 서창(西昌)·창명(昌明)·신천현(神泉縣) 서산에서 나는 차도 함께 좋지만, 송령관 넘어 위치한 차는 적합하지 않다. 이는 면주의 차 기준이 송령관이라는 것을 의미한다. 송령관은 용안현의 관문이며, 용안현은 지금의 안현(安縣)이다.

안현은 부강(涪江) 지류인 안창강(安昌江) 상류에 위치하고 있다. 당나라 때 설치한 촉주는 지금의 숭경시(崇慶市)이다. 촉주의 '촉'은 사천성을 의미할 만큼 중요한 의미를 갖는다. 촉은 삼국시대 유비가 세운 '촉'에서 보듯이 사천성 성도부를 상징한다. 그래서 이곳에서 왕조를 세운 경우가 많았다. 촉주에서는 청성현(靑城縣) 장인산(丈人山)에서 나는 차는 면주와 같다. 장인산은 청성산의 다른 이름이다. 청성산을 장인산이라 부르는 것은 오제 중 한 사람인 헌원(軒轅) 황제(黃帝)가 오악(五岳)을 두루 다니면서 청성산을 오악장인(五岳丈人)에 봉했기 때문이다. 청성산은 중국의 시성(詩聖) 두보(杜甫)가 이곳에 머물면서 남긴 「장인산」의 시 때문에 더욱 유명하다.

> **「장인산(丈人山)」**
>
> 스스로 청성의 객이 되면서/自爲靑城客
> 청성 땅에 침을 뱉지 않았네./不唾靑城地
> 장인산을 사랑했기 때문에/爲愛丈人山
> 단숨에 계단에 올라 그윽한 정취를 느끼고 싶었네./丹梯近幽意

청성현에는 산차(散茶)와 목차(木茶)가 있다. 산차는 잎차를 의미하지만 당송시대에는 찻잎을 눌려서 만든 병차(餠茶) 혹은 단차(團茶)를 뜻한다. 『송사(宋史)·식화지하(食貨志下)』에는 산차의 산지로 회남, 귀주(歸州), 강남, 형호(荊湖) 등을 언급하고 있다. 목차는 송대부터 지금까지 말차(末茶)의 오자라는 지적부터 초차(草茶) 설을 비롯해서 매우 다양하지만 정답은 없다. 다만 목차는 『다경』에서만 등장한다. 공주(邛州)의 차는 청성현 다음이고, 아주(雅州)와 노주(瀘州)는 그 아래다. 백장산(百丈山)과 명산(名山)에서 나는 아주의 차와 노주의 노천(瀘川)에서 나는 차는 금주의 차와 같다. 미주(眉州)와 한주(漢州)의 차는 그 다음이다. 미주에서는 단릉현(丹稜縣)의 철산(鐵山)에서, 한주에서는 면죽현(綿竹縣)의 죽산(竹山)에서 생산되며, 절서의 윤주차와 같다.

육우가 다섯 번째로 언급한 차밭은 절동(浙東)이다. 절강동도(浙江東道)의 절동은 대부분 절강성에 해당한다. 절동에서 월주(越州)의 차가 가장 뛰어났다. 월주는 당대의 강남동도에 속했다. 그 중에서 여요현(餘姚縣) 폭포천령(瀑布泉嶺)에서 나는 차를 '선명(仙茗)'이라 불렀다.

당나라 월요완

여요현은 항주만에 인접한 곳이다. 월주는 당나라 때 청자로 유명한 곳이다. 월주의 가마, 즉 월요(越窯)는 상나라 말부터 청자로 유명했다. 월요의 청자는 당말에 전성기를 맞아 국내만이 아니라 해외까지 수출되었다. 육우는 월요에서 만든 작품을 천하제일로 꼽았다. 당대에 월요에서 만든 작품은 완(碗)·반(盤)·호(壺)·병(瓶)·잔탁(盞托)·분합(粉盒) 등 다양했다. 당 말에는 하화완(荷花碗)·하엽완(荷葉碗)·해당완(海棠碗) 등 완이 더욱 발달했다. 이같은 현상은 당대의 음다풍속과 밀접한 관련이 있었다. 여요 폭포천령에서 생산된 '선명'은 차를 신선에 비유한 최고의 찬사다. 선명은 해발 400미터 도사산(道士山)에서 나는 녹차이다. 차밭 주변에는 계곡 주변에 대나무 숲이 울창하다. 계곡과 대밭은 차가 성장하는 데 최적의 조건이다. 큰 잎은 다르지만 작은 잎은 산남의 양주차와 같다. 명주(明州)와 무주(婺州)차는 다음이다. 명주에서는 무현의 유협촌(楡筴村)에서, 무주에서는 동양현(東陽縣) 동목산(東目山)에서 나며, 산남의 형주와 같다. 태주(台州)는 그 다음이다. 태주는 천태산(天台山)에서 유래했으며, 천태산은 산의 모양이 태성(台星)을 닮아서 붙인 이름이다. 천태산은 중국의 천태종의 발상지이며, 우리나라에서도 중국에서 천태종을 도입했다. 태주에서는 풍현(豊縣) 적성(赤城)에서 생산되며, 절서의 흡주차와 같다.

　육우가 여섯 번째로 언급한 차밭은 검중(黔中)이다. 검중은 당나라 때 검중도(黔中道)이고, 지금의 귀주성에 해당한다. 검중의 차는 사주(思州)·파주(播州)·비주(費州)·이주(夷州) 등에서 난다. 그런데 육우는 검중의 차에 대해서는 산지를 제외한 다른 정보를 전혀 제공하지 않았다.

특히 검중의 차에 대해서는 다른 지역과 비교조차 하지 않았다. 육우의 이 같은 태도는 그가 귀주 차에 대한 정보를 제대로 갖고 있지 않았다는 의문을 갖게 한다. 육우가 언급한 사주의 준의(遵義)는 차 명산지다. 특히 묘족(苗族)자치구인 준의는 중국의 소수민족의 차 문화를 이해하는데 아주 중요한 지역이다. 아울러 귀주성의 흥의부(興義府) 청융현(晴隆縣)은 1980년에 신생대(新生代) 제3기의 사구차(四球茶) 다자화석(茶籽化石)의 발견 지역이다. 중국에서는 이곳의 차씨 발견을 계기로 귀주성을 차의 기원이라 선포했다. 청륭현은 운남성과 가까운 지역이다. '사구차'는 청융현과 가까운 보안(普安) 사구차가 유명하다. 그래서 귀주에는 이른바 고차수(古茶樹)가 아주 많이 남아 있다. 검주의 차에 대해서는 북송 황정견(黃庭堅, 1045-1105)의 「완랑귀(阮郎歸)」에서도 확인할 수 있다.

> **「완랑귀(阮郎歸)」**
>
> 검중은 복숭아와 자두 꽃향기 가득하지만, 차농의 손은 바쁘기만 한데/ 黔中桃李可尋芳 摘茶人自忙
> 월단과 서과는 원방(圓方)을 다투고, 연고차에는 탄 향기 스며있네./ 月團犀腌鬪圓方 硏膏入焙香
> 푸른 대껍질에 싸고 붉은 강사포로 포장하니 높은 품질 장강까지 퍼지고/ 青箬裹 绛纱囊 品高聞外江
> 술 마시고 녹의홍상 입고 춤추고, 도유차 마시니 봄의 정취 오래도록 남아있네./酒闌傳碗舞紅裳 都濡春味長

황정견이 시에서 언급한 검중의 차는 '도유차'이다. 도유는 귀주 무천현(務川縣)에 속한 진(鎭)이다. 도유는 이곳 도유수(都濡水) 때문에 생긴 이름이다. 도유차는 월토차(月兎茶)라 부른다. 강서성 출신 황정견이 검중의 차를 언급한 것은 '신종실록사화(神宗實錄史禍)에 연루했기 때문이었다. 「완랑귀」은 한나라 명제(漢明帝) 때 유신(劉晨)과 완조(阮肇) 두 사람이 천태산(天台山)에 약초를 캐러 갔다가 선녀(仙女)를 만나 극진한 환대를 받고 돌아온 전설을 소재로 만든 노래를 의미한다.

육우가 일곱 번째로 언급한 차밭은 강남(江南)이다. 당대의 강남은 강남동도와 강남서도로 나뉘었다. 육우가 차 산지로 언급한 강남의 악주(鄂州)·원주(袁州)·길주(吉州) 등은 강남서도에 해당한다. 악주는 호북성 무한, 원주는 강서성 의춘, 길주는 강서성 길안에 해당한다. 청대의 강남은 양자강 이남에 해당하는 강소성의 송강부·소주부·상주부·강령부와 절강성의 호주부·항주부·가흥부·소흥부를 지칭한다. 육우는 강남에 대해서도 검중과 같은 방식으로 처리했다.

육우가 마지막으로 언급한 차밭은 영남(嶺南)이다. 당대에는 영남도동부(嶺南道東部)와 영남도서부(嶺南道西部), 그리고 계주용주부근(桂州容州附近)으로 나뉘었다. 육우가 차 산지로 언급한 복주(福州)·건주(建州)·소주(韶州)·상주(象州) 중 복주와 건주와 소주는 영남도동부에, 상주는 계주용주부근에 속한다. 육우는 영남의 차밭에 대해서도 검중과 강남과 같은 방식으로 처리했지만 복주의 민방산(閩方山) 음현(陰縣)의 차를 소개했다.

송대의 차밭

송대의 차밭과 관련해서 주목할 것은 황제 전용 차밭이다. 황제 전용 차밭이 송대 이전까지 존재하지 않다가 송대에 등장한 것은 송대의 차전매와 밀접한 관계가 있다. 게다가 차전매는 송대의 국가재정 확보 차원에서 진행한 것이지만 차의 소비도 그만큼 늘었기 때문이다. 전매는 소금처럼 소비 없이는 불가능하기 때문이다. 송대 황제 진용 차밭은 휘종 때 북원(北苑)이었다. 북원 차밭에서 만든 것을 '북원차(北苑茶)'라 부른다. 북원차는 복건성 건주(建州)에서 만들기 때문에 '건차(建茶)' 혹은 '건안차(建安茶)'라 부른다. 건주는 송대 때 복건로에, 현재 복건성 건령부(建寧府)에 속한다.

송대 웅번(熊蕃)의 『선화북원공차록(宣和北苑貢茶錄)』은 황제 전용 차밭에 대한 가장 기본적인 사료다. 『선화북원공차록』의 '선화'는 북송 휘종의 연호(1119-1125) 중 하나이다. 휘종은 스스로 『대관다론(大觀茶論)』을 쓸 만큼 차에 대한 관심이 아주 높았다. 『선화북원공차록』은 휘종이 『대관다론』을 완성한 뒤에 출간되었다. 『대관다론』의 '대관'은 휘종의 또 다른 연호(1107-1110)였다. 『선화북원공차록』의 '공차'는 차를 조공한다는 뜻이다. 따라서 『선화북원공차록』은 휘종의 선화연간 북원의 차를 조공한 기록을 뜻한다. 웅번이 『선화북원공차록』을 쓴 것은 그가 북원과 가까운 복건의 건양(建陽) 출신이라는 점과 밀접한 관련이 있다. 그는 북원의 공차가 어떤 상황인지를 직접 볼 수 있는 곳에서 살았던 것이다. 아울러 그가 『선화북원공차록』을 집필할 수 있었던 것은 아버지가 정리한 공다 관련 기록과 더불어 『어원채다가(御苑採茶歌)』 10수(首) 덕분이었다.

　웅번이 『선화북원공차록』을 집필한 동기 중 하나는 공차인 건안차가 당나라 육우의 『다경』과 당나라 배문(裴汶)의 『다술(茶述)』에서 제대로 평가하지 않았기 때문이었다. 육우는 건주에서 차가 난다는 사실만 언급했고, 배문은 건양의 조공차가 고저(顧渚)·기양(蘄陽)·몽산(蒙山) 다음이라 평가했다. 북송의 황제가 차의 조공을 실시한 것은 자신들이 서민들이 마시는 차와 차별화하기 위해서였다. 그래서 가장 좋은 차밭을 정한 뒤에 그곳에서 자신들을 위한 차를 만들도록 했다. 북원에 황제 전용 차밭을 만들었다는 것은 그 만큼 이곳의 차가 중국에서 가장 뛰어나다는 뜻이다. 북원은 바로 복건성의 차를 상징하는 무이산(武夷山)과 가까운 곳이다.

　남송 조여려(趙汝礪)의 『북원별록(北苑別錄)』은 복건 건안의 황제 전용 차밭에 대한 구체적인 정보를 담고 있는 다서다. 그러나 조여려에 대한 정보는 북송의 창업자 조광윤(趙匡胤)의 집안 사람이라는 사실 외에는 거의 전하는 것이 없다. 『북원별록』은 1186년에 간행했다. 『북원별록』은 제목에서 알 수 있듯이, 황제 전용 차밭인 북원에 대한 부록을 의미한다. 책 제목을 부록으로 삼은 것은 『선화북원공차록』을 보완한 작품이기 때문이다. 『북원별록』의 첫 문장에는 북원의 차밭의 위치를 아주 자세하게 묘사하고 있다.

> 건안 동쪽 30리에 봉황이라는 산이 있다. 그 아래가 바로 북원이며, 옆에는 여러 차 공장이 연이어 있다. 그 토양은 붉고, 그 차는 오직 최고 중의 최고다. 태평흥국 연간(976-984)에 처음 어용차 공장이 되었으며, 해마다 용과 봉새의 본을 박아 공물을 대광주리에 담아 바쳐 진기하고 특이한 것이라는 것을 나타냈다. 경력연간(1041-1048) 전운사는 그 일을 더욱 중시해서 품목과 수량이 날로 늘어났으며, 만드는 법도 면밀해졌다. 오늘날의 차로서는 북원에서 진상되는 것이 천하에서 홀로 으뜸가는 것이라서 만간에서는 얻을 수 없다. 바야흐로 봄의 벌레들이 움직여 의좋게 모여들 때 천 여 명의 일꾼들이 천둥이 울리듯이 와글와글 떠들어대어 한 때의 성황은 참으로 훌륭한 경치가 아닐 수 없다. 그래서 건안 사람들은 "건안에 와서 북원에 가보지 않으면 건안을 보지 않은 것과 같다"고 말한다.

『북원별록』에서 언급한 황제의 차밭인 어원(御園)은 46곳이었다.

구과이십농(九窠二十壠)·맥과(麥窠)·양원(壤園)·용유과(龍游窠)·소고죽(小苦竹)·고죽과(苦竹裏)·계수과(鷄藪窠)·고죽(苦竹)·고죽원(苦竹源)·오서과(鼯鼠窠)·교련농(敎練壠)·봉황산(鳳凰山)·대소한(大小扞)·횡갱(橫坑)·원유농(猿游壠)·장갱(張坑)·대원(帶園)·배동(焙東)·중력(中曆)·동제(東際)·서재(西際)·관평(官平)·석쇄과(石碎窠)·상하관갱(上下官坑)·호등과(虎滕窠)·누농(樓壠)·초과(蕉窠)·신원(新園)·천루기(天樓基)·원갱(院坑)·증갱(曾坑)·황제(黃際)·마안산(馬安山)·임원(林園)·화상원(和尙園)·황담과(黃淡窠)·오언산(吳彦山)·나한산(羅漢山)·수상과(水桑窠)·동장(銅場)·사여원(師如園)·영자(靈滋)·원마원(苑馬園)·고여(高畬)·대과두(大窠頭)·소산(小山)

---

(2) 현대의 차밭과 생산 및 유통

중국의 차 밭과 차 생산량 및 수출량

중국은 대부분 지역에서 차를 생산하지만, 지역마다 차 규모와 생산량도 다르다. 여기서는 중앙은행경제연구처편(中央銀行經濟研究處編)『화차대외무역지회고여전첨(華茶對外貿易之回顧與前瞻)』(1935)에 의거해서 중국

내지의 차 생산지와 함께 시기별 생산량과 수출량을 살펴보고자 한다. 중국 내지 18개 성(省) 중에서 차를 생산할 수 있는 곳은 16개 성이다. 그중 주요 지역은 안휘, 강서, 호남, 호북, 복건, 절강 등 6개 성이고, 그 다음은 사천, 운남, 광동 등 3개 성이고, 그 다음은 강소, 광서, 귀주, 하남, 산동, 감숙, 섬서 등 8개 성이다. 다음은 각 성별 차 생산지이다.

<표13> 1940년 중국 각 성별 차 생산 지역

행정 구역	생산 지역
안휘성	적계, 흡현, 기문, 무원, 이현, 휴령, 추포, 영국, 곽산, 봉양, 태평, 여강(12현)
강서성	덕안, 서창, 부량, 팽택, 영도(寧都), 수수, 신건, 진현, 봉신, 정안, 성자, 영수, 청강, 신유, 공현, 회창, 심오(尋鄥), 상요, 광풍, 익양, 횡봉, 숭인, 영풍, 수천, 남성, 무령, 도창, 안의, 신금, 흥국, 신풍, 안원, 옥산, 연산, 귀계, 임천, 동향, 태화, 남풍, 의춘, 평향, 숭의, 상고, 분의, 남강, 길안, 고안, 의풍, 정남(49현)
호남성	임상(臨湘), 악양, 평강(平江), 익양, 상담, 예릉, 안화, 유양, 상음, 상현, 동원, 상덕, 산화, 석문, 장사, 영향, 다릉, 영릉, 기양, 무강, 형양, 형산, 원강(沅江), 회동, 검양, 영명, 자리, 보경(28현)
호북성	통성, 함령, 숭양, 한양, 포기(浦圻), 통산, 양신, 의도, 흥산, 황안, 나전, 장양, 오봉, 의창, 남장, 곡성, 균현, 광제, 황매, 근성(靳城), 근수, 은시, 이천, 운현, 죽산, 의은, 함풍, 건시, 안륙, 응성, 잠강, 학봉, 상양, 원안, 대야(35현)
복건성	사현, 민후, 숭안, 건구, 정화, 송계, 건녕, 양건, 민청, 광택, 사현, 영안, 순창, 장락, 우계, 복정, 복안, 하포, 수녕, 영덕, 나원, 고전, 병남, 안계, 장평, 영양(26현)
절강성	소흥(평수진), 승현, 상우, 소산, 제기, 여요, 신창, 항현, 여항, 임안, 영파, 온주, 처주, 호주, 금화, 가흥(16현)
사천성	관현, 안현, 무현, 고현, 의빈, 병산, 서영, 무공, 개현, 노현, 영원, 수안, 용안, 가정, 아주, 기주, 순경(18현)

운남성	곤명, 나평, 의량, 난창, 불해, 순녕, 이무, 오복, 쌍강, 진강, 강성, 운현, 대관, 광남, 사모, 보산, 경곡, 경동, 원강, 신평, 진원(21현)
광동성	번우, 남해, 고요, 학산, 청원, 혜양, 연평, 자금(8현)
강소성	상주, 진강, 송강, 강녕, 양주(5현)
광서성	오주, 평낙, 계림, 유주(4현)
귀주성	오주, 평낙, 계림, 유주(8현)
하남성	고시, 상성, 광산, 신양, 나산(5현)
산동성	제령, 내무, 등주(3현)
감숙성	난주, 공창(鞏昌)(2현)
섬서성	자양(1현)

강서성은 중국에서 차를 가장 많이 재배하고 있는 지역이지만, 각 지역의 생산량은 정확하게 알 수 없다. 다만 19세기 중엽부터 20세기 초까지 중국의 수출량과 세계 각국의 수입량을 살펴보고자 한다. 우선 1866-1917년간 중국 차 수출량은 다음과 같다.

<표14> 1866-1917년간 중국 차 수출량(단위: 담)

1866-1870	1,381,494
1871-1875	1,725,166
1876-1880	1,931,106
1881-1885	2,057,384
1886-1890	2,004,934
1891-1895	1,784,308
1896-1900	1,559,744
1901-1905	1,4350-056
1906-1910	1,529,926
1911-1915	1,532,952
1916	1,542,633
1917	1,125,535

위의 표는 1866-1917년 51년 동안 5년마다 수출량의 추이이다. 중국 차를 가장 많이 수출한 기간은 1881-1885년 간이다. 이 기간 동안 차 수출량의 추이를 보면 1886년부터 1890년까지 증가하다가 그 이후 점차 줄더니 1917년에는 절반으로 줄었다. 다음은 1882-1917년 동안 중국차의 세계 각국 수출량을 살펴보면 다음과 같다.

<표15> 1882-1917년 중국차의 세계 각국 수출 비율(%)

국가 연도	영국	홍콩	호주	미국	러시아	기타
1882	50.36	8.28	7.37	12.95	19.18	1.86
1883	50.80	7.88	5.75	13.78	30.35	2.44
1884	47.67	6.93	6.92	13.55	22.24	2.69
1885	47.52	8.44	7.78	13.47	20.31	2.48
1886	42.82	7.03	6.76	13.73	27.02	2.64
1887	37.87	8.22	8.11	13.08	30.98	3.74
1888	32.88	7.15	8.78	14.44	32.25	4.51
1889	33.40	7.21	8.38	16.39	29.69	4.93
1890	26.91	7.01	7.17	16.63	36.30	5.98
1891	25.10	6.01	6.45	16.83	38.84	6.77
1892	23.01	8.82	7.82	19.60	34.12	6.63
1893	21.39	6.14	5.36	19.94	39.84	7.33
1894	17.47	5.53	4.58	22.90	44.02	6.50
1895	14.26	4.28	4.83	17.72	52.22	6.69
1896	13.57	4.63	2.91	13.98	56.65	8.26
1897	16.96	3.80	2.33	14.43	56.45	6.03
1898	13.74	4.29	2.94	10.77	61.50	6.76
1899	15.39	3.44	2.98	14.24	56.70	7.25
1900	10.39	4.94	3.51	19.62	51.17	10.37

1901	12.44	4.67	1.16	16.88	54.60	10.29
1902	7.83	5.21	0.05	19.85	59.56	7.60
1903	12.28	7.28	0.19	19.44	50.70	10.11
1904	25.29	7.95	0.56	15.57	29.33	21.40
1905	26.06	6.11	0.14	13.30	43.86	10.53
1906	6.21	6.51	0.15	10.83	66.89	9.41
1907	9.77	6.16	0.44	12.53	61.41	9.69
1908	7.50	5.69	0.39	13.24	61.23	11.95
1909	5.82	6.89	0.27	14.15	61.22	11.65
1910	8.28	7.10	0.48	9.43	62.42	12.29
1911	10.10	7.97	0.55	8.96	56.53	15.89
1912	6.61	6.47	0.73	10.63	56.67	18.89
1913	5.28	7.17	0.77	9.97	62.83	13.98
1914	9.41	5.81	0.52	11.40	60.35	12.51
1915	9.95	6.66	0.86	7.72	65.24	9.98
1916	7.79	8.40	0.16	9.44	68.06	6.15
1917	3.11	6.97	0.05	15.25	65.18	9.44

1882-1917년 간 35년 동안 중국 차를 수입한 국가는 시기마다 다르다. 우선 1882-1889년까지 영국이 중국 차를 가장 많이 수입했지만, 1890-1917년까지 러시아가 중국 차를 가장 많이 수입했다. 반면 미국은 이 기간 동안 중국 차를 거의 같은 양을 수입했다. 특히 영국의 중구 차 수입은 1891년부터 절반으로 급감한 반면 러시아는 배로 급증한다. 이 같은 현상은 인도와 실론차의 생산과 영국 수출 때문이었다. 이 같은 현상은 다음에서 보듯이 1929-1933년까지 이어졌다.

<표16> 1929-1933년 국가별 중국차 수입량(단위: 담)

년도 국가	1929	1930	1931	1932	1933
러시아	373,280	222,181	240,824	230,262	228,451
북아프리카	184,629	138,791	161,868	163,829	164,780
영국	62,826	65,934	56,437	40,747	58,946
홍콩	114,389	92,736	90,279	81,246	50,229
인도	35,921	25,834	26,292	20,996	32,725
싱가포르	12,397	8,472	7,168	6,395	5,933
미국	57,888	63,085	65,957	51,459	64,393
프랑스	36,255	10,362	15,828	21,951	31,039
독일	18,858	10,824	8,132	8,563	10,951
네덜란드	11,089	11,005	7,707	5,194	6,312

　1929-1933년 4년간 중국 차를 가장 많이 수입한 국가는 러시아였다. 러시아는 1890년부터 이 기간까지 중국 차를 가장 많이 수입한 국가였다. 이 기간 영국의 중국 차 수입량은 1890년 이후부터 줄어든 현상이 유지되었다. 반면 이 기간 동안 중국 차를 많이 수입한 국가는 북아프리카와 홍콩이었다. 다음으로 중국의 차를 종류별 수출량을 살펴보면 다음과 같다.

<표17> 1918-1933년 중국 차 종류별 수출량(단위: 담)

종류 년도	홍차	녹차	전차	기타	총계
1918	174,961	150,710	75,160	3,385	404,217
1919	288,796	249,711	143,394	8,352	690,155
1920	127,832	163,984	11,695	2,395	305,906
1921	136,578	267,616	23,546	2,588	430,328
1922	267,039	282,988	22,616	3.430	576,073
1923	450,686	284,630	8,613	57,488	801,417

1924	402,776	282,314	19,382	61,463	765,935
1925	335,583	324,564	141,917	30,944	833,008
1926	292,527	329,197	141,872	75,721	839,317
1927	248,858	333,216	173,148	116,954	872,176
1928	269,615	306,765	256,712	92,930	926,022
1929	294,563	350,055	242,677	60,435	947,730
1930	215,079	249,779	182,386	46,804	694,048
1931	171,466	293,526	166,643	71,571	703,206
1932	147,067	274,707	211,676	20,106	653,556
1933	162,346	288,496	185,141	57,774	693,757

1918-1933년 15년 동안 중국에서 가장 많이 수출한 차는 녹차-홍차-전차 순이다. 아울러 이 기간 중 가장 많은 차를 수출한 해는 1929년이며, 대체로 1923년부터 1929년까지 수출량이 크게 늘어났다가 그 이후부터 점차 줄기 시작했다. 중국의 차 종류별 수출을 국가별로 살펴보면 다음과 같다.

<표18> 1929-1933년 국가별 중국 홍차 수입량(단위: 담)

년도 국가	1929	1930	1931	1932	1933
영국	55,666	53,230	48,345	32,986	45,483
홍콩	52,530	44,136	36,991	45,473	22,343
러시아	70,870	17,187	29,649	1,990	23,555
북아프리카	26,310	18,535	2,311	13,505	3,304
미국	19,832	21,194	17,279	19,587	27,275
독일	18,466	10,596	5,682	8,418	10,557
네덜란드	10,847	10,688	7,639	5,123	6,051
프랑스	7,613	5,455	6,749	7,200	6,646
싱가포르	10,011	7,574	4,145	2,382	1,162
인도	6,536	6,790	685	3,885	165

<표19> 1929-1933년 국가별 중국 녹차 수입량(단위: 담)

년도 국가	1929	1930	1931	1932	1933
북아프리카	146,516	109,856	143,369	149,717	155,602
미국	37,800	36,644	45,984	31,005	35,986
홍콩	47,515	35,625	32,304	27,181	18,402
러시아	60,266	23,039	29,519	16,837	16,822
인도	9,754	14,477	19,302	15,302	21,926
프랑스	25,548	13,244	8,114	14,460	11,453
영국	1,988	3,694	2,451	1,402	1,882
싱가포르	2,065	796	2,902	4,179	4,630

<표20> 1929-1933년 국가별 중국 전차 수입량(단위: 담)

년도 국가	1929	1930	1931	1932	1933
러시아	242,578	181,013	165,141	211,435	178,798
홍콩		53	1,498	42	
미국	95	1,217			
영국				122	17

1929-1933년 동안 중국의 홍차를 가장 많이 수입한 국가는 영국-홍콩-러시아 순이었다. 러시아는 1929년 중국의 홍차를 가장 많이 수입했지만 그 이후 급감했다. 반면 영국과 홍콩은 큰 변동이 없었다. 1929-1933년 동안 중국의 녹차를 가장 많이 수입한 국가는 북아프리카-미국-홍콩-러시아 순이었고, 전차의 경우는 러시아가 압도적으로 많았다.

운남과 사천의 차밭과 생산 및 수출

중국 차밭 중에서 반드시 살펴야 할 곳은 차의 원산지에 해당하는 운남성과 사천성이다. 운남성은 19개 현에서 차를 생산하지만 곤명현 10리 포(舖)에서 생산되는 차가 가장 좋았다. 중국 최남단에 위치한 운남성은 중국의 차를 대표하는 '보이차(普洱茶)'의 산지이다. 보이차의 '보이'는 보이부(普洱府)에 속한 지명이다. 보이의 '보'는 이족(彝族)의 조상을 의미하고, '이'는 이족의 조상이 살았던 곳을 뜻한다. 보이는 원나라 때 포이참(浦二站)을 설치한 데서 유래했다. 보이와 더불어 운남의 차를 대표하는 곳은 보이부의 맹해(勐海)다. 맹해는 보이부에서도 가장 남쪽에 위치하고 있다. 맹해는 서쌍판납 태족(傣族) 자치구이다. 맹해는 맹해(勐咳)에서 유래했다. 맹해는 사나운 사람들이 사는 곳을 뜻한다.

운남성이 중국의 차밭을 대표할 수 있는 배경 중 하나는 기후와 토양 덕분이다. 운남성의 경우 남쪽은 위도와 해발이 낮고, 북쪽은 위도와 해발이 높아 남북 지표 열량의 차이가 심한 곳이다. 기후도 중국 남쪽과 북쪽의 유형을 두루 갖추고 있다. 그래서 1년 내내 서리가 내리지 않는 저열하곡구(低熱河谷區)가 있는가 하면 항상 저온 상태에 있는 고한산구(高寒山區)도 있다. '십리 안에 있지만 각기 하늘이 다르다'는 속담은 운남성의 기후를 잘 나타내준다. 그러나 전반적으로 운남성은 낮은 위도 탓에 사계절 내내 일조량의 변화가 적다. 또한 운남성의 연평균 온도는 섭씨 17~22°C이며, 연평균 강우량은 1,200~1,800mm이다. 이 같은 조건은 운남의 찻잎이 대엽종(大葉種)인 까닭이기도 하고, 보이차의 성분을 제공하기도 한다. 차나무의 생장, 체내 물질의 대사에 가장 크게 영향을 미치는 요소는 햇빛과 온도와 습도이다. 특히 햇볕은 카테킨의 총량이나 폴리페놀 혼합체 조성에 아주 큰 영향을 준다. 햇빛이 강하고 일조량이 많을수록 카테킨 함량은 증가하며, 그 중에서도 에스테르형 카테킨의 증가가 아주 뚜렷하다. 위도가 낮은 운남성은 일조량이 많아서 찻잎이 폴리페놀 물질을 축적하는데 유리하다.

사모(思茅)는 보이차의 또 하나의 명소이다. 사모는 태족의 언어로 '새로운 성진(城鎭)'을 뜻한다. 그래서 사모에는 은생성(銀生城)이 있었다. 운남의 고지명은 '전(滇)'이다. 이는 운남에 전족이 세운 전국(滇國,

기원전 277-기원전115) 때문에 생겼다. 운남의 이른바 고차(古茶) 산지는 대리(大理)에 수도를 둔 남조(南詔, 649-902) 이래 서쌍판납, 사모, 임창(臨滄), 보산(保山), 덕굉(德宏), 대리 등이다. 이곳들은 현재 보이차의 주요 산지와 일치한다. 그러나 남조시대에는 찻잎에 초피나 생강 등을 섞어서 달여 마셨다. 따라서 차가 차지하는 비중은 높지 않았다.

운남의 차가 경제에서 큰 비중을 차지한 시기는 청대였다. 청대 운남의 차 생산지 중에서 큰 비중을 차지한 지역은 6곳, 즉 유락(攸樂), 혁등(革登), 의방(倚邦), 망지(莽枝), 만전(曼專), 만철(慢撒) 등이었다. 그러나 청정부가 운남의 차에 대해 세금을 부과한 것은 강희 22년(1683)이었지만, 이때는 차에만 부과한 것이 아니라 다른 품목과 함께 부과했다. 청 정부가 운남의 차에만 세금을 부과한 것은 옹정13년(1735)이었다. 청 정부는 운남의 차에 세금을 부과하기 전에 옹정 7년(1729) 보이부를 설치하고 사모와 서쌍판납을 관할한 후 운귀총독(雲貴總督) 악이태(鄂爾泰)로 하여금 사모에 찻집[茶店]을 열도록 하고, 찻잎을 관리하도록 했다. 청 정부가 운남의 차에 부과한 세금은 100근 당 은(銀) 3전 2푼이었다. 가경연간(嘉慶年間, 1796-1820)에는 100근당 은 4전 5푼으로 올랐다. 18-19세기 보이차의 생산은 상당히 높았던 편이다. 이 시기 서쌍판납의 차 생산량은 8만 담[擔: 2석(石)], 그 중에서도 맹해, 맹차(勐遮)의 1년 생산량은 4만 담, 맹석(勐臘), 이무(易武), 상명(象明)의 1년 생산량은 2만 담, 차리유락산(車里攸樂山), 대맹농(大勐籠), 맹송(勐宋) 등지의 1년 생산량은 0.5만 담, 보문(普文), 육순(六順), 맹왕(勐旺) 등지의 1년 생산량은 1만 담, 곤산(昆山) 등지의 1년 생산량은 0.4만 담이었다. 그러나 광서 말 보이차의 생산량은 8만 담에서 5만 담으로 떨어졌다.

완복(阮福, 1801-1875)에 따르면, 보이차는 천하에 유행했으며, 맛도 최고였으며, 북경에서도 매우 중하게 여겼다. 보이차는 원료와 가공도 달랐으며, 찻잎도 모첨(毛尖), 아차(芽茶), 소만차(小滿茶), 곡화차(谷花茶), 긴단차(緊團茶), 여아차(女兒茶), 금월천(金月天) 등 서로 다른 품종이 있었다. 이처럼 보이차의 명성을 높이는데 중요한 역할을 담담한 자가 바로 한족 상인이었다. 한족 상인들은 서쌍판납에 들어와서 차 무역을 했다. 예컨대 건륭연간(乾隆年間, 1736-1796) 한족의 임안부(臨安府) 석병(石屛)의 상인은 이무에서 차를 판매했다. 이후 등월(騰越), 하관(下關), 옥계(玉溪), 사모 등지의 한족 상인들도 맹해와 맹차 등지에 가서 차업을 경영했다. 게다가 다른 성의 상인들도 운남에 와서 차를 판매했다. 보이차 중에서도 아주 좋은 제품인 '공차(貢茶)'는 북경에 들어갔고, 나머지 제품은 운남성을 비롯해서 다른 지역에 판매되었다. 보이차 외에 운남성의 차밭은 난창강(瀾滄江) 양안(兩岸), 노강산맥(怒江山脈) 아래의 봉경(鳳慶)과 쌍강(雙江)도 유명했다. 이곳은 보이부와 인접한 순녕부(順寧府)에 속한다. 그중에서도 봉경차와 맹고차(勐庫茶)가 유명했다. 봉경과 쌍강의 찻잎은 대부분 대리부의 하관으로 운반한 후 타차(坨茶)와 병차(餠茶)로 만들어 사천과 티베트로 판매되었다.

운남에는 지금도 고차수가 적지 않다. 그중에서도 운남성 진원주(鎭沅州) 천가채(千家寨)에 살고 있는 이른바 '차수왕(茶樹王)' 중 한 그루의 나이는 2700살, 또 한 그루의 나이는 2500살이다. 또한 서쌍판납에는 1700살의 고차수가 살고 있다. 이곳 차나무는 해발 1800미터-2000미터에 살고 있다. 대리부 위보산(巍寶山)에는 명말 어떤 도인이 위보산 주군각(主君閣: 靈官殿) 심었다는 300살의 위보산 고산차(古山茶)가 있다. 해발 2500미터에 살고 있는 이곳 차나무의 높이는 17.5미터이다. 또한 대리부 영평(永平) 대하구(大河溝)에는 '대엽차(大葉茶)'라 불리는 810살의 차나무가 살고 있다. 이 차나무에서는 매년 60년의 찻잎을 딴다. 이곳 차나무도 '차수왕'이라 불린다.

1939년 사천성의 차 조사보고에 따르면, 사천의 차산지는 전체 지역이지만 대규모 농가는 없었다 사천의 차 밭은 주로 서부 및 서남서북의 고산지대에 집중되어 있고, 중부 평원지대에는 생산되지 않았다. 민강(岷江) 중하류 서안(西岸), 문천(汶川)에서 의빈(宜賓)에 이르는 연안의 아안(雅安), 관현(灌縣), 형경(滎經), 천전(天全), 공협(공峽), 명산(名山) 등 각 현이 그 중심이다. 민강은 양자강 상류의 지류이다. 민강에는 전국시기에 사천성의 수도인 성도평원(成都平原)의 관개 수리사업을 위해 세운 도강언(都江堰)이 있는 곳이다.

사천의 차밭 중 서로(西路)는 관현(灌縣), 대읍(大邑), 십방 등이며, 복안(腹岸)에 판매 시장이 있었다. 이곳에서 생산한 차는 서로차(西路茶), 변안(邊岸)의 차는 서로변차(西路邊茶)라 불렸다. 남로(南路)는 가정(嘉定) 하류 아미(峨眉), 건위(犍爲), 마변(馬邊), 협강(夾江), 병산(屛山), 균연(筠連), 고현(高縣) 등이며, 이곳에서 생산한 차를 '하하차(下河茶)'라 불렀다. 서북로는 안현(安縣), 평무(平武), 북천(北川), 문천(汶川)이며, 이곳에서 만든 조차(粗茶)는 유목민의 거주지인 서로에서 판매되었다. 동로는 만현(萬縣), 양산(梁山), 달현(達縣), 충주(忠州) 등이며, 섬서와 외국에 판매되었다. 19세기 중엽 사천에서는 매년 30만담 전후의 차를 생산했다.

복건과 절강의 차밭과 생산 및 수출

복건성은 북송 때 황제의 전용 차밭이 있었을 만큼 중국에서도 유명한 차 산지다. 복건성의 무이산은 중국 청차의 주요 산지로 유명하다. 무이산을 개벽한 사람은 진나라의 유소경(劉少公)으로 알려져 있다. 특히 무이산에서도 숭안현(崇安縣)의 동목관(桐木關)은 무이암차의 본산이다. 무이산의 차가 유명한 것은 무이산의 기후와 함께 토양이다. 특히 무이산의 바위 토양은 이른바 무이암차의 탄생 배경이다. 이같은 사실은 1944년 중국 왕택농(王澤農)의 논문 「무이차암토양(武夷茶岩土壤)」에서 확인할 수 있다.

유소공 무이산 개벽 그림

하문

    복건의 차나무는 본지에서 양력 10월경에 채취한 차 씨로 재배했다. 차씨는 수확 후 양지바른 웅덩이에 묻었다가 이듬해 봄에 파종했다, 복령부의 경우 산에서 차나무를 재배하는 농가는 토지를 깊게 갈고 흙을 고르게 부수어서 직경 1척 거리로 구멍을 판 후 인분과 오줌 등을 넣고 차 씨를 심었다. 차 씨는 한 구멍에 6-13개 정도 넣었다. 그 다음에는 진흙 재로 종자가 드러나지 않도록 덮었다. 종자를 덮지 않으면 발아가 잘 되지 않았기 때문이다. 싹은 차 씨를 심은 뒤 2년 정도 지난 후에 나온다. 차 씨에서 발아한 묘목은 다시 다른 곳으로 옮겨 심는다. 옮겨 심을 때는 3그루-8그루정도이다. 묘목을 옮겨 심은 후 김매기도 빼놓을 수 없는 작업이다. 김매기는 1년에 대략 2차례, 한 차례는 양력 3월정도, 2차례는 양력 8-9월에 진행한다.

    가지치기는 차나무 성장에 아주 중요한 작업이지만, 적지 않은 농가에서 꺼렸다. 가지를 자르면 당장에 찻잎을 딸 수 있는 양이 부족했기 때문이었다. 옮겨 심은 차나무에서ㅏ 찻잎을 따기 위해서는 4년 정도를 기다려야만 한다. 그러나 4년 정도 자란 차나무에서는 1년에 1차례 정도만 잎을 딸 수 있다. 잎을 자주 따면 광합성 작용을 제대로 할 수 없어서 생장에 지장을 줄 수 있기 때문이다. 그래서 매년 3-4차례 정도 잎을 따기 위해서는

7-8년을 기다려야 한다. 7-8년을 기다린 후 처음 따는 찻잎은 청명전후에서 입하까지이며, '두차(頭茶)'라 부르고, 찻잎 중에서 품질이 가장 좋아서 가격도 높다. 2차는 망종에서 하지까지이며, '이차(二茶)'라 부른다. 그러나 더운 날씨 탓에 품질이 떨어져 가격도 낮다. 그러나 '이차'는 품질이 떨어지지만 대서에서 추분까지 따는 '삼차(三茶)'를 위해서라도 생략하면 곤란하다. 삼차가 이차보다 품질이 좋은 것은 이차 덕분에 잎이 왕성하게 자랐기 때문이다. 찻잎은 사람의 능력에 따라 생산량이 다르지만 한 사람이 매일 많게는 15근, 적게는 6-7근 정도 가능하다. 비용은 근으로 계산하며, 매근 30문(文)-40문이다. 찻잎을 딸 때 가장 바쁠 때는 2차이다. 한 사람당 인건비는 3각(角)이지만, 농번기 때는 3각 5푼이다. 각 농가에서는 1무(畝)당 20명 정도 필요했다.

당송시대 복건은 북원의 어차(御茶)의 생산 지역이었다. 북원은 건령부(建寧府) 건안현(建安縣) 동부에 위치하고 있다. 원명(元明) 때 무이산 어차원(御茶園)이 주목을 받기 시작했다. 이는 무이산의 차밭이 북원의 차밭을 대신해서 어차원으로 성장했다는 것을 의미한다. 그런데 명대 중엽 무이산의 어차원은 폐지되고 민간의 차 산업이 시작되었다. 무이산의 차밭 규모는 명 가정연간(嘉靖年間, 1522-1566) 숭안현 출신의 구운소(邱雲宵)의 「무이차(武夷茶)」에서 확인할 수 있다. 그의 시에 따르면 발길마다 차밭이 있을 정도였다. 만력연간(萬曆年間, 1573-1620)의 절강성 전당(항주) 출신 진사(陳師)의 『다고(茶考)』에 따르면, 땅과 기후가 차 재배에 적당해서 구곡 내에 수 백가가 차밭을 경영했다. 해마다 수 십 만 근을 땄다. 물길을 따라 사방으로 판매했으며 무이차는 국내는 물론 국외에서도 명성이 높았다. 그 중에서도 무이산 접순봉(接笋峰)의 차가 가장 좋았으며, 그 다음이 대황(大黃), 만정(幔亭) 순이었다. 무이산 최고의 차가 살고 있는 접순봉은 곧 대나무가 많이 살아서 생긴 이름이다. 대나무는 최고의 차를 만드는데 아주 중요하다. 무이산에서 아주 질 좋은 차가 자라는 이유는 무엇보다도 차가 자라는 데 적합하기 때문이다. 좋은 차가 자라기 위해서는 적어도 두 가지 조건을 갖춰야 한다. 하나는 토양이다. 육우가 『다경』「일지원」에서 언급했듯이 가장 좋은 차가 나는 곳은 난석(爛石)이다. 난석은 자갈밭이다. 무이산은 대부분 진단계(震旦系)와 변질 진단계의 바위로 구성되어 있다. 진단계의 암석은 무이산이중생대 말기 엄청난 화산 활동이 일어나고 계속해서 화강암이 침입한 후 백악기 말기의 붉은 색의 사역암(砂礫岩)의 형성 때문에 생겼다. 다른 하나는 기후이다. 무이산은 아열대 기후대다. 무이산의 연평균 기온은 12℃~13℃이며, 1월 평균 기온은 3℃ 전후, 7월 평균 기온은 23℃~24℃이다. 연 평균 강우량은 2000㎜이다. 게다가 200일 이상 계속되는 무이산의 안개는 질 좋은 차나무를 만드는 데 좋은 조건을 제공한다.

　무이차의 명성은 명 중기 이후 한층 높아졌다. 무이차의 명성에 대해서는 이 지역 사람만이 아니라 절강성 출신 호응린(胡應麟, 1551-1602)같은 사람도 높이 평가했다. 복건성 복주부(福州府) 장락(長樂) 출신의 사조제(謝肇淛, 1567-1624)는 무이차를 당시 최의 차로 꼽았던 송라(松羅)·호구(虎丘)·나개(羅岕)·용정(龍井)·양선(陽羨)·천지(天池)와 나란히 평가했다. 사조제는 청원차(淸源茶)도 무이차와 같은 수준으로 평가했다. 청원차는 천주(泉州)에서 나는 차를 말한다. 당시 광동성 조주(潮州)에서는 복건차 마시는 것이 유행이었다. 반면에 강소성의 호구와 절강성의 천목(天目)에서 나는 차를 조주에 들어오지 못했다. 광동 조주에서 소비된 복건차는 무이차의 앞날을 무척 밝게 만들었다.

　무이차의 등장은 중국의 제다 역사에서 아주 중요한 의미를 갖는다. 중국의 제다 기술은 크게 3단계를 거쳐 발전했다. 그 중 하나는 당송시대의 차병(茶餠)이다. 그러나 차병, 즉 떡차는 한계를 지니고 있었다. 떡차의 가장 큰 단점은 기술 과정이 복잡할 뿐 아니라 비용도 많이 들어 가격이 비싸다는 점이다. 아울러 떡차는 제작 과정에서 다른 재료를 첨가해야하는 번거로움까지 갖고 있었다. 송대 북원의 납차(臘茶)에는 귤·생강·사탕·소금, 즉 신맛·매운맛·단맛·짠맛 등 4가지 맛을 더했으며, 찻잎의 떫은 맛[苦味]과 더불어 다섯 가지 맛의 조화를 추구했다. 다섯 가지 맛은 곧 중국의 오행(五行) 사상과 결코 무관하지 않을 것이다. 납차는 찻잎을 찌고 갈아서 만든 연고(研膏) 형태의 차를 의미한다. 이 같은 차를 납차라고 부르는 것은 차의 표면이 마치 밀랍처럼 광택과 윤기가 나서 생긴 이름이다. 납차의 '납(臘)'은 꿀벌의 집을 끓여서 만든 밀랍의 '납(蠟)'으로 사용하다가 궁중에 조공하는 차가 입춘 이전의 섣달을 의미하는 납월(臘月)에 새싹을 따서 만들면서 바뀌었다.

　복건의 건주를 중심으로 당나라 정원연간(貞元年間, 785-805)에 나타난 이 같은 연고차는 복주의 차 제조에 영향을 주었으며, 당 말에 건주의 북원차가 명성을 얻으면서 납차는 전국에 유행하기 시작했다. 다른 하나는 명대에 등장한 산초(散炒)녹차이다. 찻잎을 볶는 제다법은 당대에 등장했지만 기술 부족으로 쇠퇴했다. 송대 북원의 공차는 대부분 떡차였지만 민간에서는 일부 산차(散茶)를 만들었다. 송나라 때 여러 제도에 관한 자료들을 항목별로 분류하고 연대순으로 배열한 『송회요(宋會要)·식화(食貨)』에 따르면, 차의 종류를 편차(片茶)와 산차로 구분했다. 편차는 찻잎을 쪄서 원형 혹은 장방형의 틀에 넣고 눌려 찍어낸 고형차(固形茶)인 덩어리차를 '편'으로 세었기 때문에 붙인 이름이다. 산차는 찻잎을 찐 후 그 대로 건조시킨 상태인 잎차 즉, 엽차로 흩어져 형태를 이루지 못해서 붙인 이름이다. 명대에 이르면 민간에서 만든 산차 제다법이 주를 이루었다. 산차는 대부분 녹차였다. 현재 다기에 우려 마시는 포차법(泡茶法)이다. 이는 명나라 태조 주원장이 기존의 단차법(團茶法)을 폐지하면서 중요한 다법으로 자리 잡았다. 이 다법의 장점은 찻잎의 본래 맛을 느낄 수 있다는 점이다. 그래서 이 다법은 당송시대의 다법보다 많은 장점을 갖고 있었다. 다만 단점은 떫은 맛이었다. 떫은맛을 싫어하는 사람들에게는 인기가 없었다. 명말 강소성 소주와 안휘성 휘주에서 등장한 초배(炒焙: 볶음) 송라법(松蘿法)은 지금까지도 인기 있는 녹차이다. 이 같은 다법으로 만든 것이 절강성 항주의 오룡차(烏龍茶)이다. 송라법은 청나라 하남성 출신의 주량공(周亮工, 1612-1672)이 편찬한 『민소기(閩小紀)·민차(閩茶)』에서 확인할 수 있다. 송라법은 10일이나 한 달 정도 지나면 자적(紫赤) 색으로 변하는 것이 특징이고, 이 같은 방법은 당시 토착의 몇 몇 스님만 알고 있었다.

　마지막은 발효차이다. 발효차에는 청차(青茶: 오령차)와 홍차가 있다. 발효차의 기원은 정확하게 알 수 없지만, 최초의 발효차는 광동의 조주(潮州)라는 설과 복건 무이산이라는 설이 있다. 사료상으로 보면 광동, 복건, 강서 등지에서 발효차가 등장했다. 발효차의 특징은 발효 후에 찻잎의 떫은 맛이 제거된 점이다. 현재 세계인들이 녹다보다 홍차를 선호하는 것도 녹차의 떫은맛을 제거한 덕분이다. 발효차 중에서 가장 뛰어난 것은 무이산의 찻잎으로 만든 무이암차과 동목관정산소종(桐木關正山小種)이다. 무이산 발효차는 중국의 차 수출에도 큰 영향을 주었다.

　청 전기 광동의 조주와 복건의 장주에서 유행한 공부차(工夫茶)는 무이차 시장에 중요한 계기를 제공했다. 공부차의 '공부'는 '학문이나 기술을 연마한다'는 뜻이다. 공부차는 노력과 시간을 들여 정성스럽게 만든 차를 뜻한다. 공부차는 무이 오룡차의 화색(花色) 품명을 뜻했다. 공부차에 대한 최초의 기록은 청초 육정찬(陸廷燦)의 『속다경(續茶經)』이다. 『속다경』중에서 공부차를 언급한 『수견록(隨見錄)』은 산서성 출신 굴탁승(屈擢升)이지만, 언제 작품인지 알 수 없다. 『속다경』권하사(卷下四)에서 인용한 『수견록』에는 무이차에 대해 다음과 같이 소개하고 있다.

> 무이산 정상에 있는 차는 암차(岩茶)이고, 물가에 있는 차는 주차(洲茶)이다. 암차가 최상이고, 주차가 다음이다. 암차 중에서 북산에 있는 것이 최상이고, 남산에 있는 것이 다음이다. 그래서 남북의 산에서 나는 암차는 이름이 낫다. 그 중에서 가장 좋은 것은 공부차라 하고, 공부차 위의 차를 소종이다. 소종은 나무 이름으로 붙인 이름이고, 그루마다 몇 양에 지나지 않아 차의 양도 많지 않다. 수차는 차의 색에 따라 연자심(蓮子心)·백호(白毫)·자호(紫毫)·용수(龍須)·봉미(鳳尾)·화향(花香)·난향(蘭香)·청향(淸香)·오향(奧香)·선아(選芽)·장아(漳芽) 등이 있다.

명대 중국인의 음차 풍속은 복건인들이 남양에 전하고 페르시아 및 아랍 국가에 영향을 주었다. 그러나 차를 가장 많이 소비한 국가는 유럽이었다. 유럽 중 중국의 차를 가장 먼저 이해한 사람은 포르투갈인이었다. 그러나 차를 마시는 풍속을 만든 국가는 17세기 동남아에 식민지를 건설한 네덜란드였다. 1607년 네덜란드 동인도회사의 상선이 찻잎을 싣고 중국 오문(澳門: 마카오)를 통해 자바 섬으로 갔으며, 1610년에 다시 네덜란드의 수도 암스테르담에 수출했다. 그러나 차 상품이 유럽에 건너간 것은 1637년 후였다. 유럽 중에서 중국의 찻잎을 대량으로 수입한 국가는 네덜란드였다. 당시 네덜란드의 암스테르담은 유럽의 중심 항구였다. 따라서 유럽 각 국은 암스테르담에서 동방의 각종 상품을 구입했다. 찻잎은 네덜란드, 프랑스, 포르투갈 상류층에서 마셨다. 1685년 네덜란드는 동방에서 2만 파운드의 찻잎을 구입했다.

영국인들도 차를 마시는 풍속이 있었다. 1662년 포르투갈의 캐설린 공주가 영국의 찰스 2세와 결혼하면서 영국 왕실에 차를 마시는 풍속이 형성되었다. 영국 황실은 모임 때 홍차를 마셨다. 그러나 영국인들은 홍차를 마실 때 우유를 넣었다. 영국 왕실의 차 풍속은 점차 대중화되었다. 그래서 영국 길가의 커피 점에서 홍차를 판매했다. 1669년 영국 동인도회사는 자바 반탄에 145파운드의 중국 차를 수입했다. 그러나 영국 동인사회사가 수입한 중국 차의 출처는 알 수 없다. 다만 뒷날 영국인들이 하문을 통해 중국 차를 옮긴 것으로 보면 무이차일 가능성이 아주 높다. 따라서 영국인들은 해마다 무이차 수입을 늘렸다. 영국인들의 차 풍속은 미국, 호주, 인도, 남아프리카에 영향을 주었으며, 그 결과 무이차의 수출은 한층 늘어났다. 18세기 서유럽에서 수입한 차는 1.8억 백은(白銀)이었으며, 아편전쟁 전 영국이 수입한 차는 매년 3천 3백만 파운드였다. 러시아 인들도 무이차의 소비자였다. 육식 민족은 차를 좋아하지 않을 수 없듯이 러시아인들도 마찬가지였다. 청 강희 연간 네르친스크 조약 체결 이후, 러시아 상인들은 중국 차를 대량으로 구입했다. 그러나 러시아 상인들이 구입한 차가 반드시 무이차는 아니었지만, 무이차는 러시아 상인들이 선호한 차임에 분명했다. 중국 무이산에서 러시아

치타주(州)에 위치한 네르친스크까지는 아주 먼 거리지만, 중국과 네르친스크 간의 무역을 담당한 자는 산서상인이었다. 네르친스크는 조약 체결 후 중국과 러시아 사이의 교역(交易)의 중계지와 세관으로 번영한 곳이다. 산서 상인들은 매년 무이산에 와서 차를 구입한 후 장강 수계를 따라 하남에 도착한 후 다시 육로를 통해 낙타에 차를 싣고 네르친스크 부근의 카흐타에서 무역했다. 러시아인들은 중국의 차를 눈썰매로 모스크바로 운반했다. 중국 복건성 무이산에서 러시아 캬흐타까지, 캬흐타에서 다시 모스크바까지 이어지는 만 리 길은 당시 중국 육로 무역 중에서 가장 길었다.

하문

청대 중국의 대외 무역에서 차가 차지하는 비중은 높았다. 그 중에서도 대부분은 무이산 찻잎으로 만든 홍차가 차지했다. 홍차는 광주에 도착한 후 무이산맥을 따라 강서 하구진(河口鎭)에 옮긴 후, 다시 배로 강서성의 수도 남창(南昌)으로 옮긴 후 배로 강서성의 공강(贛江) 상류로 가서 광동까지 간다. 광동 상류에 도착한 차는 상류를 따라 광주에 도착한다. 이 같은 상업로는 상당히 느린 방법이다. 반면 무이산에서 민강(閩江)을 하류를 따라 복주에 도착하는 코스가 가장 좋은 해로이다. 그러나 청초 복주는 대외 무역항이 아니었다. 그래서 차를 수출하기 위해서는 하문항으로 가야만 했다.

하문

    그래서 복주에 도착한 차는 다시 해선(海船)에 실고 하문항으로 가야만 했다. 청초 무이차도 대부분 하문에서 수출되었다. 그러나 광주 구안(口岸)에서도 무이차를 판매했다. 그 후 무이차 무역 중심은 광주로 바뀌기 시작했다. 옹정13년(1732) 영국인을 제외한 덴마크와 스웨덴 상선은 광주에 도착했으며, 건륭 원년(1757) 프랑스 상선도 광주에 도착다. 이처럼 광주에 상선 왕래가 계속 늘어나자 청정부도 방침을 바꿔 건륭 22년(1757) 광주를 유럽 상선이 도착하는 유일한 항구로 규정했다. 따라서 하문의 무이차 상인도 대부분 광주로 옮길 수밖에 없었다. 이에 영국, 프랑스, 미국 등의 상선은 광주에 모였다. 그 수는 해마다 늘어 10척 이상 늘어났다. 1784년 미국 상선이 광주 무역에 참가했고, 도광연간에 이르러 광주무역에 참가한 외국 상선은 100여 척에 달했다. 광주는 중국 대외무역의 중심지였다.

광주

　청대 민북(閩北)의 차 산업이 성행하자 매촌(梅村)과 성촌(星村)의 두 차 시장은 날로 발전했다. 광동의 상인들도 성촌에 모여들기 시작했다. 그 결과 무이산은 차를 심지 않은 곳이 없었다. 무이차가 성행하면서 각 지역의 자금이 이곳으로 몰렸다. 건륭시기 무이산의 자금은 옹정시기보다 10배 이상 늘었다. 무이산의 차 중에서 암상(岩上)이 최고이고, 반산(半山)이 그 다음이고, 산하(山下)가 그 다음이다. 원차(園茶)에 이르면 하품이다.

입하 때 따는 두춘(頭春)이 가장 좋고, 망종(芒種)에 따면 이춘(二春)이다. 소서와 대서에 따면 삼춘(三春)이지만 맛이 현저하게 떨어진다. 이춘까지 차맛이 좋다. 청명곡우 때 차싹이 비로소 올라온다. 그래서 이곳 사람들이 본산(本山)을 애호한다. 차마 따지 못하고 원중(園中)의 차로 보충한다. 본산의 차는 높은 가격에 판매된다. 따라서 법에 따라 만들고 정성을 들인다. 무이산 36봉에 수 천만 수가 내려가지 않는다. 『민잡기(閩雜記)』에 따르면 무이산의 차 중에서 화향(花香), 소종, 명종(名種) 중 품질은 명종, 소종, 화향 순이다. 숭안현 성촌에는 차나무 다섯 그루가 있는데 잎이 마주나고 아래부터 위까지 다소가 다르지 않다. 맛이 여러 종 중에서 으뜸인지라 여선(呂仙)이 심었다고 한다. 환관이 매 차나무의 잎을 따서 관(官)에 보내고 후에 각 호에 나눈다. 매년 수 근만 딸 수 있을 뿐이다. 각 호에서 얻을 수 있는 양은 수량에 불과하다. 귀한 사람을 만나면 내놓았다. 그래서 여선차(呂仙茶) 혹은 여암차(呂岩茶)라 부른다. 이처럼 무이산의 성촌이 각광을 받자 다른 지역에서도 차를 성촌에 와서 팔았다.

찻잎을 배에 운반하는 모습

복건을 대표하는 무이차는 주로 광주 상인들의 손에 의해 수출되었다.

광주는 청대 비단길의 주요 상품을 수출하는 기지였기 때문이다. 특히 강서 출신의 추무장(鄒茂章)은 복건 무이차를 광주로 판매한 대표적인 인물이었다. 추씨 가족이 운영한 상점은 '추백만(鄒百萬)'이라 불렀다. 추백만은 무이산 자락의 하매진(下梅鎭)에 살고 있었다. 무이차가 광주를 통해 판매된 배경 중 하나는 청 정부의 정책 때문이었다. 청대의 교역 중심은 복건성 하문(廈門)이었지만 옹정 시기에 광주로 바뀌기 시작했다. 특히 건륭시기 광동만 수출 지역으로 한정한 조치는 광주의 위상을 한 순간에 높이는 계기가 되었다. 광주에서 영국 런던으로 수출된 상품 중 차는 95/100를 차지했다. 추씨 집안은 무이차를 판매할 절호의 기회를 놓치지 않았다. 광동 상인들도 무이산 성촌(星村)까지 와서 무이차를 판매하기 시작했다. 성촌은 무이산의 차장(茶庄)이 처음 생긴 곳이기도 했다. 그러나 광주의 차 상인들은 차 무역을 독점하면서 막대한 이익을 얻었지만, 무이차의 핵심 고객인 영국의 원망을 샀다. 영국이 제1차 중영전쟁, 즉 제1차 아편전쟁에서 승리한 후 맺은 남경조약에서 광주 외에 절강성의 하문, 복주(福州), 영파(寧波), 강소성의 상해(上海) 등까지 개항을 요구한 것도 광동 차 상인의 독점 때문이었다. 남경조약의 5곳 개항지 중 3곳이 절강성에 위치한 것은 절강성의 차 수출에 적지 않은 영향을 주었다.

건륭 15년(1750) 광주에서 외국에 판매된 차는 영국에 2,1543담, 프랑스에 1,4944담, 네덜란드에 9,422담, 스웨덴에 12,629담, 덴마크에 12,304담이었다. 당시 매담(每擔)의 가격 20냥(白銀)을 계산하면 차 값의 가치는 1,416,840냥이다. 이는 청 건륭 초 유럽의 중국 차 소비가 많지 않았다는 것을 의미한다. 1836-1840년 간 영국에서 가장 많이 수입한 차는 홍차와 녹차였다. 홍차는 무이차, 녹차는 절강산이었다. 영국에서 중국차를 적극적으로 수입한 것은 그들의 음식 습관의 변화와 밀접한 관계가 있다. 그것은 바로 영국의 상류층에서 아침 식사 때 홍차를 먹었기 때문이었다. 그 결과 영국이 동인도회사를 통해 수입한 차는 급증하기 시작했다. 1780년에서 1820년 사이 영국이 수입한 차는 40년 만에 4배나 증가했다. 당시 영국인 한 사람이 소비한 차만 1파운드였다. 영국의 차 문화에서 빼놓을 수 없는 것은 차와 설탕을 혼합한 점이다. 특히 1842년 개항 이후 찻값의 하락과 더불어 설탕 값의 하락은 영국인의 차 소비를 무척 자극했다. 차가 기호품에서 필수품으로 바뀐 것이다. 18세기 말에서 19세기 중엽까지 영국 노동자들의 차와 설탕 소비는 다른 식품 소비에 비해 증가하고 있는 사실이 이를 증명한다. 영국의 노동자들이 차와 설탕을 선택한 것은 다른 음료보다 장점을 갖고 있었기 때문이었다. 값싼 차에 약간의 흑설탕만 넣으면 우유 대신 탄수화물을 섭취할 수 있었다. 특히 차는 뜨거운 물을 부으면 계속 마실 수 있었던 것이다. 특히 차는 다른 식품과 달리 다른 물질을 섞어도 맛의 변화가 적은 것도 큰 장점이었다. 노동자들은 빵과 함께 차를 마시는 것이 우유를 마시는 것보다 생활비가 훨씬 적게 들었던 것이다. 도시의 노동자들이 농촌의 노동자들보다 더욱 그러했다. 따라서 도시노동자들은 차와 설탕을 통해 필요한 칼로리를 얻을 수 있었으며, 농촌노동자들은 주로 곡물, 우유, 치즈 등을 통해 칼로리와 단백질을 얻었다.

청말 무이차는 광주에서 복주를 통해 수출되었다. 그래서 세계 각국의 상선들이 복주의 마미항(馬尾港)으로 몰려들었다. 복주 마미항이 해상 비단길의 핵심으로 떠오른 것이다. 복주가 각광받은 것은 무이차를 외국에 수출하는 데 가장 가까웠기 때문이었다. 차를 실은 배가 무이산 성촌에서 출발해서 복주까지 오는 데 4일 정도 걸렸지만 배를 운반하는 데 지장을 주는 날씨 때는 배 이상도 걸렸다. 매담 차를 운반하는 비용은 600문(文)에서 1000문 정도였다. 그러나 무이차가 광주에서 판매될 경우에는 무이산 성촌에서 서쪽 강서로 가서 공강을 거슬러 대유령(大庾嶺)을 넘어 다시 주강(珠江)을 따라 광주에 도착했다. 이 경로로 무이차가 광주에 도착하는 기간은 50~60일 정도였다. 복주는 광주보다 차를 운반하는 데만 상당한 금액을 절약할 수 있었다. 개항 후 복건의 홍차, 안휘의 녹차 및 절강의 호사(湖絲: 비단)는 복주, 영파, 상해를 통해 수출되었지만 광동 및 강서의 경제는 큰 타격을 받았다. 더욱이 이 과정에서 강서 공강의 운수노동자들은 실직 상태에 빠져버렸다.

태평천국이후 영국의 이화양행을 비롯한 상인들이 복주에서 무이차를 구입하기 시작했다. 1854년 복주에 도착한 55척의 외국 배 중 37척이 영국,

14척이 미국의 배였다. 1869년 복주항에는 21가(家)의 양행이 있었다. 복주의 차 수출은 1860년 전후 중국 차 수출에서 30-40%를 차지했다. 당시 상해를 통해 수출한 차는 안휘의 녹차였던 반면, 복주에서는 무이산의 홍차와 오룡차였다. 무이산 홍차의 최대 수입 국가는 영국이었다. 1871-1873년 매년 중국의 평균 수출 금액은 11000만원이었으며, 그중 차가 597만원으로 52.7%를 차지했다. 복주에서 수출한 것은 전국 차에서 35-44%를 차지했다.

복건 무이차의 수출 증가는 차 밭의 증가로 나타났다. 1853년 이후 무이차는 무이산을 비롯해서 다른 지역에도 재배하기 시작했다. 농민들도 산을 개간해서 차나무를 심었다. 예컨대 복건성 동쪽의 복안현(福安縣)에서도 1853년 이후 차나무를 재배하기 시작했다.

1935년 조사에 따르면, 복건의 차 생산은 남로(南路), 서로(西路), 북로(北路)이다. 남로의 차는 안계(安溪) 부근에서 생산한 오룡차가 대표적이다. 이곳의 차는 민남(閩南: 복건 남쪽) 각성에서 사용하는 것 외에는 모두 남양 군도에 판매되었다. 근래 불경기로 판매가 저조하고 가격은 많이 올랐다. 더욱이 대만과 자바의 차와 경쟁하면서 매년 생산이 많지 않았다. 서로의 차는 무이산 차가 대표한다. 무이차는 오랜 기간 동안 국내외에서 명성을 얻었고, 다른 차들이 필적할 수 없을 정도로 품질도 뛰어났다. 문제는 차밭이 산골짜기에 위치해서 교통이 편리하지 않아서 운반에 어려움이 많았으며, 당연히 생산 비용도 많아 판매에 어려움이 있었다. 생산량도 북로에 미치지 못했다.

동로에 위치한 복령부(福寧府)에 속한 5현, 즉, 복안(福安)·영덕(寧德)·하푸(霞浦)·복정(福鼎)·수녕(壽寧)의 차는 품질이 좋았지만, 차를 만들 때 기후와 토질 관계가 맞지 않아서 서로의 차보다 못하다. 그러나 개량하면 수량이 풍부해서 발전할 가능성이 아주 높았다. 특히 이 지역은 교통도 편리했기 때문에 아침에 출발하면 저녁에 수도이자 항구인 복주(福州)에 도착할 수 있었다. 복건차 중 복령부의 5현 등지의 홍차 및 녹차는 영국과 프랑스 및 러시아에 판매되었으며, 연심차(蓮心茶)는 안남(安南) 일대에서 유행했다. 복령부 복정(福鼎)의 백림차(白琳茶)는 러시아에서 인기를 끌었다.

백림차는 대외무역에서 중요한 위치를 차지했다. 백림 홍차는 공부홍차이다. 백림홍차는 1759년부터 유명했다.

백림차는 『다경』에서 언급한 백차산(白茶山)에서 나오는 차를 의미한다. 청대 복정의 대백차(大白茶)와 대호차(大毫茶)는 바로 홍차의 원료이며, '백림공부(白琳工夫)'의 명성을 얻어 동남아와 유럽에 수출되었다. 청 광서연간에 복정홍차는 2만상(箱)이 상해로 수출되었다. 민국 14년 상해의 차 시장이 무척 활발해서 다창 73가에서 108가로 증가했다. 그러나 민국초기 차 산업이 쇠퇴해서 연간 생산량이 떨어졌지만, 민국 중기부터 1949년까지 백림차는 더욱 성행했다. 백림차는 품질도 향상되면서 광동 상인은 물론 유럽과 미국 상인까지도 큰 관심을 가졌다. 그 결과 만주와 러시아까지 수출되었다. 그러나 1950년대 말 국제 정세의 변화로 백림홍차 수출도 1970년대 이르러 큰 타격을 받았다.

복령차의 위치가 떨어진 것은 최근 실론, 인도, 대만의 차 산업이 발달했기 때문이었다. 영덕의 목리화차(茞莉花茶)는 천진과 우장 등지로 판매되었으며, 복주와 온주를 거쳐 해외로 수출되었다. 그 외 홍차와 녹차는 복주에 집중되었다. 그런데 각 현의 교통이 불편해서 계류를 통해 작은 배로 차를 운반했지만, 작은 배로 운반할 수조차 없는 곳에서는 사람이 직접 옮길 수밖에 없었다.

1870년대 초 복주에서는 전차가 성행해서 공장이 3곳 있었다. 이곳에서는 영국 기계를 사용했다. 그래서 중국 중부 차 상인들은 차를 복주로 가져와서 말리(茉莉)와 주란(珠蘭) 등으로 화훈해서 만들었다. 복주는 순식간에 중국차 수출 중심지로 발달했지만, 1891년 복주의 3곳 공장이 전부 문을 달았다. 그 이유는 한구(漢口)와 구강(九江)의 시장이 발달했기 때문이었다.

절강과 호남의 차밭과 생산 및 수출

절강성은 75현 중 62현에서 차를 생산할 만큼 차 재배 면적이 아주 넓다. 절강성에서 차를 생산하지 않는 곳은 상해(上海)가 속한 바닷가 강소성

송강부(松江府)와 인접한 평원, 즉 가흥부(嘉興府)의 가흥(嘉興), 가선(嘉善), 평호(平湖), 해염(海鹽), 해녕(海寧), 동향(桐鄕), 숭덕(崇德), 덕청(德淸)을 비롯해 섬인 정해(定海), 영파부(寧波府)의 남전(南田), 절강성 서쪽에 위치한 구주부(衢州府)의 용유(龍游) 등이다. 절강성의 차밭 면적은 약 53만 3천 1백 36무이다. 그 중 가장 많은 곳이 절강성의 수도인 항주부(杭州府) 부양현(富陽縣)이다. 절강성 북부에 위치한 부양현은 진나라 때 설치한 부춘현(富春縣)이 동진 때 바뀐 행정 이름이다. 부양현은 부춘강(富春江)의 북쪽에 위치해서 생긴 이름이다. 음양 사상에서 강은 북쪽, 산은 남쪽이 양을 뜻한다. 부춘강은 부양현의 차의 생장에 아주 중요한 조건을 제공한다. 부춘강은 부춘산에서 유래한 이름이다.

절강성에서 생산한 차의 절반은 녹차이며, 홍차는 아주 적었다. 녹차 중에서 항주의 용정(龍井) 녹차가 가장 품질이 좋았다. 용정은 항주부의 진(鎭)이다. 용정은 절강성을 상징하는 서호(西湖) 서남의 봉황령(鳳篁嶺)에 위치한다. 원래 이름은 용천(龍泉)이다. 용정차는 송나라 원풍연간(元豊年間, 1078-1085) 때 등장한 차 이름이다.

항주 서호

절강의 차 종류를 산지별로 살펴보면, 항주차(杭州茶)는 항주부(杭州府)의 항현(杭縣), 여항(餘杭), 임안(臨安), 우잠(于潛), 호주부(湖州府)의 장흥(長興), 안길(安吉), 효풍(孝豊), 무강(武康) 등에서 생산된다. 평수차(平水茶)는 회계산(會稽山), 사명산(四明山), 천태산(天台山)이 둘러싼 소흥부(紹興府)의 승현(嵊縣), 소흥(紹興), 신창(新昌), 여요(餘姚), 상우(上虞), 제기(諸暨), 소산(蕭山), 영파부의 봉화(奉化), 태주부(台州府)의 천태(天台), 금화부(金華府)의 동양(東陽) 등지에서 생산된다. 소흥부에 속한 평수는 육우가 『다경』에서 언급한 절동(浙東)의 으뜸으로 꼽은 월주차(越州茶)의 생산지이기도 하다. 아울러 평수에는 당대 탄생해서 송대에 황실에 납품한 어차(御茶)인 일주차(日鑄茶)도 유명했다. 일주차는 회계산 일주령(日鑄嶺)에서 생산해서 붙인 이름이다. 월주차와 일주차는 강남 제일의 차였다. 평수차는 청말까지 중국을 대표하는 녹차였다. 절강성의 홍차는 주로 항부주의 여항, 임안과 소흥부의 소흥 등지에서 생산되었지만, 소흥에서 가장 많았다. 소흥에서 생산한 홍차는 연간 3만담, 가치는 1백 20여만원이었다. 여항은 그 다음이었다. 전차(磚茶)는 생산 공장이 없었다. 20세기 초 절강성의 차는 연간 40만 여담(擔)을 생산했으며, 가치는 약 1천 800여만원(元)이었다. 그 중 녹차가 86/100, 약 37만담, 가치는 1천 6백 여만원이었으며, 홍차는 14/100, 약 6만담, 가치는 200여만 원이었다.

절강성의 차 수출은 1840²년 개항전과 개항 후에 따라 달랐다. 개항전 중국 남부의 차상들은 차를 외국에 수출하기 위해서는 내륙에서 수로를 통해 광주항으로 수송해야만 했다. 왜냐하면 청조에서 광주만을 개방했기 때문이었다. 그러나 개항 후에는 수출 시장이 확대되었다. 절강성 평수차는 청대 중국 녹차 수출의 으뜸이었다. 1868-1900년까지의 수출 상황을 보면 1895년까지 수출액이 점차 상승하여 131,117담으로 19세기 후반기 최고조에 달했다. 1890년 절강성의 녹차 수출은 156,115담이었으며, 그 중 평수차가 91,740담으로 전체 녹차의 76%를 차지했다. 개항 후 영파는 평수차 수출의 주요 항구였다.

절강의 차 수출은 광서12년(1886) 이후 인도와 실론 및 일본차들이 외국

시장에서 중국차와 경쟁하면서 점차 줄어들기 시작했다. 외국의 차들은 오히려 중국 국내시장까지 넘보고 있었다. 더욱이 차 시장은 세계 불경기로 동북 시장이 상실되었으며, 생산량과 수출 모두 쇠퇴했다. 1886년 당시 중국은 221만 7천 담을 생산했지만 민국 9년(1920)에 30만 6천 여담으로 떨어져 1/7로 줄었다. 수출도 1위에서 4위로 밀려나 인도, 실론, 자바 다음이었다. 특히 중국은 일본과도 비슷한 수준이었다. 심지어 미국, 러시아, 남양 군도의 시장에서도 일본과 대만에 뒤쳐질 가능성이 아주 높았다. 당시 중국은 아프리카와 모로코 시장에서만 높은 점유율을 유지하고 있었지만, 이곳도 일본에서 만든 차들이 파고들고 있었다.

호남성은 28개 현에서 차를 생산했다. 그중 평강의 장수가(長壽街), 임상의 섭가시(聶家市)가 가장 좋았다. 호남과 인접한 호북성에서는 35개 현에서 차를 생산했으며, 그중 통상, 숭양, 포기, 학봉, 함양 등지에서 나는 차가 가장 좋고, 특히 포기 양루동(羊樓峒)에서 나는 차가 더욱 좋았다.

육영(陸澯)의 1910년 7월『조사국내차무보고서(調査國內茶務報告書)』에는 당시의 차 종류와 수출량을 기록했다. 이 보고서는 권업공소찰위농과과원(勸業公所札委農科科員)이었던 육영이 강서성 구강(九江)과 호북 등지를 대상으로 차 관련 업무를 시찰한 내용이다. 보고서에는 각 지역의 차 종류와 수출량을 기록했다. 아울러 수출량은 차 종류마다 두춘(頭春)·이춘(二春)·삼춘(三春) 등 찻잎을 딴 시기에 따라 기록했다.

양호(兩湖), 즉 호남과 호북에는 안화차(安化茶), 도원차(桃源茶), 숭양차(崇陽茶), 통산차(通山茶), 장수가차(長壽街茶), 운계차(雲溪茶), 양루동차(羊摟洞茶), 양루사차(羊摟司茶), 고교차(高橋茶), 유양차(瀏陽茶), 섭가시차(聶家市茶), 상담차(湘潭茶), 예릉차(醴陵茶), 위산차(潙山茶), 의창차(宜昌茶), 영주차(甯州茶) 등이 있었다. 이 같은 차 종류는 지역명을 딴 것이지만, 전부 전차(磚茶)이다. 전차 중에는 미전차(米磚茶), 홍차전(紅茶磚), 청차전(靑茶磚) 등이다. 미전차는 홍차를 쌀처럼 갈아서 벽돌처럼 만든 것을 의미한다. 미전차는 양호 지역의 특산품이며, 호북성 한구(漢口)를 통해 수출되었다. 당시 러시아 차창(茶廠)에서 수증기로 홍차전을 만드는 기술을 개발했다. 당시 한구에는 러시아 상인이 운영하는 차창이 순풍(順豊), 부창(阜昌), 신태(新泰) 등 세 곳, 중국 상인이 운영하는 차창이 사흥상공사(四興商公司) 한 곳이 있었다.

한구 차 시장에서 호남성, 호북성, 강서성, 안휘성 등 4성 중 차를 가장 많이 수출한 지역은 호남성이었고, 그 다음이 호북, 강서, 안휘 순이었다. 그러나 차의 가치는 홍차를 만든 기문차가 가장 높았고, 그 다음이 강서, 호남, 호북 순이었다. 광서 33년(1907) 양호의 차 수출은 강서 영주 105,262상, 안휘 기문 85,104상보다 많은 540,278상(箱)이었다. 광서 34년(1908)년 양호의 차 수출은 강서 영주 113,819상, 안휘 기문 81,137상 보다 많은 645,443상이었다. 선통1년(1909) 양호의 차 수출은 강서 영주 96,725상, 안휘 기문 94,678상보다 많은 471,262상이었다. 그러나 3년간의 추세를 보면 양호의 차 수출은 1908년은 전년보다 늘었지만, 1909년에는 상당히 많이 줄었다. 반면 안휘 기문차가 점차 늘었다. 한편 같은 기간 차 수출로 얻은 세금을 살펴보면 광서 33년에는 766,172냥, 광서 34년에는 757,165냥, 선통원년에는 677,716냥이었다. 참고로 광서 30년(1904)에서 광서34년(1908)까지 전국의 차 수출을 살펴보면, 광서 30년 1,451,249담(擔), 광서 31년 1,369,298담, 광서 32년 1,444,128담, 광서 33년 1,610,125담, 광서 34년 1,676,136담이었다. 아울러 광서 30년 홍차는 747,420담, 전차는 447,695담이고, 광서 31년 홍차는 597,045담, 전차는 518,498담이고, 광서 32년 홍차는 600,907담, 전차는 586,727담이었다. 이 기간 동안 홍차 수출은 준 반면 전차는 늘어났다.

강서와 안휘의 차밭과 생산 및 수출

강서의 토양은 역암층(礫岩層)이다. 기후와 토질 모두 차나무 재배 최적이다. 강서성은 81현 중 49현에서 차를 재배할 수 있다. 그중에서도 영도와 수수의 차가 가장 좋고, 그 다음은 서창, 부량, 무령, 수천, 옥사의 차가 좋다. 농민은 차업을 부업으로 하고 있다. 강서에서는 차씨를 파종하는 방법을 사용할 뿐 묘목을 옮기는 방법을 사용하지 않는다. 그래서 차나무가 무성하게 자랄 수 없는 한계가 있다. 다만 일부 공사(公司)에서 추진한 곳은 그렇지 않다. 강소 차 재배 농민들은 시비에 대한 미신을 가지고 있었다. 즉 시비하면 차의 향미를 훼손한다는 점이다. 그래서 심한 경우 부인과 개는 산에 가지 말라는 속담까지도 있다. 강서 차 농민들은 겨울에 차나무 전지를 꺼리기도 했다. 아울러 차나무 주변의 풀을 호미로 풀만 제거한 후 1년에 3차례 정도 수확했으며, 어떤 농가는 2차례만 수확했다.

1934년 『강서지다(江西之茶)』에 따르면, 명대에는 공차의 폐해가 컸다. 아편전쟁 후 강서 영주(寧州), 부량(浮梁) 및 안휘성의 기문 일대의 차는 공강(贛江)을 따라 매령(梅嶺)을 넘어 광주 시장에 도착했다. 공강은 강서 남북을 가로지르는 양자강 지류이다. 공강은 남강(南江) 혹은 고령수(古領水)라 부른다. 공강은 복건성 무이산으로 흘러간다. 부량은 중국을 상징하는 도자기 생산지인 경덕진(景德鎭)이 위치한 곳이다. 경덕진은 북송 경덕연간(景德年間, 1004-1007)에 생긴 이름이며, 부량의 흥서향(興西鄕)에 속한다. 경덕진은 창강(昌江)의 남쪽에 있었기 때문에 남창진이라 불렀다. 경덕진은 송대에 황제에게 바친 도자기를 만들었기 때문에 북종 진종(眞宗)의 연호를 사용해서 붙인 이름이다. 명을 세운 주원장은 경덕진의 주산(珠山)에 어요창(御窯廠)을 만들었다. 경적진은 강서성의 차 발달과 밀접한 관계가 있다는 점에서 주목할 필요가 있다. 강서성의 하구는 이후 점차 홍차 시장 중심으로 바뀌면서 복건 무이산과 강서 각지의 상품이 광주와 상해로 판매되기 시작했다. 그 결과 하구 시장이 쇠퇴했다.

영주 홍자는 처음부터 구강(九江)에서 교역되었다. 구강은 구강부(九江府)에 속한 여강(廬江) 심양(尋陽)에서 아홉 갈래로 나뉘어서 생긴 이름이다. 특히 구강은 중국 최대의 담수호인 파양호(鄱陽湖)가 위치한 곳이다. 1890년대에는 구강 전차(磚茶)가 등장했다. 러시아인들은 구강에 두 곳의 전차 공장을 만들었다. 순풍(順豊) 공장에서는 연간 15,000 담(擔), 부창(阜昌) 공장에서는 연간 26,000 담을 생산했다. 장강 유역의 한구(漢口)와 구강이 차 수출 중심지로 발돋움했기 때문이었다. 그러나 정확한 전차 수출량을 알 수 없다. 그래서 구강의 민국 2년(1913) 전차 수출량을 보면 쇠퇴했다, 차 시장이 한구 중심으로 바뀌었기 때문이다.

구강의 홍전차(紅磚茶) 생산은 92,357담, 판매 금액은 1,483,292량(兩), 녹전차(綠磚茶) 생산은 34,561담, 판매 금액은 416,527량, 소경전차(小京磚茶) 생산은 1,688담, 판매 금액은 39,694량이었다. 참고로 한구의 홍전차 생산은 290,360담, 판매 금액은 5,858,834량, 녹전차 생산은 153,233담, 판매금액은 1,434,161량, 소경전차 생산은 7,961담, 판매 금액은 164,400량이었다. 복주의 홍전차 생산은 16,159담, 판매 금액은 195,856량이었으며, 녹전차와 소경전차는 없었다.

구강 시장은 1929년 7월 중국과 러시아 국교 단절 이후 급격하게 줄어들어 수출량은 30 여담에서 10만 여담으로 급감했다. 강서 차의 주 고객은 러시아였다. 러시아는 중국 홍차 수출에서 13/100 이상을 차지했으며, 녹차는 10/100, 전차는 99/100를 차지했다. 양국의 국교 단절 후 러시아 상인의 협력 아래 겨우 홍차만 조금 수출되었을 뿐이다. 강서 차는 상해를 통해 러시아로 수출되었다.

강서 차 중에서 영주의 쌍정(雙井) 백산차(白山茶), 즉 옥명(玉茗)이 유명했다. 백산차는 지금의 백호차(白毫茶)이다. 백산차는 수수(修水), 무령(武寧), 부량, 연산(鉛山), 넉흥(德興) 등에서 생산된다. 수수와 무령에서 생산한 홍차를 '영홍(寧紅)'이라 불렀다. 영홍은 20여만 상(箱)을 생산했다. 1상자는 50근에 해당한다. 백산차는 북송의 황정견이 구양수(歐陽修)에게 준 시 '쌍정차시(雙井茶詩)'에서 언급할 만큼 송대의 명차였다.

강서의 차가 시장에서 한계를 보인 것은 세계 차 시장의 변화도 있었지만 자체 내의 한계도 적지 않았기 때문이었다. 강서 차 농가들은 모차(毛茶)를 만들어서 차 상인에게 판매했다, 차 상인들은 직접 차 농가를 찾아가서 구입해서 구강에서 판매했다. 상해의 차 상인들은 구강에 가게를 열어 차를 구입해서 상해로 가져갔다. 이처럼 강서의 차 판매 유통은 아주 복잡했다. 더욱 큰 문제는 재배 방법이었다. 강서 차 농가들은 기존의 방법을 고수하면서 새로운 재배 방법을 도입하길 꺼렸다. 강서 농가의 이 같은 문제는 강서만이 아니라 중국 차 농가 전체가 안고 있었다. 제다에 기계를 사용하지 않는 것은 말할 것도 없고, 차 포장에서도 문제를 안고 있었다. 당시 중국의 차 농가에서는 차를 주로 죽순 껍질이나 포대 및 마대를 사용했지만, 이 같은 포장 방법은 먼 거리를 운송하면서 문제가 생길 수 밖에 없었다. 왜냐하면 운송 과정에서 포장이 훼손되었기 때문이었다. 포장이 벗겨지면 깨끗한 것이 생명인 차의 가치를 크게 떨어뜨렸다. 인도와 실론의 차와 경쟁하기 위해서는 품종 개량은 물론 투자비, 운송비, 세금 등도 낮춰야 했다. 강서 차 농가와 판매 상인의 영세성도 문제였다.

강서성과 인접한 안휘성도 차의 주요 산지이다. 안휘성은 휘주부에 속한 적계, 흡현, 기문, 무원, 이현, 휴령 등 6현이 가장 많고, 그 외 추포, 영국, 곽산, 봉양, 태평, 여강 등에서도 차를 생산한다. 적계, 기문 및 강서의 부량은 모두 기문과 인접해서 기문차를 생산한다. 육안, 적산의 차를 육안차라 한다. 흡현, 휴령 등과 신안강 유역에서 나는 차는 둔계(屯溪)에서 모이기 때문에 둔계차라 부른다.

안휘를 대표하는 차는 기문홍차(祁門紅茶)이다. 기문홍차는 '기홍(祁紅)'이라 부른다. 그러나 기문홍차라고 해서 안휘성 휘주부(徽州府)의 기문만을 의미하지 않는다. 기문홍차는 기문 외에 지주부(池州府)의 건덕(建德)과 귀주(貴池), 그리고 강서성 요주부(饒州府) 부량(浮梁)에서 생산한 홍차를 포함한다. 이들 지역의 차 만드는 법은 같다. 좁은 의미의 기문홍차는 기문, 부량, 건덕, 그리고 귀주 일부를 의미한다. 귀지의 홍차 생산량은 아주 적다.

1937년의 보고서에 따르면, 기문홍차의 역사는 60년에 불과하다. 청 광서 이전 기문에서는 주로 청차(靑茶)를 만들어 호남과 호북에 수출했다. 기문 청차는 안휘성 육안주(六安州)의 육안차(六安茶)와 비슷했다. 육안차를 '안차(安茶)'라 부른다. 안차는 광동 일대에서 인기를 끌었다. 1876년 안휘성 휘주부 이현(黟縣) 출신의 차 상인 중 한 사람이 땅은 넓고 인구는 적은 기문에 홍차 다법을 전수했다. 차 농가들도 홍차의 가격이 높은 덕분에 홍차 만드는 데 뛰어들었다. 아울러 홍차에 맞는 차나무를 심기 시작했다. 그 결과 기문홍차 구역이 탄생했다. 기문홍차가 발달한 것은 지세, 토양,

기후 등 조건을 갖추고 있기 때문이다.

안휘에서 차를 생산할 수 있는 조건은 산과 구릉이 80/100을 차지하기 때문이다. 기문홍차는 민국21(1932)년 기문에서 39,850 상(箱), 민국 22년(1933)에는 33,150상을 생산했다. 강서 부량에서는 민국 21년에

안휘 육안주의 영산에서 찻잎 따는 장면

20,000 상, 22년에 20,000상을, 건덕에서는 민국21년 10,092 상, 민국22년 10,000상을, 귀지에서는 민국21년 700상, 22년 700상을 생산했다. 이처럼 생산한 기문홍차는 구강에서 상해, 항주에서 상해 등을 통해 판매되었다, 해외는 상해를 통해 수출되었다, 상해에는 30여 곳의 상행(商行)이 있었다. 기문홍차는 상행을 통해 민국 21년에 41,130,70담(擔), 민국 22년에 43,299,35담, 민국 23년에 26,578,56담을 수출했다. 그러나 제1차 세계대전으로 차 소비가 줄면서 기문홍차의 수출도 줄었다. 전쟁 후 점차 수출량이 늘었지만 전쟁 전의 절반에 불과했다. 그 이유는 기문홍차는 주로 유럽 중심이었던 반면 국내 소비는 적었기 때문이다. 전쟁 후 유럽도 구매력이 떨어져서 고급 홍차를 구입하지 않았다. 게다가 인도, 실론, 자바의 홍차와 경쟁하면서 기문홍차의 수출은 더욱 쉽지 않았다. 최근 세계의 홍차 소비는 늘어나고 있지만 기문홍차의 수출은 줄어들었다. 중국은 오히려 차 수입이 수출보다 많았다.

2. 한국의 중국차 수입과 차밭

가야와 신라의 중국 차씨 수입

우리나라의 차는 문헌상 중국에서 수입했다. 우리나라에서도 차가 자생했을 것이라는 주장이 없지 않지만, 사실을 확인할 수 있는 유적과 유물은 아직 발견되지 않았다. 그래서 현재 한국의 차에 대한 이해는 중국에서 수입한 사실에서 출발할 수밖에 없다. 우리나라의 차 기원을 알려주는 기록은 『삼국사기』와 『삼국유사』이다. 우선 가야의 사례를 살펴보자. 가야를 신라보다 먼저 살피는 것은 기록 시기가 빠르기 때문이다. 가야의 차에 대한 기록은 『삼국유사』권2, 「가락국기」에 문무왕 즉위 해인 661년 기사에서 확인할 수 있다.

> 수로왕의 17세손 갱세급간(賡世級干)이 문무왕의 명을 받아 명절 때마다 술과 식혜를 마련하고, 떡·메·차·과일 등을 갖춰 제사를 지냈다.

『삼국유사』의 기록은 대렴이 중국에서 차씨를 가져온 시기보다 훨씬 빠르다. 현재 김수로왕이 세운 금관가야의 김해에서는 이른바 '장군차'를 생산하고 있다. 일부 차인들은 김해의 장군차가 김수로왕의 부인인 허황후가 중국을 통해 가져온 차씨로 태어난 나무로 이해하고 있다. 그러나 우리나라의 차나무가 어디에서 왔는지를 정확하게 이해하기 위해서는 각 지역의 차나무에 대해 게놈을 분석하지 않는 이상 섣불리 판단할 수 없다.

신라 차의 기원에 대해서는 『삼국사기·신라본기』제10에서 확인할 수 있다.

> 흥덕왕 3년(828) 당나라에 조공 사신 중 대렴(大廉)이 돌아오는 길에 차 종자를 가져왔다. 이에 흥덕왕이 지리산에 심도록 했다. 차는 선덕왕 때부터 있었지만 이에 이르러 유행했다.

『삼국사기』의 기록은 우리나라 차의 역사를 가장 명확하게 보여주는 증거지만, 내용을 둘러싼 해석은 아직도 분분하다. 예컨대 차가 선덕왕 때부터 있었다는 기록의 경우, 신라의 차나무에서 차를 따서 차를 마셨다는 뜻인지, 중국에서 수입한 차를 마셨다는 것인지 명확하지 않다. 안정복(安鼎福, 1712-1791)은『동사강목(東史綱目)』제5상에서 "동방에는 옛날에 차가 없었다가 선덕왕 때부터 먹기 시작했다"고 적고 있다. 그러나 『삼국유사』권2,「경덕왕(景德王)」24년(764)에 충담사(忠談師)가 경주 남산 삼화령(三花嶺)의 미륵세존에게 차를 받친 후 왕의 요청에 따라 차를 바친 기록으로 보면 선덕왕 이전부터 차를 마셨다. 흥덕왕이 차를 심도록 한 지리산의 경우도 경남 하동 쌍계사 주변인지, 아니면 전남 구례 화엄사 근처인지 아직도 논쟁이 계속되고 있다. 서유구(徐有榘, 1764-1845)는『임원경제지(林園經濟志)』중「만학지(晚學志)」에서 지리산에 심은 차나무가 당시 호남의 차라고 추측했다. 그는 호남의 차는 거칠고 단단하다고 평했다. 아울러 그는 호남의 찻잎으로 차를 끓이면 기운과 맛이 북경의 가게에서 사온 황차와 비슷하다고 했다. 다만 한 가지 분명한 것은 우리나라에도 중국에서 차씨를 가져오기 전부터 차를 마셨으며, 흥덕왕 때부터 중국의 차씨 덕분에 차가 성행했다는 사실이다.

우리나라 차 재배와 관련해서 또 한 가지 논쟁은 중국에서 차 씨를 가져온 대렴의 이름이다. 삼국사기에는 대렴이라 적고 있지만, 경남 하동군 쌍계사 입구 차 시배지에는 대렴을 김대렴(金大廉)이라 적고 있다. 대렴을 김대렴으로 표기한 이유는 알 수 없지만,『동사강목』제5상 무신년 흥덕왕 3년(당 문종 태화 2, 828)의 동12월 기사에 김대렴으로 적고 있다. 그러나 이규경(李圭景, 1788-1856)의『오주연문장전산고 (五洲衍文長箋散稿)』인사편(人事篇)·복식류(服食類)·면백(布帛)'목면초백변증설(木棉草綿

김대렴공차시배추원비

辨證說)'과 『신증동국여지승람(新增東國輿地勝覽)』 '경상도(慶尙道)'에서는 대렴으로 적었다. 대렴의 이름과 관련한 이견은 반드시 고증해야 한다. 문제는 대렴의 성이다. 김대렴의 경우는 대렴이 이름이고, 대렴은 성이 대이고, 이름은 렴이다. 이 문제를 해결하는 방법은 국가에서 편찬한 역사서에 사신을 이름을 표기할 때 성을 제외한 이름만 적는 관례가 있는지를 확인하는 것이다. 만약 역사서에 사신의 이름을 표기할 때 성을 생략하는 관례가 있다면 대렴은 이름일 수 있다. 다만 이 경우도 대렴이 김대렴인지는 다시 확인해야 한다. 반대로 관례가 없다면 김대렴은 오기이고, 기록대로 성이 대이고, 이름이 렴이다. 여기서 한 가지 추측할 수 있는 것은 『삼국사기』의 경우 통일신라 이전까지 중국 사신 중 성과 이름을 같이 사용한 사례는 찾아볼 수 없지만, 통일신라 때는 성을 같이 사용한 사례가 있고, 대부분 김씨였다는 사실을 알 수 있다. 이 같은 사례를 참고하면 대렴의 경우도 안정복의 기록을 어느 정도 신뢰할 수 있을 것이다.

흥덕왕의 명령에 따라 당나라 사신으로 간 대렴이 인덕전(麟德殿)에서 문종(文宗, 809-840)을 만난 후 돌아오면서 차씨를 가져온 과정은 많은 상상을 낳는다. 인덕전은 측천무후의 남편인 고종 때 건립했다. 인덕전은 고종의 두 번째 연호인 인덕을 딴 이름이다. 당나라 대명궁전 중 하나인 인덕전은 태액지(太液池)에 위치하고 있으며, 황제가 연회를 베푸는 장소다. 그런데 대렴이 공식 업무를 마치고 신라로 돌아오는 길에 차씨를 가져왔다면 어디서 구했는지가 궁금하다. 상식적으로 생각하면 당나라 수도 장안에서 지인을 통해 구했을 가능성이 아주 높다. 아울러 대렴이 자발적으로 차씨를 가져왔는지, 아니면 흥덕왕의 명령이 있었는지도 궁금하다. 왕의 명령을 받았다면 반드시 구해야 하지만, 대렴이 자발적으로 차씨를 가져왔다면 그 이유는 무엇인지도 궁금하다. 자발적으로 가져왔다면, 인덕전 연회 장소에서 차를 마신 경험이 크게 작용했을 것이다. 대렴이 당나라에 간 시대는 이미 중국에서 차가 성행했기 때문에 대렴도 장안에서 차에 대한 정보를 충분히 얻었을 가능성이 높다. 참고로 조선후기에 차인들은 대부분 중국에서 차를 수입해서 마셨다. 서유구의

『임원경제지』 중 「만학지」에 따르면, 서유구가 살았던 시대보다 50-60년 전 차를 즐기는 양반들은 해마다 수레에 실어 수입했다. 그러나 종가시나무, 상수리나무, 박달나무, 조나무 등의 잎과 섞은 가짜 차가 많았다. 중인 출신이자 조선 최고의 역관이었던 이상적(李尙迪, 1804-1865)의 「기용단승설(記龍團勝說)」에 따르면, 고려의 의천, 지공, 홍경, 여가 등 승려들이 도를 묻고 불경을 구하기 위해 송나라를 왕래하면서 앞다투어 이름난 차를 구해서 불전에 바치기도 하고, 심지어 석탑 안에 넣기도 했다.

우리나라 차의 역사를 중국 중심으로 해석하는 것은 한국의 물질문명이 대부분 중국의 영향을 받았을 것이라는 선입견과 문헌 중심의 편견과 무관하지 않다. 아울러 우리나라 차 문화와 밀접한 관련이 있는 불교도 중국 중심으로 이해하고 있는 것과 상당한 관계가 있다. 우리나라 차나무 재배 혹은 차의 기원과 관련해서 중요한 국가가 인도와 가야다. 일부에서는 대렴이 중국에서 차씨를 가져오기 전부터 우리나라에 차 문화가 존재했다는 증거로 인도와 가야를 언급하고 있다. 한국 차의 인도 유래설과 관련해서 중요한 유적은 경북 경주시 양북면에 위치한 기림사 약사전 내부 서쪽의 벽화다. 벽화의 좌측에는 차를 들어 바치는 사람, 우측에는 차를 받는 인물과 조수 등 세 명의 인물이 등장한다.

기림사 약사전과 벽화

기림사의 관계자들은 차를 받는 인물이 기림사를 창건한 광유스님이고, 차를 바치는 인물이 광유스님이 데려와 급수봉다(汲水奉茶)의 일을 맡겼던

인도의 사라수대왕이며, 조수가 사라수대왕을 기림사로 데려온 인도 승려라고 해석한다. 그들은 이 같은 사실에 근거해서 한국의 차는 2000년 전부터 인도에서 건너와서 우리나라에 뿌리를 내렸다고 평가한다. 따라서 기림사 약사전의 내용을 믿는 사람들은 기림사가 한국 차의 뿌리라고 거의 단언한다. 아울러 인도설을 주장하는 사람들은 광유스님에 관한 전설이 세종대왕이 지었다는「월인천강지곡(月印千江之曲)」에서도 언급하고 있다는 점을 강조한다. 기림사는 선덕왕 12년(643)에 원효가 중창하고 이름을 기림사(祇林寺)라 지었다. 기림사는 석가가 인도에서 가장 오래 머물렀던 기원정사(祇園精舍)의 '기'와 광유 스님이 창건한 임정사(林井寺)의 '임'을 따서 붙인 이름이다.

　벽화가 있는 현재의 약사전은 1654년 세 차례 중창한 건물이다. 따라서 벽화의 내용만으로 한국의 차 역사를 해석할 수는 없다. 기림사가 한국 차의 뿌리라는 것을 증명하려면 기림사의 창건 설화를 사실로 받아들일 때만 가능하다. 만약 기림사 창건 설화를 믿을 수 있느냐의 문제는 별개로 하고, 원효가 기림사를 중창한 시기와 비교하면 대렴이 중국에서 차씨를 가져온 시기보다는 상당이 앞선다. 그러나 원효의 기림사 중창 때 약사전의 벽화가 있었는지를 알 수 있는 자료가 없는 상황에서 기림사 중창이 반드시 광유스님의 설화를 증명하는 것은 아니다. 약사전의 벽화는 약사전을 만들면서 광유스님의 설화를 바탕으로 만들 수 있기 때문이다. 그러나 한 가지 분명한 것은 기림사는 현재 주변에 차밭이 있고, 안명수(眼明水), 감로수(甘露水), 장군수(將軍水), 화정수(和靜水), 오탁수(烏啄水) 등 기림사 오종수(五種水)에 관한 얘기도 있기 때문에 우리나라 차를 이해하는 데 중요하다는 점이다. 현재 기림사 뒤편에는 꽤 큰 차밭이 있다. 기림사의 차밭은 경주에서 가장 큰 규모이다. 아울러 경주박물관 내에도 규모는 아주 작지만 차밭이 있다.

경주박물관 차밭

전북 부안군 개암사와 원효방

    흥덕왕 때 대렴이 중국에서 차씨를 가져오기 전부터 신라는 당나라와 활발하게 교류했다. 특히 신라의 승려들의 당나라 유학은 중국의 차를 이해하는 데 아주 중요하다. 당나라 유학 승려들이 당나라 유학시절 사찰에서 차를 마신 경험으로 귀국하면서 차를 가져왔을 가능성이 아주 높지만, 실크로드 역사에서 이 부분은 빠져 있다. 전라북도 부안군 개암사에는 신라의 승려 원효(元曉, 617-686)가 차를 마셨다는 원효방이 있다. 원효방은 634년(무왕 35) 묘련(妙蓮)이 창건한 백제의 고찰 개암사(開巖寺)의 우금암(禹金巖)에 있다. '개암'은 기원전 282년 변한의 문왕이 신한과 마한의 난을 피하여 이곳에 도성을 쌓을 때, 우(禹)와 진(陳)의 두 장군으로 하여금 좌우 계곡에 왕궁전각을 짓도록 하고, 동쪽을 '묘암(妙巖)', 서쪽을 '개암'이라고 한 데서 유래했다. 676년(문무왕 16) 원효는 의상과 함께 이곳에 이르러 개암 아래 굴에 머물면서 개암사를 중수했다. 원효가 차를 마신 원효방은 능가산 개암사에서 500미터 정도 떨어진 곳에 위치하기 때문에 찾아가는 것이 쉽지 않다. 조선후기 문인화가 강세황(姜世晃, 1713-1791)은 1770-1771년 부안 지역을 유람하면서 《우금암도(禹金巖圖)》를 그렸다.

개암사 원효방

그가 그림과 함께 남긴 글은 다음과 같다.

개암사 뒷산봉우리 우금암

강세황 우금암

> 가마를 타고 올라가니 바위 밑에 굴이 있었다. 크기는 백 칸의 집과 같고 깊이는 수십 길이 되는데, 벽의 무늬가 중앙으로 나 있어 마치 화려한 비단 같았다. 이것이 우진굴(禹陳窟) 일명 우금굴(禹金窟)이라 한다. 굴 앞에는 조그만 암자가 있는데, '옥천암(玉川庵)'이라는 세 글자가 걸렸다. 굴 앞에는 작은 난초가 있어 마치 굴을 둘러싼 듯하다.

조선 후기 이운해(李雲海, 1710-?)의 『부풍향차보(扶風鄕茶譜)』는 우리나라에서 부안이라는 특정 지역을 대상으로 한 최초의 다서(茶書)다. 『부풍향차보』는 당시 부안현감이었던 이운해가 1755년 편찬했다. 이 작품은 이덕리(李德履, 1728-?)가 1785년 전후에 저술한 『동다기(東茶記)』보다 50년, 1837년 초의(艸衣) 의순(意恂, 1789-1866)이 홍현주(洪顯周, 1793-1865)부탁으로 저술한 『동다송(東茶頌)』보다 82년 앞선 것이다. 『부풍향차보』의 '부풍'은 현재 전라북도 부안의 옛 이름이다. 부안은 개암사에서 보듯이 일찍부터 차가 발달한 곳이었다. 이운해의 작품도 부안의 전통을 계승한 것이다. 『부풍향차보』의 내용은 정민과

개암사 차밭

유동훈의 『한국의 다서』에 자세하다. 현재 개암사 입구에는 전북 부안을 대표하는 차밭이 있다. 부안은 고창 선운사와 함께 우리나라 차를 대표하는 산지 중 하나다.

경남 하동군 최치원의 「지리산쌍계사진감선사대공탑비」와 중국의 차

쌍계사는 한국 차의 역사에서 빼놓을 수 없는 성지다. 하동군에서 우리나라 차시배지로 설정한 곳이기도 하고, 우리나라에서 가장 나이가 많은 차나무가 살고 있는 곳이기 때문이다.

쌍계사 차 시배지

정금리 차밭

하동군 정금리에는 우리나라에서 가장 나이가 많은 차나무[한국대차수(韓國大茶樹)]가 살고 있다.

대차수

안타깝게도 정금리 차나무는 세월의 무게를 이기지 못하고 세상과 이별했다. 특히 최치원(崔致遠, 857-?)의 「지리산쌍계사진감선사대공탑비(智異山雙溪寺眞鑑禪師大空塔碑)」(국보 제47호, 이하 '진감선사비')에 중국차에 대한 정보가 있기 때문이다. 진감선사비는 최치원의 사산비명(四山碑銘) 중 가장 먼저 쓴 작품이다. 비의 주인공인 진감선사는 쌍계사 국사암에 거처했던 혜소(慧昭)다. 그는 804년 당나라에 유학해서 지금의 하북성(河北省) 창주(滄州)의 신감(神鑑)대사 밑에서 승려가 된 후, 810년 지금의 하남성(河南省) 숭산 소림사에서 구족계를 받고, 지금의 섬서성 장안의 종남산에 들어가 수도했다. 종남산은 당나라 때 사찰이 가장 많은 불교 성지였다. 그래서 혜초, 원측, 의상 등 많은 신라의 승려들이 유학했던 곳이다. 그는 830년(흥덕왕 5)에 귀국하여 경북 상주 장백사(長栢寺:현 남장사)에서 선(禪)을 설법한 후 지리산 화개(花開)에 들어가 옥천사를 짓고 850년(문성왕 12)에 입적했다. 최치원의 비명에 따르면 진감이 지리산으로 갈 때 몇 마리의 오도(於菟), 즉 호랑이가 포효하며 앞길을 인도했다. 진감은 신라 제50대 정강왕이 최치원으로 하여금 옥천사를 쌍계사로 고치게 하고 '진감국사비'를 세우게 했다. 진감선사비에는 차와 관련해서 다음과 같은 내용이 기록되어 있다.

국사암 혜소 영정

쌍계사 진감국사비

> 중국의 차를 바치는 사람이 있으면, 땔나무로 돌솥에 불을 때서 가루로 만들지 않고 달이면서, "나는 이것이 무슨 맛인지 모른다. 그저 배를 적실뿐이다."

위의 내용은 두 가지 정보를 담고 있다. 하나는 신라 때 중국에서 차를 많이 수입했으며, 승려들이 즐겨 마셨다는 사실이다. 다른 하나는 당나라 때는 자차법(煮茶法), 즉 차를 달여 마셨다는 사실이다. 자차법은 신라 때만이 아니라 조선후기까지도 즐겨 마신 음다법이다.

최치원은 우리나라 차의 역사에서 아주 중요한 인물이다. 당나라 수도 장안에 유학하면서 당나라의 차 문화를 직접 경험한 대표적인 인물이기 때문이다. 그가 당나라 유학시절 차를 즐긴 사례는 지금의 하북성(河北省) 유주(幽州)의 태보(太保) 이가거(李可擧, ?-885)에게 보낸 편지(「幽州李可擧太保」) 5통 중 3 번째에서 은으로 장식한 다완(茶碗)을 언급하고 있다. 아울러 최치원은 산동의 수주(壽州) 장고(張翺)에게 보낸 명령문서(「壽州張翺」)와 산동 운주(鄆州) 경원심(耿元審)에게 보낸 명령문서(「鄆州耿元審」)에 의하면, 황소의 난 때 차약(茶藥), 오취차(烏觜茶) 2근을 보냈다. 최치원이 언급한 오취차는 김종직(金宗直)의 『점필재집(佔畢齋集)』권10 중 「다원(茶園)」에서도 등장한다. 최치원이 당나라에서 차 생활한 증거는 『계원필경집(桂苑筆耕集)』권18 중 햇 차에 감사하는 편지(「謝新茶狀」)에서 확인할 수 있다.

> 오늘 종군사 유공초(兪公楚)가 처분을 받들어 전달하고, 아울러 앞의 건(件)으로 햇 차를 보내왔습니다. 엎드려 생각건대 이 햇 차는 촉(지금의 사천)에서 빼어난 기운을 받았고, 수원(隋苑)에서 꽃다움을 뽐냈습니다. 이제 따고 덖는 공력을 다해 바야흐로 정화로운 맛을 갖추었으니, 초록빛 우유를 금솥에 끓이고, 향기 나는 기름을 옥그릇에 띄워 마땅할 것입니다.

실크로드를 통해 중국의 차가 우리나라에 들어온 결정적인 자료는 『계원필경집』권18 중 아래의 최치원이 급료를 요청한 글(「謝探請料錢狀」)에서 확인할 수 있다.

> 더구나 고향으로 가는 사신이 없어 집으로 편지를 부치기도 어려워 다만 부모님을 그리는 시나 읊으며 바다 건너로 소식을 전하지 못했습니다. 그러던 중 본국 사신의 배가 바다를 건너간다 하니, 차약을 사서 집으로 보내는 편지와 함께 부치려 합니다.

최치원은 차약을 신라 사신의 배를 통해 고향의 부모에게 보냈다. 이런 점으로 보면 중국의 차가 육지만이 아니라 바다를 통해 신라에 들어갔다는 것을 알 수 있다.

전남 장흥군 보림사 「장흥보림사보조선사창성탑비」와 '청태전'

전남 장흥군 유치면에 위치한 보림사(寶林寺)는 불교사에서 아주 중요한 위치를 차지한다. 장흥 가지산의 보림사는 인도 가지산의 보림사, 중국 가지산의 보림사와 더불어 세계 '삼보림' 중의 한 곳이다. 보림사는 우리나라 선종의 출발인 구산(九山) 중 하나이자 우리나라 선종의 출발지다.

보림사 전경

신라 경덕왕 때 화엄종의 승려 원표대덕(元表大德)이 세운 보림사는 헌안왕 체징(體澄) 때 크게 성했다. 체징은 837년(희강왕 2) 정육(貞育)·허회(虛會) 등과

보조선사탑비 전경

당나라에 가서 수도하고 840년(문성왕2) 귀국했다. 그가 죽자 왕은 그에게 보조선사(普照禪師)라는 시호를 내리고, 창성(彰聖)의 탑호(塔號)를 하사했다. 현재

보물 제158호인「장흥보림사보조선사창성탑비(寶林寺普照禪師彰聖塔碑)」이다.

보조선사는 보림사의 역사에도 아주 중요한 인물이지만 한국 차의 역사에서도 매우 의미 있는 주인공이다. 우선 탑비 내용 중 헌안왕이 김언경을 보내 보조선사에게 '차약(茶藥)'을 보냈다는 기록은 우리나라 차 역사에서 아주 중요한 구절이다. 탑비의 비문은 당나라 유학생이자 수금성군태수(守錦城郡太守)를 역임한 김영과 장사현(長沙縣, 지금의 고창) 부수(副守) 김언경(金彦卿))이 왕명을 받아 탑비를 지었다. 비문에 '차약(茶藥)'을 언급한 것은 보림사의 차 역사에서 매우 중요하다. 차약의 용례는『고려사절요(高麗史節要)』·『세종실록(世宗實錄)』·『의방유취(醫方類聚)』·『퇴계선생문집고증(退溪先生文集攷證)』·『지봉집(芝峯集)』등에서 확인할 수 있다. 그중『지봉집』의 내용은 다음과 같다.

> **「병중에 회포를 달래다/病中遣懷」**
>
> 병든 뒤 차약으로 생애를 보내나니 / 病來茶藥作生涯
> 늘그막에 가는 세월 또 어찌 견딜까. / 遲暮那堪歲又華
> 적막한 봄철 내내 아무 흥취 없으니 / 寥落一春無意緒
> 직은 창 달빛 아래 배꽃 꿈을 꾸누나. / 小窓和月夢梨花

범해(梵海) 각안(覺岸, 1820-1896)의『차약설(茶藥說)』은 차약에 대한 좋은 사례이다.『차약설』은 1852년 가을 대둔사 남암(南庵)에 머물던 각안이 이질로 사지가 늘어지고 세 끼니마저 잊은 지 열흘 넘어 달포까지 앓다가 무위(無爲) 형님이 준 아차(芽茶)를 달여 마신 후 나았다는 얘기를 담고 있다. 그러나『청규와 차』의 저자는『선원청규(禪院淸規)』에 등장하는 차약을 다식으로 이해한다. 그러나 당나라 다법을 고려하면 차약을 다식으로 이해할 수 있을지는 의문이다. 왜냐하면 남송의 후호유면(後湖惟勉)이 여러 청규 중 정수만을 뽑은『교정청규(校定淸規)』에 다과(茶果)가 따로 등장하기 때문이다.

보조선사는 859년부터 880년 입적까지 20여 년 동안 보림사에서 생활하면서 차를 즐겨 마셨을 것이다. 보조선사가 보림사에서 차를 마신 시기는 대렴이 중국에서 차씨를 가져온 시기와 비교하면 30여 년 정도 늦다. 대렴이 가져온 차씨는 지리산에 재배한 사실만 알 수 있을 뿐 그 뒤의 일은 전혀 알 수 없는 반면, 보조선사의 비는 그가 보림사에서 차를 마셨다는 구체적인 사실을 보여준다. 보조선사가 차를 마시지 않았다면 왕이 그에게 차를 선사하지 않았을 것이다. 왕이 보조선사에게 차를 보낸 것은 당시 차가 아주 귀한 선물이었기 때문이다.

보조선사가 보림사에서 차를 마셨다는 사실을 방증하는 또 다른 배경은 보림사가 한국 조계종의 전통을 계승한 사찰이라는 사실이다. 체징은 중국 남종선, 즉 육조 혜능의 선법을 우리나라에 처음 전한 도의(道義)의 제자인 염거(廉居)의 제자였다. 체징은 맹자가 공자의 제자인 증자의 제자처럼 도의의 법통을 받았던 것이다. 도의는 중국 당나라에서 37년 동안 유학하다가 821년(헌덕왕 13) 귀국 후 설악산 진전사(陳田寺)로 들어가 40년 동안 수도하다가 염거에게 남종선을 전하고 입적했다. 도의는 통일신라 말 중국 남종선을 이은 구산문(九山門) 중 859년 가지산문(迦智山門)을 연 개산조(開山祖)이다.

도의가 당나라에서 활동한 이력은 보림사의 차 문화를 이해하는 데 아주 중요하다. 도의는 최치원의 「진감화상비명(眞監和尙碑銘)」과 「지증화상비명(智證和尙碑銘)에도 등장한다. 그는 784년(선덕왕 5) 산서성(山西省)에 위치한 오대산으로 가서 문수보살의 감응을 얻은 후, 다시 광동 보단사(寶壇寺), 즉 현재 대감선사(大鑑禪寺)에 가서 구족계를 받았다. 그가 구족계를 받은 보단사는 중국 선종의 시조인 육조 혜능이 단경을 설법한 장소다. 그는 다시 광동 조계(韶溪) 남화사(南華寺)에 가서 혜능을 참배했다. 이는 곧 그가 혜능의 중국 남선종을 계승한 인물이라는 것을 의미한다.

도의의 당나라 이력 중에서 남화사에서 혜능을 참배한 것만큼 중요한 것은 현재 강서성 남창부(南昌府) 봉신현(奉新縣) 백장산(百丈山)에 살던 백장회해(百丈懷海, 749-814년) 선사를 만난 사실이다. 백장회회는 당나라 남선종에서도 아주 중요한 비중을 차지할 뿐 아니라 선가(禪家)의 차

문화에도 매우 중요하기 때문이다. 백장회해는 육조 혜능이 입적한 후 두 갈래로 나뉜 종파 중 한 갈래인 남악회양(南嶽懷讓, ?-775)의 제자인 마조도일(馬祖道一, ?-788)을 스승으로 삼았다. 백장회해와 마조도일이 나눈 화두가 『벽암록(碧巖錄)』에 수록되어 있다. 『벽암록』은 송대 편찬한 중국 선종의 화두집이다. 중국의 남선종은 백장회해를 거쳐 위산영우(潙山靈祐, 771-853)의 위앙종(潙仰宗), 임제의현(臨濟義玄, ?-867)의 임제종(臨濟宗)이 탄생했다. 우리나라의 조계종은 바로 임제종 계통이다. 이런 점에서 보면 도의가 백장회해를 스승으로 삼은 것은 우리나라 선종사에서 아주 의미 있는 일이다.

　도의가 스승으로 모신 백장회해는 정원연간(貞元年間, 785-804) '백장청규(百丈淸規)'를 제정한 승려로 유명하다. 백장청규는 선문(禪門)의 직책에서 식사에 이르기까지 선종 종단의 규율을 담고 있다. 그가 남긴 일일부작, 일일불식(一日不作, 一日不食), 즉 "하루 일하지 않으면 하루 밥을 먹지 않는다"는 말은 지금도 선종에서 회자되고 있는 명언이다. 그는 입적 때까지 다른 사람과 마찬가지로 직접 일을 해서 식사를 해결했다. 그가 청규를 만든 것은 당시까지만 해도 남선종에서는 사찰도 없고 규칙도 없었기 때문이다. 그래서 그는 법당(法堂)·승당(僧堂)·방장(方丈)의 제도를 만들었다. 백장이 만든 청규의 정식 명칭은 「선문규식(禪門規式)」이고, 뒷날 편집된 다른 청규와 비교해서 '고청규(古淸規)'라 부른다. 그러나 백장이 만든 청규의 원본은 전하지 않는다. 다만 송나라 도원이 편찬한 역대 부처와 조사들의 어록과 행적을 모은 『경덕전등록(景德傳燈錄)』 중권6의 말미에 '백장회회장(百丈懷海章)' 뒤에 부록으로 전한다. 아울러 백장청규는 『칙수백장청규(勅修百丈淸規)』의 부록에 양억(楊億)의 「고청규서(古淸規書)」라는 이름으로 전한다. 우리나라 차 역사에서 백장청규를 고려해야 하는 것은 내용 중 결제, 해제, 동지, 설날 등 큰 행사 때 총림의 방장이 대중을 청해서 차를 마실 때 규범을 자세하게 수록하고 있기 때문이다. 백장청규의 차 관련 규정은 당시 불교에서 보편적으로 수용했을 가능성이 높다는 점에서 불교 차례사(茶禮史)에서도 중요한 의미를 갖는다. 청규 중에서 『선원청규』는 1103년 지금의 하북성(河北省) 진정부(眞定府) 홍제선원(洪濟禪院)에서 자각종색(慈覺宗賾)이 편찬한 작품이다. 종색이 『선원청규』를 편찬한 것은 북송시대 선법이 쇠퇴한 현실을 개탄하고 백장의 청규를 부흥시키기 위해서였다. 『선원청규』의 차 용례는 다음과 같다.

<표21> 『선원청규』의 차 용례 횟수

권수	조항	전체 횟수
제일	판도구辦道具(1), 장포裝包(3), 괘탑掛搭(7), 부죽반赴粥飯(3), 부차탕赴茶湯(8)	22
제이	청인연請因緣(1), 상당上堂(3), 소참小參(2), 결하結夏(3), 해하解夏(3), 순료巡寮(2)	14
제삼	청지사請知事(7), 유나維那(2), 하지사下知事(1)	10
제사	청두수請頭首(3), 수좌首座(1), 서장書狀(1), 장주藏主(2), 지객知客(1), 고두庫頭(1), 욕주浴主(1), 연수당주정두延壽堂主淨頭(1), 성승시자노두직당聖僧侍者爐頭直堂(3), 요주요수좌료주首座(1), 당두시자堂頭侍者(5), 화주化主(4), 하두수下頭首(3)	27
제오	당두전점堂頭煎點(17), 승당내전점(僧堂內煎點(16), 법권급입실제자특위당두전점法眷及入室弟子特爲堂頭煎點(11), 지사두수전점知事頭首煎點(9), 입료납차전점入寮蠟次煎點(9)	62
제육	간장경看藏經(2), 경중警衆(3), 치서馳書(1), 장식참당將息參堂(2), 망승亡僧(2)	10
제칠	청존숙請尊宿(2), 존숙수소尊宿受疏(2), 존숙입원尊宿入院(1), 존숙천화尊宿遷化(1)	6
제구	훈동행訓童行(4)	4
제십	백장규승송百丈赴繩頌(3)	3
합		158

도의는 스승인 백장은 물론 당시 선종에서 유행한 차 문화를 자연스럽게 체득한 후 고국으로 돌아와서 차를 마시면서 수행했을 것이다. 도의의

수행 과정은 보조선사에게도 이어졌을 터이다. 보림사의 이른바 '청태전(靑苔錢)'은 한국 차 역사의 중요한 증거다. '청태전'은 발효과정에서 푸른 파래나 이끼처럼 변해서 붙인 이름이다. 청태전은 보림사 사하촌에서 대대로 동전 모양으로 만든 돈차(錢茶, 떡차)를 의미한다. 청태전 제조법은 보림사 승려와 사하촌 할머니들에게 전승돼 왔다. 청태전은 일제강점기에 장흥의 돈차를 처음 본 일본인들이 붙인 이름이다.

돈차는 장흥 보림사 주변의 야생차로 만든다. 보림사가 위치한 장흥은 『세종실록·지리지』, 『신증동국여지승람』 등에 따르면, 고려와 조선 초기 전국의 다소 19개 중 13곳이 존재했을 만큼 차 재배가 많았다. 그러나 장흥 보림사의 돈차는 오랫동안 잊혀졌다. 잊힌 보림사의 돈차를 다시 세상에 알린 것은 강진에 유배했던 다산 정약용(1762-1836)과 초의(1786-1866) 선사가 구증구포로 만든 죽로차(竹露茶)와 보림백모차(寶林白茅茶) 때문이었다. 아울러 이유원(李裕元, 1814-1888)의 『임하필기(林下筆記)』·「호남사종(湖南四種)」과 『가오고략(嘉梧藁略)』에서도 보림차를 칭찬하고 있다. 『가오고략』의 긴 시에는 보림사 차와 관련한 구체적인 내용을 담고 있다. 이유원에 따르면 정약용이 보림사의 죽로 찻잎으로 '구증구포(九烝十曝)' 방식으로 만드는 떡차를 '우전'이라 불렀다. 이유원이 언급한 우전은 우리나라에서 곡우전 찻잎으로 만든 녹차를 일컫는 우전과 다르다. 한편 이유원이 언급한 정약용이 제다 방법으로 사용한 구증구포에 대해서는 현재 차인들 사이에서 논란으로 남아 있다.

보림사의 떡차에 관한 조선시대의 기록은 일제강점기 모로오카 다모츠(諸岡 存, 1879-1946)와 아에이리 가즈오(家入一雄, 1900-1982) 등이 1938년 전남 나주군 다도면 불회사와 장흥 보림사를 직접 답사해서 조사한 내용과 일치한다. 지금 현재 보림사에서는 당시의 떡차를 재현해서 판매하고 있다. 보림사의 떡차 재현이 중요한 것은 중국 당나라 때 마신 떡차의 전통이 우리나라에서 계승되고 있다는 점이다. 육우 『다경』 중 '이지구(二之具: 차를 따서 만드는 기구)', '삼지조(三之造: 차를 만드는 과정)', '사지기(四之器: 차를 마시는 다구)' 등에서 떡차를 만들어 마시는 전 과정을 자세하게 소개하고 있다. 『다경』에는 떡차를 만들어 마시는 전 과정에 필요한 실물을 수록하지 않았지만 섬서성(陝西省) 봉상부(鳳翔府) 부풍현(扶風縣)에 위치한 법문사(法門寺) 발굴과정에서 육우가 『다경』에서 언급한 다구 및 다기 유물이 대량으로 나와서 당대의 떡차 제조 전 과정을 쉽게 이해할 수 있다. 당나라 황실에서 직접 관할한 법문사의 지하궁전에서는 석가모니 진신사리가 나왔을 뿐 아니라 아주 귀중한 유물들이 나와서 세계인들을 깜짝 놀라게 했다. 법문사 출토 차 관련 유물은 『중국역대다구(中國歷代茶具)』에 수록되어 있다.

조선시대 및 현재의 차밭

불교를 지배이념으로 삼았던 고려시대는 우리나라 차 역사에서 차가 가장 성행했지만, 차밭을 확인할 수 있는 자료를 찾을 수 없다. 그러나 조선시대는 『세종실록(世宗實錄)·지리지(地理志)』에서 조선 초기의 차밭을 대략 짐작할 수 있다. 『세종실록·지리지』에서는 경상도와 전라도에서만 차를 확인할 수 있다. 두 지역의 차를 기록한 것은 주로 정부에 차를 바치는 곳이기도 하고, 당시 이 지역의 차가 특산물이었기 때문이다. 『세종실록·지리지』의 경상도와 전라도의 차산지 및 종류는 다음과 같다.

<표22> 『세종실록·지리지』의 경상도와 전라도 차 재배 지역과 차 종류

지역	산지	비고
경상도	밀양	작설차[토의(土宜)]
	울산	작설차(토의)
	진주	작설차[토산(土産)]
	함양	작설차(토산)
	하동	작설차(토산)
	산음(산청)	작설차[토공(土貢)]
	진해	작설차(토공)

	고부	작설차(약재)
	정읍	차(토공)
	나주	작설차(토의)
	영암	작설차(토의)
	영광	작설차(토공)
	강진	작설차(토공)
	무장(고창군 편입)	작설차(토공)
	함평	작설차(토공)
	고창	작설차(토공)
	장성	작설차(토공)
전라도	순창	차(토공)
	구례	작설차(토공)
	장흥	차(토공)
	담양	차(토공)
	순천	차(토공)
	무진(광주)	차(토공)
	보성	차(약재)
	낙안	차(토공)
	고흥	차(토공)
	동복(화순군 편입)	차(토공)
	진원(장성군 편입)	차(토공)

『세종실록·지리지』의 경상도와 전라도 차밭 중 경상도는 7곳, 전라도는 21곳이다. 두 지역 중 전라도가 압도적으로 많다. 이 같은 차밭 현황은 지금과 크게 다르지 않다. 그래서 여기서는 조선 초기의 차밭과 더불어 현재의 차밭도 함께 살펴보고자 한다.

우선 경상도 지역을 살펴보면, 밀양의 경우 산외면 다죽리(茶竹里)의 혜산서원(惠山書院)과 혜산서원 입구 신도비 옆, 그리고 다원서당(茶院書堂)에 각각 한 그루씩 차나무가 살고 있다. 이곳은 다죽리에서 보듯 차나무와 깊은 인연이 있다. 차나무를 심은 사람은 일직(一直) 손씨(孫氏) 후손들이다. 혜산서원은 1753년 격재(格齋) 손조서(孫肇瑞)가 서산서원(西山書院)을 세운 자리에 4현을 모셔 와서 1971년 탄생했다. 이곳의 차나무는 우리나라에서 가장 나이가 많다는 얘기도 있지만 언제 누가 심었는지를 알 수 있는 자료는 없다. 단지 한 가지 분명한 것은 일직 손씨 후손들이 심었다는 사실이다.

다원서당 및 차나무   혜산서원 및 차나무

함양의 경우 점필재 김종직(金宗直, 1431-1492)이 함양군수 시절 경영한 차밭과 관련 시에서 확인할 수 있다. 김종직이 함양에서 경영한 차밭은 현재 유천면의 엄천사지(嚴川寺址)에 위치하고 있다.

> 「엄천사에서 자다/宿嚴川寺」
>
> 엄천사 안에서 유군 임군과 나 세 사람이 / 嚴川寺裏兪林我
> 차 달여 청담 나누며 평소 회포 풀고서. / 煮茗淸談愜素期
> 하룻밤 동안 벼슬살이는 전혀 잊었는데 / 一夜簪纓渾忘却
> 여울물 소리에 꿈 깨어 문득 시를 찾네. / 灘聲驚夢忽尋詩

김종직이 엄천사에서 두 사람과 함께 하룻밤을 보내면서 차를 마셨다는 것은 엄천사의 스님이 차를 달여 대접했다는 뜻이다. 시에서는 차를 의미하는 한자를 '명'으로 사용한 사실도 주목할 필요가 있다. 조선 초기에 차를 의미하는 한자를 차와 명을 특별한 의미 없이 병용했다는 것을 알 수 있기 때문이다. 게다가 차를 달였다는 뜻의 '자명'은 김종직이 당나라의 다법인 자차법(煮茶法)을 사용했다는 것을 의미한다. 김종직이 엄천사에서 차를 마실

시비

수 있었던 것은 사찰 주변에 차밭이 존재했다는 것을 의미한다. 이같은 사실은 김종직의 또 다른 글에서 확인할 수 있다.

「차밭/茶園」

상공(上供)하는 차가 본군(本郡)에는 생산되지 않아 해마다 백성들에게 이를 부과했다. 백성들은 값을 가지고 전라도에서 사오는데, 대략 쌀 한 말에 차 한 홉을 얻는다. 내가 처음 이 고을에 부임하여 그 폐단을 알고는 이것을 백성들에게 부과하지 않고 관(官)에서 자체로 여기저기서 구걸하여 납부했다. 그런데 일찍이 삼국사(三國史)를 열람해보니, 신라(新羅) 때에 당(唐) 나라에서 차종(茶種)을 얻어와 명하여 지리산에 심게 했다 …… 는 말이 있었다. 아, 우리 군이 바로 이 산 밑에 있는데, 어찌 신라 때의 남긴 종자가 없겠는가. 그래서 매양 부로(父老)들을 만나서 그것을 찾아보게 한 결과 과연 엄천사 북쪽 죽림(竹林) 속에서 두어 떨기의 차종을 발견했다. 나는 매우 기뻐하면서 그 땅을 다원(茶園)으로 만들게 하고, 그 부근은 모두 백성들의 토지이므로 그것을 관전(官田)으로 보상해주고 모두 사들여 차를 재배했는데, 겨우 수년 뒤에는 제법 번식하여 다원 전체에 두루 퍼지게 되었으니, 앞으로 4~5년만 기다리면 상공할 액수를 충당할 수 있게 되었다. 그래서 마침내 시 두 수를 읊는 바이다.

> 신령한 싹 올려 성군께 축수코자 하는데 / 欲奉靈苗壽聖君
> 신라 때의 남긴 종자 오랫동안 못 찾았다가. / 新羅遺種久無聞
> 지금에야 두류산(지리산) 밑에서 채취하고 보니 / 如今擷得頭流下
> 우리 백성 일분의 힘 펴일 것이 우선 기쁘네. / 且喜吾民寬一分
> 죽림 밖 황량한 동산 두어 이랑 언덕에 / 竹外荒園數畝坡
> 붉은 꽃 검은 부리가 어느 때나 무성할꼬. / 紫英烏觜幾時誇
> 다만 백성의 심두육을 치유하게 할 뿐이요 / 但令民療心頭肉
> 속립아 바구니에 담아 진상하기는 바라지 않네. / 不要籠加粟粒芽

위의 시 중에서 심두육(心頭肉)은 심장 위에 붙은 살을 뜻한다. 이는 차가 심장병을 치유할 수 있다는 뜻이지만, 당시 차세(茶稅)로 고통 받고 있는 백성들의 아픔을 치유한다는 뜻이다. '좁쌀 같은 싹'을 의미하는 속립아(粟粒芽)는 봄철의 어린 찻잎을 뜻한다. 이 같은 표현은 송나라 정위(丁謂)와 채양(蔡襄)이 처음으로 복건성 건주(建州)에서 용단차를 만들어 황제에게 바친 사례를 모방한 것이다.

김종직은 조선 초기의 차인 중에서 차밭을 경영한 경험을 가진 거의 유일한 인물이었다. 그러나 김종직은 차와 관련한 시가 몇 편에 불과하다. 김종직과 동시대를 살았던 생육신(生六臣) 매월당(梅月堂) 김시습(金時習, 1435-1493)은 차와 관련한 시를 많이 남겼을 뿐 아니라 전통시대 다른 차인과 다른 점을 갖고 있다. 우선 그는 차를 직접 재배한 경험을 가진 차인이었다.

> 「차나무를 기르며/養茶」
>
> 해마다 차나무에 새 가지가 자라니 / 年年茶樹長新枝
> 그늘에 기르느라 울을 엮어 보호하네. / 蔭養編籬謹護持
> 육우의 『다경』에서는 빛과 맛을 논했는데 / 陸羽經中論色味
> 관가에서 거두어들일 때는 일창일기 / 官家榷處取槍旗
> 봄바람이 아직 불지 않아도 싹이 먼저 터 나오고 / 春風未展芽先抽

> 곡우 때 돌아오면 잎이 반쯤 피네. /穀雨初回葉半披
> 나지막한 동산 조용하고 따뜻한 곳을 좋아하니 /好向小園閑暖地
> 비 때문에 옥같은 꽃 드리워도 상관없네. /不妨因雨着瓊蕤

매월당영당

위의 시는 차나무를 길러서 잎을 따기까지의 과정을 담고 있다. 시를 통해 차나무가 나지막한 동산이나 그늘을 좋아한다는 것을 알 수 있다. 시에서 언급한 '창기(槍旗)'는 일창일기(一槍一旗)를 뜻한다. 창 모양의 새순과 깃발 모양의 잎을 뜻한다. 찻잎 중에서 가장 좋은 것을 의미한다. 위의 시는 1447년에 엮은 『매월당시집(梅月堂詩集)』중 「유금오록(遊金鰲錄)」에 수록되어 있는 점으로 보아 경상북도 일대를 유람할 때 지은 것으로 보인다. 현재 기림사에는 매월당 김시습을 모신 매월당사당이 있다.

「유금오록」의 '금오'가 경주라는 점을 감안하면 위의 시는 경주와 밀접한 관련이 있을 가능성이 높다.

김시습은 우리나라 차 역사에서 특별한 위치를 갖고 있다. 그 이유는 일본 스님과 차를 마셨기 때문이다.

> 「일본 스님 준 장로와 이야기하며/與日東僧俊長老話」
>
> 고향을 멀리 떠나니 마음 쓸쓸해서 /遠離鄕曲意蕭條
> 옛 불상과 산꽃 속에 고적함을 달래네. /古佛山花遣寂寥
> 쇠 다관에 차를 달여 손님 앞에 내 놓고 /鐵罐煮茶供客飮
> 질화로에 불을 더해 향을 사르네. /瓦爐添火辦香燒
> 봄 깊으니 바다의 달이 쑥대 문에 비치고 /春深海月侵蓬戶

> 비 그치니 산 사슴이 약초 싹을 밟네. /雨歇山麛踐藥苗
> 선의 경지와 나그네의 마음 함께 아담하니 /禪境旅情俱雅淡
> 밤새워 오순도순 이야기할 만하구나. /不妨軟語徹淸宵

위의 작품도 『매월당시집』 중 「유금오록」에 수록되어 있는 점으로 보아 김시습이 경주에 있으면서 준이라는 일본 스님이 울산 염포의 왜관에 왔을 때 만나 지은 시일 듯하다. 우리나라의 차 연구자들 중에는 위의 시 내용을 통해 김시습이 일본의 차 문화에 영향을 주었을 것이라 주장하는 경우도 있다. 그러나 시 내용 중에는 김시습이 일본 스님과 차를 마신 분위기만 짐작할 수 있을 뿐 직접 조선의 차를 전수한 내용은 찾아볼 수 없다. 시 중의 쇠다관은 당나라 다법으로 차를 마신 것을 알려주지만, 준 스님이 이러한 다법을 처음 접했는지는 알 수 없다. 준 스님이 김시습과 만난 시기는 에이사이[榮西]가 1211년 중국 송나라의 차 문화를 일본에 전한 『끽다양생기(喫茶養生記)』를 편찬한지 200년이 훨씬 더 지난 뒤이다. 다만 김시습의 차에 대한 정보는 준 스님과의 얘기 중에 충분히 전달되었을 가능성은 아주 높다.

안심료

함양과 더불어 지리산 자락에 위치한 진주는 경상남도의 차 문화에서 아주 중요한 지역이다. 진주 차 문화의 뿌리는 경남 사천시 곤명면 봉명산(鳳鳴山)에 위치한 다솔사(多率寺)이다. 물론 진주는 일찍부터 차를

다솔사차전시관

재배한 곳이지만, 부흥을 맞이한 것은 다솔사와 인연을 맺은 효당(曉堂) 최범술(崔凡述, 1904-1979)이었다. 독립운동가 최범술이 다솔사와 인연을 맺은 것은 1934년 사천에 광명학원(光明學院)을 설립한후, 1936년 다솔사불교전수강원을 설립하면서부터였다. 511년(지증왕 12)에 연기(緣起)가 세운 영악사(靈嶽寺)에서 출발한 천년고찰 다솔사는 636년(선덕여왕 5) 새로 건물 2동을 지은 뒤 생긴 이름이다. 그러나 다솔사는 676년(문무왕 16) 의상(義湘)에 의해 영봉사(靈鳳寺)로 다시 바뀌었다가 도선(道詵)이 이름을 다솔사로 복원했다. 다솔사는 1326년(충숙왕 13) 나옹(懶翁)이 중수했다. 다솔사는 임진왜란 불타 조선 숙종 때 원래의 모습을 되찾았지만, 1914년의 화재로 타버려 1915년 다시 세워 지금에 이르렀다. 이처럼 다솔사는 우리나라의 유명 승려들이 거쳐 간 고찰이자 석가모니 진신 사리를 모신 곳이기도 하다. 더욱이 이곳 안심료(安心寮) 건물은 일제강점기에 한용운(韓龍雲)이 머물면서 독립선언서를 초안한 곳이자 소설가 김동리(金東里)가《등신불》을 쓴 곳으로도 유명하다.

다솔사는 사찰의 주봉(主峯) 봉명산이 마치 대장군처럼 군사를 많이 거느린 듯해서 붙인 이름이다. 이 같은 의미를 지닌 '다솔'은 중국 삼국시대 제갈공명의 『출사표(出師表)』에서 빌린 것이다. 웅진전 맞은편에 위치한 차전시관 서쪽 벽에 『출사표』 복사본을 걸어두었다. 다솔사차전시관은 진주의 차문화는 물론 우리나라 현대 차문화를 이해하는데도 중요하다. 전시관에는 한용운과 김동리 등 다솔사와 인연을 맺은 분들의 자료와 함께 다솔사의 차와 다기들이 전시되어 있다. 전시관은 1969년 10월 1일 진주 차인들이 전국에서 처음으로 결성한 '진주차례회(현 진주차인회)'의 산물이다. 진주차인회의 활동은 전국의 차 문화에 큰 영향을 주었다. 그 덕분에 1977년 1월, 전국 각지에서 50여 차인들이 참석해 15-16일

죽로지실

이틀간 회의 끝에 다솔사 '죽로지실(竹爐之室)'에서 '한국차도회'가 탄생했다. 죽로지실은 현재 호암미술관에 소장하고 있는 추사(秋史) 김정희(金正喜, 1786-1856)의 글씨다. 이 글씨는 다산 정약용의 제자인 황상(黃裳, 1788-1863)이 준 차에 보답한 것이다. '죽로'는 차를 달일 때 사용하는 도구 중 하나이다.

효당이 직접 이름을 붙인 '반야로차(般若露茶)'는 현재 효당의 차를 계승한 다솔사의 명차다. 반야로차의 '반야'는 『반야심경(般若心經)』의 '반야'처럼 '지혜'를, '로'는 죽로차(竹露茶)처럼 '이슬'을 뜻한다. 반야로차는 다솔사 뒤산의 차밭에서 만든다.

다솔사 및 차밭

이곳의 차밭은 산비탈의 울창한 소나무와 삼나무 덕분에 꽤 좋은 조건을 갖추고 있다. 다솔사 근처에 위치한 '다자연' 차밭은 경상도에서 가장 규모가 크다. 다만 이곳 차밭은 평지에 위치하고 있다.

다자연 전경

하동과 산음(현재 산청)은 경상도 중에서 가장 많은 차밭이 있는 곳이다. 특히 하동의 쌍계사가 위치한 화개(花開)는 우리나라 최고의 차밭이다. 현재 하동 전통차 농업은 2015년 국가중요농업유산 제6호로 선정된 데 이어 2017년 세계중요농업유산으로 등재되었다. 하동은 섬진강에 위치한 덕분에 안개가 많고 경사도 10-40°인 산간지역이 많은 데다 미사질토라서 차의 생육에 아주 좋은 조건을 갖추고 있다. 이 덕분에 하동 화개는 신라시대 이후부터 지금까지 한반도의 차 중심지로 평가받고 있다.

신라시대 이후 화개가 한국의 차 중심지였다는 사실은 여러 문헌을 통해서 확인할 수 있다. 특히 화개는 고려부터 조선 초까지 부곡(部曲)이었으며, 화개부곡의 대표 토산품이 차였다. 화개의 토산 차 생산은 이 지역의 사찰과 밀접한 관계 속에서 이루어졌다. 이소성의 석사학위논문에 따르면, 조선시대 지리지에는 꾸준히 화개차를 기록하고 있다.

<표23> 조선시대 지리지의 화개 토산 차

지리지	시대	차 종류
신찬팔도지리지(新撰八道地理志)	1425	차[토산(土産)]
경상도지리지(慶尙道地理志)	1425	작설차(약재)
세종실록지리지(世宗實錄地理志)	1451	작설차(토공)
경상도속찬지리지(慶尙道續撰地理志)	1469	차(토산)
팔도지리지(八道地理誌)	1477	차(토산)
동국여지승람(東國輿地勝覽)	1481	차(토산)
신증동국여지승람(新增東國輿地勝覽)	1530	차(토산)
고사촬요(攷事撮要)	1613	사(토산)
동국여지지(東國輿地志)	1670	차[물산(物産)]
고사촬요2(攷事撮要)	1675	차(토산)
대동지지(大東地志)	1864	차(토산)
조선팔도기요(朝鮮八道紀要)	1891	차(물산)

화개차는 매년 음력 2월에 임금에게 바치는 최고의 차였기 때문에 많은 사람들에게 사랑받았다. 화개차는 나무상자에 칡덩굴을 이용해서 포장했다. 이는 차의 향기가 날아가지 않도록 하기 위해서였다. 화개차는 초의선사의 『동다송(東茶頌)』 중 23송에도 등장할 만큼 조선후기가지 명성을 이어갔다. 화개차가 임금에게 진상되었다는 내용은 범해 각안의 『차가(茶歌)』에서도 언급하고 있다. 그러나 화개의 차밭은 임진왜란을 겪으면서 많은 차밭이

피해를 입었다. 일제강점기 때는 토지를 잃은 농민들이 지리산으로 들어가 논밭을 개간하는 과정에서 차밭은 밤나무와 감나무 밭으로 바뀌었다. 더욱이 일제는 화개지역에 일본의 개량차나무를 심지 않았다. 그 이유는 지형과 기후 조건이 맞지 않았기 때문이었다. 대신 일제는 나주, 고흥, 영암, 보성 등 전라도 지역에 일본 개량종 차나무를 심었다. 화개차가 다시 부흥한 것은 1960년대 초 1940년대 말 쌍계사 주변에 차를 심기 시작한 조병곤의 뒤를 이은 차 농가가 생기면서였다. 1968년 등록된 '화개제다'와 1975년 등록된 '쌍계제다'는 성과 중 하나였다. 그러나 화개 농가의 차 농사는 본업이 아니라 부업에 불과했다. 보성, 광주, 고흥, 영암, 통영 등지에서는 농특사업(1969-1972) 덕분에 기존의 차밭과 더불어 817ha의 차밭을 갖추었다. 1980년대 이후에는 전국적으로 차 소비가 늘면서 차 재배 농가도 늘어났다. 1990년대 화개의 차 재배 농가는 618호, 가공 업체도 22개로 늘어났다.

현재 남해 호구산(虎丘山) 용문사(龍門寺) 대웅전 뒤에 차밭이 있다. 중국 명대 도륭(屠隆)의 『고반여사(考槃餘事)·차전(茶箋)』 강소성 '소주호구(蘇州虎丘)'의 명차를 소개하고 있는 점으로 보아, 용문사는 차와 관련한 지명일지도 모른다. 용문사 염불암(念佛庵) 기슭에 살고 있는 차나무는 해풍을 품고 자라고 있다.

전라도는 워낙 차밭이 많아서 몇 군데만 살펴보고자 한다. 전라도에서 가장 큰 규모의 차밭인 보성, 그리고 보성 다음으로 큰 규모인 강진을 살펴보고자 한다. 우선 박금옥의 석사학위논문에 따르면, 보성의 차밭은 현재 전국 차 재배 면적의 약 35%를 차지한다. 2009년 12월 현재 총 재배 면적은 1,097.1ha이며, 1,097농가에서 1,266톤의 녹차를 생산하고 있다. 아울러 국제유기인증 획득 농가는 22농가이며, 획득 면적은 1,275,508㎡이다. 그러나 2008년

보성 차밭

이후 보성의 차 재배면적과 생산량은 감소하고 있는 추세이다. 이 같은 추세는 차 산업이 안고 있는 문제, 즉 대규모화로 인한 기계화, 품종 개량 등과 더불어 차 소비의 감소 때문이다.

다음은 강진의 백운동별서 주변의 차밭이다.

백운동별서는 우리나라를 대표하는 정원이다. 이 정원은 영암 월출산 옥판봉 남쪽 자락에 조선후기 이담로(李聃老)가 만들고 둘째 손자 이언길(李彦吉)이 가족과 함께 살면서 완성했다. 특히 이 정원은 1801년 겨울 강진에 유배 온 다산 정약용이 1812년에 직접 이곳을 찾아서 『백운첩(白雲帖)』을 남기면서 전국의 명소로 떠올랐다. 『백운첩』은 정약용이 초의선사에게 다산초당과 함께 그리도록 해서 탄생한 작품이다. 정약용은 백운동을 12경으로 나눠서 읊었다. 1경은 옥판봉, 2경은 산다경, 3경은 백매오, 4경은 홍옥폭, 5경은 유상곡수, 6경은 창하벽, 7경은 정유강, 8경은 모란체, 9경은 취미선방, 10경은 풍단, 11경은 정선대, 12경은 운당원이다. 5경에서 보듯 유상곡수(流觴曲水)는 별서정원의 백미다. 정자에 앉아서 유상곡수를 바라보면서 한 잔의 차를 마신다면 더 이상 바랄 것이 없다. 이곳에서 만든 차는 1경 옥판봉을 본 딴 옥판차다. 백운옥판차를 만든 사람은 우리나라에서 가장 먼저 차 상표를 만든 이한영이다. 근처에는 이한영의 생가가 있다.

백운동별서 주변의 차밭은 별서로 오는 숲 속에서도 만날 수 있지만, 12경 중 마지막에 해당하는 늠름한 왕대 숲 운당원을 지나면 두 눈에 담을 수 없을 만큼 넓은 차밭을 만날 수 있다. 이곳은 바로 태평양의 오설록 차밭이다. 범해 각안의 『다가』에서도 월출산의 차를 언급하고 있다. 『다가』에서는 함평, 무안, 강진, 해남, 광주 서석산(瑞石山: 무등산)의 창기차(槍旗茶), 백양사(白羊寺)의 작설차와 조취차(鳥嘴茶: 새의 부리를 닮은 차), 덕룡산(德龍山)의 용단차(龍團茶)를 소개하고 있다. 이외 전라도 지역의 차에 대한 정보는 서희수의 석사학위논문에서 자세히 알 수 있다. 전라도 중에서 조선시대 문헌이나 학위논문에서 관심을 갖지 않은 곳 중 하나는 익산시 웅포면 입점리 산30번지의 차밭이다.

한편 충청남도 청양군 온직리에도 온직다원이 있다. 온직다원은 익산과 함께 우리나라 차 재배 지역 중 최북단에 위치하고 있다.

우리나라 최남단의 제주도에는 가장 넓은 차밭이 있지만, 1979년 이후 기업에서 시작했다. 기업에서 경영하는 차밭은 대규모지만 아주 작은 차밭도 적지 않다. 그 중 애월읍의 동다원은 차맛이 좋기로 유명하다.

청양 온직다원

동다원

이덕리의 『동다기』와 차 수출 전략

이덕리(李德履, 1725-1797)가 1783년 진도 유배 중에 저술한 『동다기』는 우리나라 유일의 차 무역에 관한 작품이다. 그간 우리나라에는 차 관련 저술이나 시가 적지 않았지만 차의 수출을 언급한 사람은 전혀 없었다. 그 이유는 그 동안 우리나라 사람들이 마신 차는 대부분 중국 차였기 때문이었다. 이덕리가 우리나라의 차를 국내 소비를 넘어 수출까지 생각할 수 있었던 것은 조선후기에 우리니라에서도 이전과 달리 차밭이 많아졌을 뿐 아니라 절실해진 국방비를 마련하는 것이 중요한 현안이었기 때문이다.

이덕리가 차의 수출을 생각한 것은 그의 차에 대한 안목이 남달랐기 때문이다. 그는 차를 천하에서 가장 맛이 좋고, 천하 사람들이 모두 마신다는 전제아래, 차가 그 어떤 것보다 많은 장점을 갖고 있다고 확신했다. 더욱이 그는 당시 우리나라의 차밭이 지방지에 실린 영남과 호남의 차밭 외에도 아주 많다고 판단했다. 그는 그 이유를 대부분 사람들이 차에 대한 지식이 부족한 탓이라 생각했다. 그는 1762년(영조 38) 차를 실은 중국 상선이 온 뒤에야 차의 생김새를 알았다고 판단할 정도였다. 이덕리가 당시 중국 상선에서 본 차는 황차였다. 그는 국내의 차를 배로 서북의 대외 무역 시장에서 은과 맞바꾸면 최고급 은으로 만든 그릇과 촛대, 그리고 말, 비단 등과 바꿀 수 있다고 여겼다. 만약 이럴 경우 나라의 재정은 물론 백성의 힘도 절로 펴질 것으로 예상했다.

이덕리가 차의 수출을 예상할 수 있었던 것은 당시 영남과 호남에는 차를 따지 않는 곳이 적잖이 많았기 때문이다. 더욱이 그는 차를 따지 않으니 주인도 있을 수 없고, 그래서 국가에서 독점해도 전혀 문제가 발생하지 않는다고 판단했다. 이덕리는 당시 우리나라의 차 산업은 중국과 비교해도 큰 장점이 있다고 여겼다. 즉 중국의 차는 만 리 밖에서 생산해야 하지만, 우리나라는 울타리 주변이나 섬돌 옆에서 생산할 수 있었기 때문이다. 그는 이 같은 장점을 열거하면서 차를 국가의 정책으로 삼을 것을 건의했다.

이덕리의 주장은 나름 충분한 근거가 있었다. 예컨대 그가 『동다기』에서 언급하고 있듯이, 『세종실록·지리지』에서 기록한 화순군 동복의 경우만 하더라도 작은 마을인데도 수령(守令)이 여덟 말의 작설을 따서 이것을 써서 달여 고(膏)를 만들었다. 당시 여덟 말의 작설은 한 참 뒤에 땄다면 차 수천 근을 만들 수 있는 양이었다. 그래서 이덕리는 차를 수출하기 위한 방법을 구체적으로 제시했다.

우선, 비변사에서 호남과 영남에 공문을 보내 차가 있는지 없는지를 보고하게 한다. 만약 차가 있는 고을은 수령으로 하여금 가난한 자 가운데 토지가 없거나 토지가 있더라도 벼 100단을 세우지 못하는 자 및 군역을 중첩해서 바치는 자를 조사해서 대기하게 한다. 다음은 비변사에서 공문서 100여장을 내서 서울의 약국에 있는 사람 중 일 잘하는 사람을 가려 뽑는다. 곡우가 지나기를 기다려 역부(役夫)와 말, 말이 먹을 사료 등을 지급해서 차가 나는 고을로 나누어 보내서 차가 나는 곳을 자세히 살피게 한다. 차를 따야할 때를 잘 살펴 본읍에서 심사해서 기록해둔 가난한 백성을 이끌고 산으로 들어가 찻잎을 채취해 고른다. 찻잎은 좋은 것만 가려 알맞게 찌고 말리되 근량을 넘치게 하면 안 된다. 통틀어 계산하여 한 근의 차를 돈 50문(文)으로 쳐서 보상해준다. 첫 해에는 5,000냥으로 한정해서 1만 근의 차를 취한다. 일본 종이를 사 와서 포장하여 도회지로 나누어 보낸다. 관용 배로 서북 수출 시장으로 보내는데, 낭청 가운데 한 사람의 감독관이 되어 창고에 봉납하고 수고를 보상하는 은전을 베푼다. 이 같이 생산한 차를 한 첩에 2전 씩 값으로 계산하면 1만 근(6톤)의 차 값은 은으로 3만 2천 냥이고, 돈으로는 9만 6천 냥이다. 해마다 더욱 많이 채취해서 100만 근(600톤)을 생산하면 50만냥을 국가의 재정으로 확보할 수 있다.

이덕리의 차 수출 전략은 당시로서는 획기적인 방안이었다. 그의 주장은 단순히 탁상공론이 아니라 현장을 확인한 데서 출발했다는 점에서도 높이 평가할 수 있다. 다만 그의 수출 전략이 실현되지 않았다는 점을 감안하면 아쉬운 부분도 적지 않다. 특히 현재도 우리나라의 차가 거의 외국에 수출하지 못하는 점까지 고려하면 다시 이덕리의 주장은 실현 가능성 측면에서 높이 평가할 수 없다. 그가 당시 우리나라의 차밭 현실을 나름대로 파악하고 있었고, 중국의 사정도 어느 정도 파악하고 있었더라도, 한가지 중요한 것을 놓쳤다. 즉 그는 채취하지 않는 차밭의 가치만 생각했을 뿐 백성들이 차를 채취하지 않는 근본적인 이유를 몰랐던 것이다. 그는 당시 영남과 호남에서 차밭을 경영하지 않는 이유를 단순히 차 가치에 대한 인식 부족으로만 여겼다. 그러나 조선 초기의 경남 함양의 사례에서 보듯이 차 공납에 대한 폐해는 아주 컸다. 게다가 백성들이 차를 생산하지 않은 것은 차가 곡물 농사와 달리 1년 만에 이익을 얻을 수 있는 품목도 아닐 뿐만 아니라 설령 생산하더라도 쉽게 제다하거나 판매할 수조차 없었다. 이런 상황에서 백성들이 차밭을 자발적으로 경영한다는 것은 상상할 수 없는 일이고, 차는 국가가 나서서 강제로 차밭을 경영하거나 수확하는 것도 결코 쉽지 않다.

3. 대만과 일본의 중국 차 수입과 차밭 및 유통

대만의 중국 차 씨 수입과 차밭 및 수출

1934년 장천복(張天福)의 『대만지차업(臺灣之茶業)』에 따르면, 대만의 차는 중국에서 수입한 것 외에 대만 중부 산상(山上)에서 야생차가 있다는 얘기도 있다. 지금의 차는 대부분 100여 년 전 화족이 대북 문산군(文山郡)에 전파한 것이다. 대북의 차나무는 대만 야생차 외에 중국과 인도에서 수입한 품종이 많아 30여 종이 있었다. 중국종을 개량한 것은 청심오룡(青心烏龍), 대엽오룡(大葉烏龍), 청심대유(青心大有), 경지홍심(硬枝紅心), 철관음(鐵觀音), 황감(黃柑), 청심(青心), 홍심오룡(紅心烏龍), 백모후(白毛猴), 급시차(及時茶) 등이다. 그 중 대만에서 가장 많이 재배하고 있는 것은 청심오룡(青心烏龍), 대엽오룡(大葉烏龍), 청심대유(青心大有), 경지홍심(硬枝紅心), 철관음(鐵觀音) 등 다섯 종이다.

대만의 차나무 재배는 토양과 밀접한 관계가 있다. 대북과 신죽(新竹)

지역은 제4기 홍적층 적색 토양이어서 차나무 재배에 아주 적합하다. 두 지역의 품종은 오룡차가 가장 많다. 재배법은 대부분 압조법을 사용하고, 파종은 아주 적다. 그러나 대북의 차농들은 중경(中耕), 시비 등에 큰 관심을 두지 않았다. 그러나 1909년 이후 일본총독부의 시비 장려로 대두 찌꺼기 및 유산아(硫酸錏) 등의 비료를 사용했으며, 어떤 경우는 분뇨, 진흙, 식물 태운 재 등도 사용했다. 대만의 찻잎 따는 시기와 횟수를 살펴보면, 춘차(春茶)는 2회, 하차(夏茶)는 5회, 추차(秋茶)는 2회, 동차(冬茶)는 1회이며, 1년간 많으면 15회 정도 땄다. 찻잎은 주로 수공으로 이루어졌지만 최근에는 기계를 사용하고 있다. 대만의 차 생산자 20,627가(家) 정도이다,

대만에서는 차나무 병충해 방지에도 힘썼다. 차나무는 20여종의 병이 있다. 예컨대 종위병(腫萎病), 엽고법(葉枯病) 등이 대표적이다. 해결 방법은 전지(剪枝), 다원 청결, 병든 잎 태우기 외에도 항상 살균제인 보르도액을 사용했다. 보르도액은 1882년 프랑스 식물학자 미야르데(Pierre-Marie-Alexis Millardet, 1838~1902)가 보르도대학 재직 중 발견한 후 포도밭의 노균병(露菌病) 치료제로 유명하다. 노균병은 사상균(絲狀菌)의 기생으로 일어나는 식물의 병이다.

대만의 경우 신죽주(新竹州)의 평진차업시험장(平鎭茶業試驗場)에서 20여년 만에 신품 개발에 성공했다. 즉 대만 고유의 오룡차와 포종차가 홍차 신품종으로 개량했으며, 인도종과 인공으로 교배해서 홍차를 만들기 시작했다. 품종 개량 이후 그간의 문제가 해결되기 시작했다. 그 중 하나는 품질 향상이고, 다른 하나는 특정한 차 제조의 편리성이다. 예컨대 홍차 제조의 경우 특이한 품종을 사용해야 하다. 또 다른 하나는 조·중·만의 차밭 배치가 쉽다. 이 경우 기계사용도 편리하다. 대만의 공비(工費)는 일본보다 낮았으며, 오룡차의 품질도 수공업보다 기계화가 나았다. 대만 정부는 오룡차와 홍차의 기계화에 주력했다. 작은 차공장의 경우 기계화를 위해 낮은 이자로 지원했다. 그러나 대만의 경우 농업의 발달로 농민의 소득은 올라갔고, 적채 비용도 올랐으나 적채협을 사용하지 않았다. 전지 기술을 주장하고 있지만 보편화하지 않았기 때문이다. 특히 오룡차처럼 반발효차를

만들 경우에는 좋지 않았기 때문이다.

대만의 차를 처음 수출한 사람은 영국인 존 도드(John Dodd)였다. 그는 1856년 오룡조제차(烏龍粗製茶) 2130담, 즉 약 21만근을 2대의 범선에 실고 미국 뉴욕에 수출했다. 이것이 대만차 수출의 효시였다. 그는 복건의 차공(茶工)을 대만에 데리고 가서 대북 만화(萬華)에 차 공장을 만들어서 대차(臺茶)를 다시 만들었다. 그 이유는 조제차(粗製茶)를 복주, 하문, 오문 등지에서 만드는 것이 불편했기 때문이다.

오문

1872년 대북의 다섯 양행(洋行)이 대차 수출에 경쟁하면서 찻값이 매 백 근당 15원에서 30원으로 급등했다. 대만의 차 재배 면적도 날로 늘어나 1888년 수출이 1357만근, 가격은 8백 만 원(元) 이상이었다. 1895년 일본 지배하의 대만은 총독부에서 차를 장려한 정책 덕분에 차상들이 제다공사를 만들어 기계를 사용함과 동시에 공동으로 판매했다. 더욱이 차업시험장, 교육장, 검사소 등을 만들어 차 산업을 한층 발전시켰다. 대만차의 제다는 중국에서 배웠지만, 근래에는 일본총독부의 장려 덕분에 옛날의 수공과 달리 제다기기를 사용하고 있다. 게다가 인도와 실론에 사람을 보내 선진 기술 습득하는 노력도 아끼지 않고 있다. 그 결과 대북의 차는 2천 만근, 7백만원에 달했다.

대만의 차 수출품은 주로 오룡차, 포종차(包種茶) 및 홍차였다. 그 중 오룡차는 영국, 미국, 호주로 수출되지만 그중 북미가 92/100을 차지한다. 오룡차 수출액은 명치연간(明治年間, 1868-1912) 가장 많고 민국 9년(1920) 일시 하락하다가 근래 다시 회복하기 시작했다. 포종차는 주로 자바에 74/100를 수출했다. 인도, 홍콩 등은 그 다음이었다. 1896년에 수출을 시작한 포종차는 수량이 점차 증가해서 1925년 오룡차를 능가했다. 그러나 근래 세계 경제의 불황으로 자바차 등의 영향을 받아 줄어들었다. 홍차는 제조가 좋지 않아 수출이 많지 않았다. 1928년 이후 삼정(三井)을 비롯해 신식 공장에서 만든 홍차의 품질이 높아져 수출이 늘었다. 주요 수출국은 영국, 미국 순이다. 1932년 오룡차 생산은 4,280,854kg, 금액은 1,798,280원, 포종차는 2,392,871kg, 금액은 2,071,509원, 홍차는 523,068kg, 금액은 5,543원, 녹차는 7,542kg, 금액은 5,543원이었다. 따라서 1932년 대만의 전체 차 수출량은7,204,335kg, 전체 금액은 4,352,422원이었다.

대만의 일본 지배 이후 최근 10년 간 농업 분야에서 크게 발달했지만, 차 산업은 오히려 감소했다. 그 이유는 오룡차와 포종차 수요가 줄었기 때문이었다. 정부는 하나의 품종으로 통일하고 역량을 집중했다. 이는 대량 생산과 홍차 제다에 영향을 주었다. 왜냐하면 대만의 기타 농산물은 모두 일본 내지에서 직접 수입하면서 면세 혜택을 주었기 때문이다. 일본에서 생산한 차는 대량 수입할 수 없었다. 그래서 차나무를 심는 것은 유리하지 않았다. 대신 차와 사탕수수와 파인애플은 대외무역에서 아주 중요한 품목이었다. 삼정양행(三井洋行)은 대만 홍차 발전에 크게 기여했다.

대만정부와 삼정양행은 최근 대만 신주의 황산(荒山) 6000여 제곱미터에 차나무를 심고 인도식 기계화를 이용해서 차를 만들었다. 최근 만든 일동홍차(日東紅茶)의 품질은 일본 내지에 판매한 립톤(Lipton)홍차와 경쟁했다. 참고로 립톤홍차는 토마스 립톤이 1890년에 설립한 영국의 차(茶) 브랜드이다. 토마스 립톤은 홍차를 저렴하게 공급할 목적으로 실론 지역의 대규모 차 농장 5개를 사들였다. 그는 직접 원료를 들여와 유통 단가를 대폭

낮췄다. 1890년 립톤은 양질의 홍차를 기존보다 40%가량 저렴한 1파운드당 30센트(7.8달러(2012년 기준), 7천 8백원(1달러 1천 원 기준))에 판매했다. 저렴하고 간편한 패키지로 된 립톤 홍차는 영국 소비자들에게 큰 인기를 끌었고, 유럽 시장에서도 성공을 거두었다.

일본의 중국 차 씨 수입과 차밭 및 수출

1939년 간행한 『세계차업개관(世界茶業槪觀)』에 따르면, 일본의 차 역사는 724년 차를 마신 기록이 있지만, 차의 재배는 805년 일본 천태종의 개조(開祖)인 최징(最澄, 766-822)이 당나라에서 차 씨를 가져오면서부터였다. 그 후 일본 진언종(眞言宗)의 개조 공해(空海, 774-835)가 중국의 제다법을 받아들여 차가 황실 귀족에서 유행했다. 일본의 차 역사에서 가마쿠라시대(鎌倉時代) 에이사이(榮西, 1141-1215)의 역할은 아주 컸다. 그는 1187년 두 번째로 송나라에 들어가 임제의현(臨濟義玄)의 법맥을 이은 허암회창(虛菴懷敞)을 만나 5년간 수행한 후 1192년 일본에 돌아왔다. 그는 중국에서 일본으로 오면서 다량의 차 씨와 부초제차법(釜炒製茶法)을 가져왔다. 그는 가져온 차 씨를 교토의 세부리산(背振山)에 심었다. 이로써 교토 차 재배 역사가 시작되었다. 교토의 차는 에이사이가 건인(建仁) 2년(1202) 가마쿠라 정부의 2대 장군인 요리미에(原賴家, 1182~1204)의 지지로 건인사(建仁寺)를 세우면서 한층 성행하기 시작했다. 그는 건인사를 세우기 위해 교토에 오면서 가져온 차 씨를 고산사(高山寺)의 스님에게 주었다. 에이사이에게 차 씨를 받은 스님은 차 씨를 교토 서북에 위치한 도가노산(梅尾山, 해발 258미터)에 심었다. 도가노차의 명성은 이 때 싹트기 시작했다.

에이사이가 중국에서 돌아와서 1211년에 쓴 『끽다양생기(喫茶養生記)』는 일본 최초의 다서(茶書)이고, 에이사이는 일본의 다조(茶祖)이다. 『끽다양생기』는 "차는 양생(養生)의 선약(仙藥), 연령(延齡)의 묘술(妙術)"이라고 한 데서 알 수 있듯이 차를 양생의 수단으로 인식한 다서이다. 다서에는 송나라의 말차법(抹茶法)을 전차(磚茶) 제다법과 함께 수록되어 있다. 『끽다양생기』의 또 다른 특징은 차만이 아니라 뽕나무의 약용에 대해 소개하고 있는 점이다. 그래서 『끽다양생기』는 육우의 『다경』에 빗대어 『차상경(茶桑經)』이라 불린다. 에이사이는 1214년 『끽다양생기』를 가마쿠라 3대 장군 미나모토 사네토모(源實朝, 1192-1219)에게 바쳤다. 이 이후 차는 무사들에게 양약으로 인식되었을 뿐 아니라 민간에까지 전파되기 시작했다. 에이사이 사후, 1375년 이와토시 필만(祝利必滿)의 노력으로 일본의 차 재배 면적은 한층 늘어났다.

일본의 차 생산은 거의 전국에 걸쳐 있지만, 주요 차산지는 시즈오카(靜岡), 삼중(三重), 교토, 가고시마(鹿兒島), 나라(奈良), 쿠마모토(熊本), 후쿠오카제도(福岡諸島) 등이다. 그 중에서도 시즈오카가 가장 유명하다. 시즈오카는 전국 차 생산 총액의 60/100을 차지하고, 수출은 96/100을 차지했다. 교토, 사이타마(埼玉), 나라 등의 생산량은 전적으로 일본 국내에 소비되었다. 차의 품질은 교토 산이 가장 좋았다. 사이타마와 나라는 교토 다음으로 좋았지만 차 생산이 가장 많은 시즈오카는 중간 정도였다. 전국 차밭 면적을 보면 소화 3년(1928)-소화7년(1932)까지 평균 3만 8천 3백 여 정(町: 매정 중국 16무 반)이었다. 이는 383,000,000m²이다. 차를 만드는 1백 12만 6천호였다. 차 생산량은 1천만 관(貫), 즉 37,500킬로그램이다. 이 같은 차 생산량은 실제 일본 농산물에서 차지하는 비중이 높다는 뜻이다.

1858년 개항이후 일본차의 해외로 수출되면서 수요도 증가하기 시작했다. 그러나 여전히 찻값은 아주 높았다. 차 상인들이 큰 이익을 얻었기 때문이었다. 더욱이 일본차는 영국과 미국 시장에서 신뢰를 잃어 차 산업이 임시 쇠퇴했다. 그러나 메이지 정부는 차 산업을 부흥시키기 위해 홍차를 만들기 시작했다. 메이지 정부는 홍차전습소(紅茶傳習所) 설립한 후, 중국과 인도에 시찰단을 보내 홍차를 연구하기 시작했다. 게다가 중국의 홍차 전문가 초빙, 인도의 홍차 원료 종자 수입, 신식 제다기기 수입, 특히 차업 단체 구성, 차업시험기관 설립 등을 통해 명치 30년(1897)대 이르러 혁신의 결과를 만들어냈다. 국내 산업화에 따라 차 산업의 기계화도 이루어졌다. 대정(大正)10년(1921)에는 차에 대한 대대적인 홍보에 더해 각종 연구

시험단체를 조직해서 시장을 개척했다.

일본이 이처럼 차 산업을 크게 발전시킬 수 있었던 것은 차밭의 집약화, 제다의 기계화를 들 수 있다. 일본은 차밭의 집약화를 통해 단위면적당 수확량이 증가했다. 1892-1896년 일본의 차밭 면적은 944,842무였으며, 생산량은 498,926담(擔)이었다. 이 당시 매 무당 생산량은 53근에 불과했으나 1926-1931년 차밭 면적은 663,225무에서 641,250담이었으며, 매무 평균 생산량은 97근에 이르렀다. 일본은 재배 방법도 개선했다. 일본의 전통 재배 방법은 대부분 직파였다. 직파 방법은 이른바 주시(株蒔), 윤시(輪蒔), 조시(條蒔) 등이 있다. 일본은 일반적으로 조시식을 택했다. 조시식은 다시 일조파조시(一條播條苆)와 이조파조시(二條播條蒔)로 나눈다. 이조파조시식(式)은 잎을 따는 면적이 넓어서 최초 시기 내에 수확량이 많지만 힘을 오래 유지할 수 없다. 차나무를 많이 심으면 지력 소모가 많기 때문이다. 아울러 차나무가 자라면서 공기 유통이 잘 되지 않아 병충해도 많이 발생한다. 일조파조시는 이조파조시와 정반대다. 따라서 조식직파법은 인공으로 작업하거나 제초 및 시비에도 편리하다.

일본에서 차나무를 품종 개량하기 시작한 것은 30년 전이다. 1925년 나량현립농사시험장분장(奈良縣立農事試驗場分場)에서 교토제국대학 교수인 타케자키 요시노리(竹崎嘉德) 박사에게 위촉해서 기초 시험을 실시했다. 그 방법은 무성번식이었다. 35년 후 개량 품종 재배하기 시작했다.

일본의 차나무는 정비가 잘되어 있어서 전지도 편리했다. 전지 방법은 고조법(高造法), 중조법(中造法), 저조법(低造法) 등이 있다. 나무의 높낮이에 따라 이루어지는 전지는 대부분 중저법과 저지법을 택한다. 저지법은 높이 2피트-2.5피트, 가지의 폭은 5척(尺) 정도였다. 차나무의 김매기와 시비법의 경우, 1년에 얕은 갈이는 3회, 깊이 갈이는 2회 실시한다. 얕은 갈이는 토양의 건조와 잡초를 방지하고, 비료 침투를 쉽게 하고, 깊이갈이는 얕은 갈이의 목적 외에 토양의 풍화를 도와 늙은 뿌리를 단절하고 새 뿌리를 발생하는데 도움을 준다. 얕은 갈이는 차나무의 상태에 따라 결정하고, 중간 갈이는 10-11월에 실시하되 늦어도 11월에 마쳤다. 시비는 기비(基肥), 춘비(春肥)와

하비(夏肥)로 나눈다. 비료의 종류는 주로 물고기 찌거기[鰊粕], 대두 찌거기, 과인산석회(過燐酸石灰)와 유산아(硫酸錏) 등이고, 다음으로 녹비(綠肥), 퇴비(堆肥), 구비(廐肥) 등은 보조 비료이다.

일본에서는 잎을 딸 때 채적협(採摘鋏)을 사용했다. 인도와 실론 등지에서 사용한 채적협은 일본에서 개발한 것이다. 채적협을 사용하면 손으로 작업할 때보다 10배 정도 효율성이 높았다. 한 사람당 채엽량을 보면, 손을 사용할 경우 25-30근이지만, 채적협을 사용하면 200근 이상을 딸 수 있었다. 채적협을 사용하면 생산은 높이되 노동력을 줄였을 뿐 아니라 생산 비용도 줄일 수 있었다. 명치 이후 기계화를 시작한 제다도 대정 초에 이르러 이 같은 현상이 보편화했다. 심지어 산지에서도 기계를 사용하지 않는 곳이 없었다. 차산지 중 삼부(三府) 31현(縣)에서 사용한 기계는 43,000가(架) 이상이다. 제다 중 수공업은 20%, 반수공반기계는 30%, 전면 기계는 50%였다. 차밭이 가장 많은 시즈오카의 경우 기계 사용이 75%, 반수공반기계는 19%, 수공은 6%를 차지했다. 시즈오카는 일본 중부 해안 지역에 위차하고 있다. 이곳은 태평양에 인접한 곳이며, 동쪽에는 후지(富士) 화산대가 있다. 녹차로 유명한 옥로차(玉露茶)를 옛날에는 기계화가 어렵다고 여겼으나 지금은 반 정도 기계로 만들었다. 수공업단계에서는 한 사람이 매일 5-6킬로그램을 만들 수 있었지만, 기계는 10배를 만든다. 비용도 수공업 단계에서는 20여 원(元)이었지만 기계로 만들면 1/8정도였다. 수공업의 경우는 전문가를 양성하는 데 비용이 들지만 기계는 그렇지 않았다. 그러나 전체적으로 보면 일본의 이 같은 변화는 품질 하락을 낳았다. 또 하나는 기계화가 차 제조 비용에 큰 비중을 차지한다는 점이다. 일본의 경우 찻잎을 따는 기간은 불과 2개월인데 전국 기계화에 필요한 비용은 1400만원(元)이며, 기계 수명 7-8년을 고려하면 매년 기계 값만 200만원이었다.

일본의 이 같은 노력은 차 생산량으로 입증되었다. 일본의 차 생산량은 대만보다 5배 정도 높았다. 1933년 대만과 일본의 생산량을 비교하면, 일본은 39,351 제곱미터(m2), 대만은 41,924 제곱미터(m2)이며, 일본의 조제차(粗製茶)

생산량은 42,486,800킬로그램, 대만은 9,326,926킬로그램이었다. 일본은 제곱미터 당 1,079킬로그램, 대만은 제곱미터 당 222 킬로그램을 생산했다. 이 당시 대만은 일본보다 차밭 면적이 많았지만, 생산량은 일본에 비해 1/5수준에 머물렀다. 일본은 매년 최대 4차례 잎을 딸 수 있지만, 대만은 기후나 토양 모두 일본에 비해 조건이 좋아서 봄부터 가을까지 10여 차례 잎을 딸 수 있었는데도 생산량은 일본에 미치지 못했다. 그 이유는 재배 방법이 일본보다 좋지 못했기 때문이다. 일본이 찻잎 생산량을 높일 수 있었던 배경은 시비와 병충해 방지 덕분이었다. 그러나 일본은 차의 생산비 중에서 찻잎을 따는 비용이 큰 비중을 차지했다. 그 이유는 메이지시대 이후 도시화로 인한 채다공(採茶工)의 부족 때문이었다. 예컨대 중국과 대만의 채다공비는 채다 전체 비용 중 1/3이상을 차지했으나 일본은 2/5이상을 차지했다. 그래서 발명한 것이 적채협(摘採鋏)이었다. 적채협은 인공보다 3배의 효과가 있었다. 일본은 적채협으로 비용을 2/5로 낮출 수 있었다. 다만 적채협의 단점은 전지 기술을 전제해야만 한다는 점이다. 즉 올라오는 찻잎이 골라야만 사용할 수 있는 방법이다.

 일본에서 생산한 차의 대부분은 녹차이며, 홍차 비중은 낮았다. 왜냐하면 풍토와 기후 상 홍차 제다에 적당하지 않았기 때문이었다. 다만 근래 홍차 시장이 활발하면서 녹차 판매가 저조하자 점차 홍차 생산을 중시하는 분위기로 바뀌었다. 1931년 만주사변 후 만주에서 제다가 흥기했다. 녹차는 제다 방법에 따라 전차(煎茶), 번차(番茶), 연차(碾茶), 옥로차(玉露茶) 등으로 구분했다. 수출 차는 가장 왕성했던 명치 24년(1890) 5,323만 파운드였다. 근래는 수출이 줄어 3천만 파운드 전후였다. 일본의 차는 미국과 캐나다로 수출되었으며, 근래 미국과 캐나다에서 홍차와 커피 수요가 늘어나면서 일본 녹차 소비는 줄기 시작했다. 그래서 일본은 수출 지역을 러시아, 프랑스, 아프리카 각국, 아프리카는 주로 모로코, 타이, 아프가니스탄 등으로 방향을 옮겼다. 그 중에서도 프랑스와 아프리카 모로코 지역에 집중했다. 그래서 중국이 장악했던 아프리카의 차 시장을 일본이 잠식하기 시작했다. 더욱이 미국과 러시아도 일본의 차를 수입하기 시작하면서 중국의 차 수출은 큰 타격을 받았다. 명치시기를 비롯해 일본의 차 생산과 수출에 대한 통계는 타카타치바나키의 『제차론』에 아주 상세하다.

요컨대 1936년 간행한 자료에 따르면, 일본과 대만은 기존의 차 생산 외에도 기계를 통한 홍차 제조에 힘을 쏟았다. 이는 인도와 실론 및 자바의 홍차와 경쟁하기 위해서였다. 한편으로 중국식의 진미(珍味)·침미(針眉)·원주(圓珠) 등을 모방해서 중국의 러시아 및 아프리카 시장을 노렸다. 아울러 중국 국내에서 판매되던 용정·대방(大方)·모봉(毛峰)을 모방해서 동삼성(東三省: 遼寧·吉林·黑龍江)에 판매했다. 그러나 일본은 차 품종이나 찻잎 따는 기간 등에서 중등 이상의 홍차를 생산할 수 없었다. 아울러 기계를 통해서도 대규모 홍차를 생산할 수 없었다. 그래서 일본은 지난 1-2년 간 중국 호남과 호북 등에서 만든 질 낮은 홍차 등을 구입해서 낮은 가격으로 인도, 실론, 자바 등지에 판매했다. 대만에서 만든 질 좋은 홍차는 일본까지 수출했다. 이외 인도와 실론, 그리고 자바의 생산 제한 협정을 이용해서 대량으로 각종 홍차를 만들어 해외로 수출했다. 그 결과 중국의 호남과 호북의 홍차에 큰 타격을 주었다.

4. 인도·스리랑카·자바·수마트라의 중국 차 수입과 차밭 및 유통

인도와 스리랑카의 중국 차 씨 수입과 차밭 및 수출

1905년 중국에서 간행한 『을사고찰인석차토일기(乙巳考察印錫茶土日記)』와 『을사년조사인석차무일기(乙巳年調查印錫茶務日記)』, 그리고 1936년 중국에서 간행한 『인도석린지차엽(印度錫蘭之茶業)』은 인도와 스리랑카의 차를 이해하는 데 아주 큰 도움을 준다.

영국은 우선 인도에 차나무를 심은 다음 실론에 차나무를 심었다. 영국은 처음 차나무를 일본에서 구하려 했지만, 일본인이 거절하는 터에 중국의 호남에서 차나무를 구했다. 일기에는 일본이 왜 영국에 차나무를 판매하지 않았는지에 대해서는 언급하지 않았다. 다만 추측할 수 있는 것은 차 재배 기술의 유출을 염려했기 때문일지도 모른다. 왜냐하면 당시 일본이 차 수출에 큰 관심을 갖고 있었고, 차나무 재배 기술에 따라 차 산업에 적잖은 영향을 주기 때문이다. 일기에서는 영국이 중국의 차나무를 호남에서 구입한 이유도 밝히지 않고 있지만, 한 가지 추측할 수 있는 것은 호남의 차나무가 인도와 실론의 기후와 토양에 가장 적합하다고 판단했을 가능성이 높다.

중국의 차나무를 인도와 실론에 옮겨 심기 위해서는 차나무를 심는 기술자와 차를 제조하는 기술자를 함께 고용해야만 한다. 차나무의 중요한 특징 중 하나는 소나무처럼 직근성이다. 그래서 차나무는 옮겨서 살리기가 매우 어렵기 때문에 상당한 기술이 필요하다. 영국은 꽤 많은 돈을 들여 중국인을 고용해서 차나무를 심는 법과 차 만드는 법을 배웠다. 현재 아삼지역 최고의 오가닉 차밭은 탄수키아에 있다.

인도와 실론의 기후는 중국과 비교해도 장점을 갖고 있었다. 실론 고산지대는 지기(地氣)가 뜨겁고 강우량이 아주 많아서 초목이 시들지 않는다. 사계절이 여름 같고, 토질이 고산의 경우 적색을 포함 사석(砂石)이 섞여 있다. 낮은 산에는 사석이 적다. 그래서 실론의 찻잎은 1년 내 생장할 수 있다. 인도의 차 생산 지역은 아주 넓었다. 북경(北境)의 다즐링의 산 높이는 해발 2,287미터, 당시 중국의 속국이었던 시킴(Sikkim)의 기후는 중국과 같다. 시킴의 수도 갱톡은 시킴의 차 산지이다. 티베트어로 '언덕 꼭대기'를 의미하는 갱톡은 다즐링에서 북동쪽으로 50킬로미터 떨어진 해발 1600미터에 위치한다. 테미 티 가든은 시킴 유일의 차밭이다. 다즐링은 여름과 가을 사이 비와 안개가 아주 많다. 음력 12월에는 얼음과 눈이 많다. 다즐링의 토질은 실론과 같다. 다즐링의 최초 차나무는 현재 다즐링 경찰서장의 관저에 살고 있다.

실론의 차나무 종류는 2종이었다. 하나는 아삼종이고, 다른 하나는 변종이 있었다, 변종은 중국차와 아삼종을 교잡한 품종이다, 아삼종은 인도 야생차이다. 아삼종은 중국 차나무와 비교하면 생장이 쉽고 잎이 담록색이다. 아삼종의 차맛은 중국차와 비교하면 짙고, 향은 중국차에 미치지 못한다. 차나무의 몸은 중국차의 견실한 것에 미치지 못한다.

아삼종은 주로 평지에 심는다. 변종은 밤에 서늘한 높은 산에 심는다. 처음 서양인들은 고산에 중국종과 아삼종을 같이 심어 홍차를 만들었지만 서로 다른 제다법을 몰라 효과를 거두지 못했다.

인도 차밭은 아주 넓지만 크게 3부분으로 나눌 수 있다. 즉 동북부다구(東北部茶區), 서북부다구, 남부다구이다. 서북부와 남부의 다구는 중요하지 않다. 동북부다구는 아삼의 얄룽창포강 또는 야로장포강(雅魯藏布雅魯藏布江) 및 수르마하(Surma河) 유역, 방글라데시의 다즐링, 그리고 인도 서뱅골에 위치한 잘파이구리(Jalpaiguri) 등이다. 이 지역의 차 재배 면적은 인도 전역의 차 면적 중 8/10을 차지한다. 그 중에서 아삼이 절반 이상을 갖고 있다. 아삼은 8/10이 차밭이다. 인도의 최근 차 밭은 81만 6천 에이커, 실론은 45만 7천 에이커이다. 실론에서 경영한 차밭 및 차 공장의 투자 자본은 1에이커당 1천 루피 이상, 인도의 차밭과 공장은 실론에는 미치지 못하지만, 평균 500루피 이상이다. 이는 9천 4백만루피에 해당한다. 인도와 실론에서 생산한 찻잎은 중국과 비교할 수 없을 만큼 적지만 고용노동자는 130-140만명 정도이다.

다즐링에서는 양력 4월 상순부터 12월 상순까지 잎을 딴다. 다즐링의 차는 고산지대와 저산지대에 따라 찻잎을 따는 양이 달랐다. 고산지대의 월별 채다량은 다음과 같다.

<표24> 인도의 무당(畝當) 월별 채엽량(採茶量)(단위: 파운드)

월	4月終	5月半	5月終	6月半	6月終	7月半	7月終	8月半	8月終	9月半	9月終	10月半	10月終	11月半	11月終	12月半
양	2777	735	1190	1432	1700	1630	1820	1080	1120	940	1170	950	480	240	100	50

4월부터 12월까지 8개월 동안 가장 많이 채다한 달은 4월이고, 가장 적게 딴 달은 12월이다. 4월은 찻잎이 가장 먼저 돋는 시기이고, 12월은 찻잎이 가장 적게 돋는 시기이다. 5-8월까지도 차의 양이 적지 않은 것은 기후와 밀접한 관계가 있다. 차나무는 가지를 친 후 5-6개월 후에 잎이 자란다. 실론의

채다 횟수는 7일에 1차례, 높은 산에는 10일에 1차례이며, 인도 다즐링은 산의 높이에 따라 7일에 한 차례, 9일에 한 차례 땄다. 실론에서는 한 사람이 약 30파운드의 찻잎을 땄지만, 비가 많이 오면 찻잎의 생장이 빨라서 매일 50파운드를 땄다. 인도 다즐링의 경우 중국 채다처럼 매일 한 사람이 12-14파운드, 아삼의 경우 한 사람이 매일 50-60 파운드를 땄다. 그 이유는 아삼의 찻잎이 커서 무게가 많이 나가기 때문이었다. 채다 노동자의 경우 실론에서는 인도에서 온 자가 가장 많았다. 남자의 임금은 매일 0. 35루피, 여자의 임금은 0.25루피, 큰 아이의 임금은 0.2루피, 작은 아이의 임금은 0.15루피였다. 인도 다즐링 의 원주민은 아주 가난해서 채다 노동비가 더욱 저렴했다. 채다 시기는 매일 5시 경에 일어나서 오후 4시까지, 혹은 오전 6시에 시작하면 오후 6시까지 진행되었다. 중간에 1시간 휴식이 있었다. 다만 채다 시기는 차 공장의 원근에 따라 달랐다. 특히 각 채다 구역마다 반드시 관리자 1명이 있었다. 만약 합법적으로 잎을 따지 않으면 질책을 받았다. 이는 채다 방법에 따라 차나무의 생육이 다르기 때문에 엄격하게 관리했다는 것을 의미한다.

인도의 차 산업은 1836년 이후 30년간 크게 발달했다. 그 배경 중 하나는 아삼 차업공사에서 20만 달러를 투자했기 때문이었다. 이 금액은 당시 1839년 인도 국영 다원(茶園)의 자본 금 2/3에 해당했다. 이는 민간에서 차업에 종사한 사례이다. 인도의 차 산업은 1840년 인도 다즐링 및 방글라데시 치타공(Chittigong)dp 등지에 차나무를 심으면서 사업이 계속 성장했다. 1861년 인도 북부·네팔 남동부의 히말라야 산맥 기슭에 위치한 타라이(Tarai)에 12년간 차나무를 재배하고, 다즐링 주변의 서두아르(Duars)에서 차나무를 지배했다. 인도 초기의 차 재배 및 제다 기술은 전적으로 중국의 영향을 받았지만, 인도 차 기업의 노력으로 채다 및 제다 기술이 크게 향상되었다. 게다가 1853년 후부터 남인도의 와야나드(Wayana), 닐기리스(Nilgilis), 아나이마라이(Anamalais) 등지를 개간해서 차나무를 심었으며, 미얀마까지 차나무를 심기 시작했다.

실론(스리랑카)의 차나무 재배는 인도보다 빨랐지만 발전은 더디었다. 17세기 말 네덜란드령이었던 실론의 차에 대해서는 관심을 끌지 못했다.

1796년 영국령으로 바뀐 뒤 1839년 영국인이 인도에서 성행한 차 재배를 계기로 아삼을 통해 인도의 차나무를 수입했으며, 1824년에는 중국 종을 수입했다. 1867년 인도의 차 산업이 크게 성장하자 실론 정부는 인도 아삼에 파견해서 조사보고서를 만들어 민간에 보급했다. 동시에 솔로몬(Solomon) 형제가 실론 램보다(Romboda)에서 중국 차나무를 시험 재배했다. 당시 실론에는 주로 꼭두서니과의 커피나무와 기나나무[金鷄納樹]를 재배하고 있었다. 그러나 1869년 커피나뭇잎에 병이 생겨 전 섬의 나무로 번졌다. 농가는 속수무책이었다. 그래서 커피나무의 재배 면적이 급격하게 줄어들었다. 1873년 차 수출은 23파운드에 불과했지만, 1880년에는 16만 파운드였다. 1873년 차밭은 1000여 에이커에 불과했지만 17년 만에 30만 에이커로 증가했다. 1922년에는 418, 135 에이커로 증가했다. 실론은 50-60년 만에 '차엽국'으로 확고하게 자리를 잡았다.

영국은 중국에서 차 종자와 기술자를 통해 인도와 실론에 차를 생산한지 60여년 만에 차 생산 기술에서 중국을 앞섰다. 영국은 두 차례에 걸친 중국과의 전쟁에서 승리한 직후 차가 국가 경제에 중요한 역할을 할 수 있다는 것을 알고, 인도와 실론에 차나무를 재배하고, 차를 생산한 지 반세기 만에 큰 성과를 거둔 것이다. 영국이 아주 짧은 기간에 차의 종주국인 중국과 당당하게 경쟁할 수 있었던 것은 무엇보다도 산업혁명을 통해 성취한 과학기술을 차 생산 기술에 적용할 수 있었기 때문이다. 최신 장비는 차의 생산과 소비에서 큰 영향을 주었다. 즉 차 생산에서 인건비를 줄이면서도 차를 대량으로 생산할 수 있었으며, 이같은 특징은 찻값에도 적잖은 영향을 주었다. 낮은 찻값은 높은 찻값의 중국과의 경쟁에서 우위를 차지했다. 영국은 우수한 과학기술을 통해 차 맛을 연구했다. 게다가 영국은 인도와 실론의 저렴한 인건비를 통해 대량의 찻잎을 확보했으며, 차를 운반할 때도 화차윤선(火車輪船) 등 우수한 교통수단까지 확보한 데다 공사(公司)는 정부의 장려에 힘입어 재력까지 넉넉해서 중국의 차상(茶商)을 압도했다. 인도는 채다 노동자의 값이 실론보다 낮았다.

인도와 실론 차는 100년 정도에 세계를 제패했다. 18세기 말 영국 국내의 차 수요는 상당했지만 그 수요를 담당한 자는 중국차가 독점했다. 영국은 당시 인도를 식민지로 통치하고 있었다. 1788년 조셉 뱅크스(Sir Joseph Banks, 1743-1820)는 인도의 차나무 재배 가능성을 언급했다. 1823년 소령 로버트 브루스(Major Robert Bruce, 1813-1862)는 아삼에서 토종 차의 전설을 접했다. 이 같은 과정은 인도차의 발달에 큰 영향을 주었다. 1833년 영국 국회는 동인도회사의 중국차 독점권을 취소했다. 1834년 1월 24일 인도 총독 Lord William Bentinck은 차업위원회를 구성한 후 총독부 산하에 두고 Dr. N. Wallich에게 위원장을 임면하면서 인도에 차나무 재배를 계획하도록 했다. 위원회 성립 후 G. L. Gordon을 두 차례 중국에 파견했다. 한 차례는 중국의 차 종자를 배에 실고 인도에 갔고, 또 한 차례는 중국의 차 재배와 제조 인력을 고용했다. 세 번 째 중국에 온 자는 포천(R. Fortune, 1812-1880)이었다. 그는 다년간 중국에 머문 결과를 1847년과 1852년 두 권의 책으로 간행했다.

　영국의 식물 채집가 로버트 포천이 채집한 식물 중 하나도 무이산의 차나무였다. 포천이 중국 무이산의 차나무를 채집한 것은 영국 정부에서 히말라야에 플랜테이션을 조성하는데 필요한 우수한 차나무와 현지의 차 생산업자, 그리고 생산 장비를 함께 구해오라는 요청 때문이었다. 포천을 중국에 파견한 곳은 영국의 식민지 인도의 동인도회사였다. 포천이 무이산을 비롯, 광동성과 절강성 등지에서 채집한 식물 표본은 2만 3, 892 그루의 어린 나무와 약 1만 7000 그루의 묘목이며, 그는 이것을 중국인 차 재배자 8명과 함께 히말라야 산기슭으로 옮겼다. 차 플랜테이션은 인도의 아삼과 시킴에 조성되었고, 그 덕분에 인도의 차는 19세기 후반에 인도 북부 지역의 주요 수출품으로 자리 잡았다. 인도의 차는 대부분 영국으로 수출되었다. 1854년 영국은 2만 4000파운드의 차를 수입했지만, 1929년에는 20만 880파운드의 차를 수입했다.

　차업위원회의 Lientenant Charlton은 직접 아삼의 사디아(Sadiya) 산중에 가서 야생차를 채집한 후 표본을 만들어 차업위원회에 보냈다. 차나무 표본은 위원장 닥터 N. 왈리치의 감정을 받아 인도 자생 차나무로 판명되었다. 이 때 고든은 중국에서 가져간 차나무 2만여 그루를 황실가의 식물원에 심었다. 1835-1836년에는 2만 주를 히말라야 산록 및 아삼에 옮겨 심었다. 그러나 옮긴 차나무는 토양과 기후가 맞지 않아 말라죽었다. 인도네시아 마두라에 심은 차나무도 말라죽었다. 오직 히말라야 산록 해발 2천 미터-6천 미터 사이에 심은 차나무만 살아남았다.

인도 아삼에 심은 중국의 차나무는 계속 실험했지만 모두 실패하고, 인도 자생 차나무만 번식했다. 1836년 고든이 고용한 중국 차공(茶工)이 만든 차가 인도 주재 총독에게 헌납되었고, 1838년 처음으로 런던에 운반되었다. 비록 양은 아주 적었지만 파운드 당 16-34 정도 판매되었다. 19세기 말 이후 실론과 인도의 차 산업은 내부 시장에서 확고한 위치를 점하면서 중국과 경쟁하기 위해 해외로 눈을 돌리기 시작했다. 양국은 1893년 미국 시카코에서 열린 시승격 50주년 기념 박람회에서 양국의 차를 선전했으며, 1894년 실론은 차 수출 때 100파운드 당 1/10루피를 징수하는 제도를 마련했다. 선전용으로 3/10 루피를 징수하도록 했다. 1903년 인도 정부도 차 세금을 계속 올렸다. 그 결과 중국 차는 점차 해외시장에서 자리를 잃기 시작했다.

인도의 차는 대부분 영국에 수출되었다. 반면 인도에서는 영국의 면포와 생면을 수입했다. 면선의 경우는 중국에 수출했다. 3년간 인도 정부가 영국에서 수입한 품목과 수출 품목을 정리하면 다음과 같다.

<표25> 인도의 수입과 수출 품목(단위: 루피)

품목 \ 연도	1890	1895	1900
생면(生棉)	18,6710,000	87,080,000	99,250,000
면선(棉線)	58,400,000	57,840,000	70,080,000
면포(棉布)	27,330,000	36,000,000	2,620,000
쌀[米]	101,100,000	138,150,000	131,010,000
밀[麥]	57,930,000	25,660,000	39,090,000
생마(生麻)	86,400,000	105,760,000	80,710,000
마화(麻貨)	27,910,000	42,110,000	62,650,000
아편(鴉片)	101,160,000	90,650,000	82,030,000

차	54,450,000	79,890,000	91,770,000
커피	15,000,000	22,090,000	15,060,000
유자(油子)	106,310,000	142,260,000	101,100,000
전(靛:물감)	38,630,000	67,460,000	26,920,000
홍안료(紅顔料)	4,890,000	14,060,000	11,370,000
가죽[皮]	45,240,000	65,600,000	104,640,000
나무[木]	8,750,000	6,650,000	10,960,000

　　인도와 실론에서 생산한 차는 대부분 홍차였다. 녹차는 차 공장 10곳 중 2-3곳에 불과했다. 인도 실론 차의 경우 자본은 적지만 제다법은 간단했다. 전체적으로 기기가 연압홍배(碾壓烘焙) 등 모든 공정을 담당했기 때문이었다. 실론의 제다 기계는 수력(水力), 화유(火油), 땔감과 석탄을 사용했지만, 인도 다즐링에서는 전기를 사용했다. 그러나 산간지역의 경우는 전기를 사용하기가 어려웠다. 제다 과정은 양청(晾靑)-연압(碾壓)-사청엽(篩靑葉)-홍배(烘焙)-홍로홍배(烘爐烘焙)-사건엽(篩乾葉)-양절(揚切)-절기(切機)-장상(裝箱) 등이다. 제다한 차는 실론 섬 철도를 이용했다. 게다가 실론에는 고산에서 부두까지 화차(火車) 지선이 아주 많았다, 운반 시간은 12시간 정도 소요되었다. 그러나 인도 다즐링의 차는 철도를 이용했지만, 마로(馬路)는 실론보다 못해 22시간 소요되었다. 따라서 인도와 실론의 차는 완성품을 만드는데 3일 정도에 지나지 않았다. 게다가 실론 차는 무관세에다 정부의 보조금까지 더해서 성과가 아주 컸다.

　　찻값은 차의 등급에 따라 달랐다. 1905년 7월 10일 일기에 따르면, 정세황(鄭世璜)과 육영(陸瀅) 일행이 코끼리를 타고 산에 올라 차 공장을 방문한 후 다즐링 부두에서 마신 찻값은 1등차는 1.4루피, 2등차는 1.04루피, 3등차는 0.12루피였다.1 등차와 2등차의 값은 큰 차이가 없지만 3등차의 찻값은 좀 차이가 있다, 인도 찻값은 상중하로 나눈 실론 찻값과 달리 지역별로 찻값이 달랐다.

　　인도와 실론에서 만든 홍차는 제품의 질에 따라서 가격이 달랐다. 인도와 실론의 홍차는 색이 짙고 맛이 두터운 게 특징이었다. 인도와 실론에서 만든 이 같은 홍차 맛을 서양인이 좋아했다. 그중에서도 색이 엷고 맛이 순한 것은 아주 귀했다. 그래서 고산 지역의 차는 잎이 부드러워서 맛이 엷으면서도 향이 좋아서 값이 더 높았다. 좀 낮은 지역의 차는 잎이 거칠고 맛이 쓰고 두텁기 때문에 값이 낮았다. 실론의 찻값은 다음과 같다.

<표26> 실론의 차 등급별 소비량 및 찻값(단위: 파운드 값: 센트)

차 등급	上等茶	中等茶	次等茶	下等茶
차 소비량	30조	67조	38조	19조
차값	10	8.0	6.5	5.0

시기는 약간 다르지만, 인도와 런던에서 소비한 종류별 찻값은 조금 다르다. 이는 인도인과 영국인 간의 차 기호에 따른 것으로 볼 수 있다. 이 같은 현상은 1903-1904년과 1904-1905년의 인도 수도에서 소비한 찻값에서도 확인할 수 있다.

스리랑카는 1948년 영국의 지배에서 독립했으나 세계 최대 차 수출국으로 자리 잡은 1965년경까지도 차 산업은 여전히 영국인들이 장악하는 형세가 유지되었다.

자바와 수마트라의 중국 차 씨 수입과 차밭 및 수출

1934년 상해상품검험소의 『자바수마트라의 차업[爪哇蘇門答臘之茶業]』에 따르면, 두 지역의 차는 1607년 네덜란드 상인이 약간의 중국차를 유럽에 가져간 데서 비롯되었다. 1646년 네덜란드 영사 툴피우스(Dr. Med. Tulpius)는 차의 인체 건강 이익에 대해 저술했다. 1648년 프랑스의 의생 모르셋(Dr. Morisset)도 차 관련 논문을 발표했다. 1678년 의사 벤테코(Cornelius Bentekoe, 1647-1685)는 네덜란드 인도 공사의 "咖啡茶可可(커피, 차, 카카오)"를 각국어로 번역했다. 이는 차가 학술적으로 유럽에 알려지는 중요한 계기가 되었다. 1690년 네덜란드 동인도총독 캄파이스(Camphuys, 1634-1695)는 자바에 처음으로 차 재배를 시험했다. 그가 1년 동안 총독으로 재직하면서 차나무를 재배한 것이 자바 차의 출발이었다. 1728년 네덜란드 동인도 공사는 중국의 차 씨를 대량으로 수입해서 자바에 심었지만 여러 차례 실패했다.

자바에서 차를 정식으로 재배하기 시작한 것은 1825년 동인도정부에서 초빙한 독일의 식물학자 지볼트(Von Siebold, 1796-1866) 덕분이었다. 지볼트는 자바의 차 재배 역사에도 중요한 인물이지만 우리나라 나무 역사에서도 주목할 인물이다. 그는 독일의 식물학자 주카리니(Joseph Gerjard Zuccarini, 1797-1848)와 더불어 일본에 머물면서 일본을 비롯한 아시아의 식물을 연구했다. 그래서 그는 주카리니와 함께 소나무, 잣나무, 섬잣나무, 노간주나무, 주목, 비자나무, 굴피나무. 소귀나무, 밤나무, 사방오리, 후박나무, 센달나무, 붓순나무, 나도밤나무, 계수나무, 조록나무, 풍년화, 황근, 매화오리, 때죽나무, 쪽동백나무, 애기말발도리, 등수국, 바위수국, 매실나무, 실거리나무, 팥꽃나무, 산수유, 수호초, 머귀나무, 개산초, 새비나무, 쥐똥나무, 좀댕강나무, 왕대의 학명을 붙였다. 닥나무, 나무수국, 화살나무 등은 지볼트 혼자서 붙였다. 일본의 나카이가 붙인 구실밤나무의 학명에는 지볼트가 들어가 있다. 지볼트와 그의 아내 쿠스모토 타키(1807-1865)와의 사이에서 낳은 딸은 일본 최초의 부인과 의사 쿠스모토 이네(1827-1903)이며, 그의 손녀는 《은하철도 999》의 메텔의 모델인 여의사 쿠스모토 타카코이다. 이처럼 지볼트는 일본인 아내를 둔 린네와 더불어 우리나라 식물의 역사에서 아주 중요한 인물이다.

지볼트는 중국과 일본에서 가져온 차씨를 자바 부이탄조르 식물원(Botanical garden of Buitanzorg)에 시험재배 했다. 그는 시험재배에 성공하자 Yaroet Tjirefon Wanojasa에 시험장을 만들고 특별히 차종원(茶種園)을 만들었다. 아울러 그는 차 관련 학교도 만들었다. 1832년에는 중국 차 전문가와 인력을 초빙해서 차 전반에 대해 교육했다. 1833년 자바 차가 처음 시장에 판매되었다. 그러나 품질과 향미는 좋지 않았다. 1838년 그는 다시 중국의 차 기술을 습득해서 자카르타에 차장(茶莊)을 열었다. 이곳에서는 인근 각 다원의 모차(毛茶)를 모아서 다시 제조했다. 모차는 일차공정(초제, 初製)을 끝낸 차를 말한다. 그러나 운반은 쉽지 않았다. 왜냐하면 모차가 제 때 도착하지 않아 품질에 이상이 생겼기 때문이다. 판매가에도 문제가 생길 수밖에 없었다. 1839년 자바 차가 네덜란드 암스테르담에서 파운드 당 네덜란드 화폐로 8각(角) 1푼[分]에 판매되었으나 생산비는 1원(元) 1각 7푼이었다. 손실이 아주 컸던 것이다. 동인도정부는 전매권을 포기했다. 사기업에 넘겨 투자 자본을 줄일 수 있길 기대했다. 그러나 1860년까지 계속 적자를 보았다. 그래서 1870년에 개인에게 임대하면서 외자를 끌어들였다. 당시 차 산업이 성장하고 있었지만, 자바의 차 품질은 좋지 않았다. 게다가 중국, 인도, 실론 등의 차와 경쟁하면서 찻값도 떨어져서 이익에 더 큰 문제가 발생했다. 1877년 자바 Paskan Salak 차가 영국 런던에 들어갔지만 인도와 실론차에 비해 경쟁력이 없었다. 그래서 결국 자바차도 기계화를 시작하면서 품질도 향상되었다.

  1872년 인도와 아삼의 차 종자가 자바에 들어왔지만, 1878년에 생산이 이루어졌다. 아삼차는 중국차에 비해 찻잎도 커서 생산도 많았다. 그래서 자바에는 아삼차를 본격적으로 재배하고 중국차를 심지 않았다. 기존의 중국차밭 농가도 점차 아삼종으로 바꾸기 시작했다. 게다가 제다 기계를 갖추어 수공을 대체했다. 그 결과 생산량과 기술이 훨씬 높아졌다. 1882년 제다업을 보호하고 장려하기 위해 연구회를 만들어 차를 연구하기 시작했다. 정부는 직접 차업을 경영하지 않았지만 지원을 아끼지 않았다. 1886년 후 인도와 실론에 시찰단을 보냈다. 1902년에는 차업시험장을 만들고 그 후 전문가를 책임자로 모셔와 연구를 거듭했다. 1905년에는 차 품질을 더욱 개선하여 세계 시장에서 좋은 평가를 받았다. 차나무 재배 농가와 제다공사가 합작해서 좋은 결과를 얻어낸 것이다. 자바에는 런던 같은 차 시장이 없었다. 단지 백인이 자카르타에 차를 판매하는 양행이 있었을 뿐이었다. 그러나 개인 교역 수준이었기 때문에 전문성이 떨어져 차엽검역국(茶葉評檢局)에 가입하면서 점차 수출을 늘일 수 있었다.

  자바와 수마트라는 당시 모두 네덜란드령이다. 두 지역은 주로 상수리 껍질, 차, 야자, 종이 및 커피 등을 생산했다. 자바의 채엽 기간은 11월에서 다음해 4월까지이다. 자바의 토양은 화산토이다. 자바에서 차나무를 대규모로 재배한 것은 1910년부터였다. 이 당시 차창(茶廠)은 26가(架)였으며, 자본도 좋고 설비도 양호했다. 비교적 큰 다창에서는 매년 건차를 400만 파운드 생산할 수 있었다. 투자 총액은 1926년 56,712,000원(元)에 달했다. 차 재배 면적은 141,780㎡, 생산량은 16,870,000킬로그램이었다. 1931년 차 수출 총액은 26,533,397 파운드였다. 이는 1900년 수출액과 비교하면 10배 이상 증가한 것이다. 1929년 네덜란드 소속 동인도 중앙통계국에 따르면, 다창 316가 중 자바의 다창은 275가, 나머지는 수마트라 외 작은 섬에 있었다. 투자 자본은 네덜란드 76.2/100, 영국자본 16.8/100, 프랑스 자본 3.8/100, 독일 자본 2.6/100, 일본 자본 0.6/100 등이었다. 화교가 경영한 다원은 적었다.

자바의 차 수출은 1833년 수마트라는 1910년부터 시작했다. 수출국은 주로 네덜란드, 영국, 호주, 미국, 러시아 등이었다. 네덜란드는 암스테르담, 영국은 런던 시장에서 판매되었지만 인도와 실론 차에 비해 낮은 가격에 판매되었다.

5. 중앙아시아의 차 수입과 유통

중앙아시아에서는 차를 마시지 않는 집을 찾아볼 수 없고, 하루의 일과가 차에서 시작해서 차로 마칠 정도로 차문화가 발달했다. 그들은 식사를 할 때, 손님을 접대할 때, 심지어 휴식을 취할 때에도 차와 함께했다. 중앙아시아에서 언제부터 차를 마시셨는지에 대한 명확한 기록은 없지만, 분명한 것은 몽골인들의 영향이라는 점이다. 몽골 제국은 한때 중앙아시아를 비롯하여 중국과 터키, 러시아, 그리고 유럽 일부 지역까지 지배했고, 몽골제국이 분열하면서 킵차크 칸국, 오고타이 칸국, 차가타이 칸국이 부분적으로 중앙아시아 지역을 차지했다. 그래서 중앙아시아는 역사적으로 오랜 기간 동안 몽골전통문화권 하에 있었고, 차 문화 또한 이들에 의해 처음 형성되었을 가능성이 높다.

역사적 사료에 따르면, 몽골 지배층은 13세기에 이미 차를 별도로 관리할 정도로 귀중품으로 여겼다. 상류 문화로 간주되는 차 문화가 몽골제국이 분열한 이후에도 지배층사이에서 계속 유지되었을 것으로 생각되나, 기록문헌에서는 전혀 발견되지 않는다. 1403-1406년 티무르제국에 사신으로 파견된 스페인 출신의 데 클라비호(R. G. de Clavijo)가 남긴 여행기 『티무르제국 사행』에는 음료로 마유와 보자(마유와 곡물을 넣어 발효시킨 몽골인 음료), 포도주만 언급하고 있다. 그러나 1558년 노가이 칸국을 방문한 영국 상인 젠킨슨(A. Jenkinson)의 기록을 보면 노가이족이 "식물의 끝부분을 섭취하고, 그것으로 만든 음료를 마신다"라고 기술되어 있어서, 이들이 이들의 차를 마셨음을 추정할 수 있다. 비록 이 기록물에는 '차'라는 단어가 명기되어 있진 않지만, '식물의 끝부분으로 만든 음료'라는 문구를 통해 이 음료가 차임을 유추할 수 있다. 노가이 칸국은 몽골계 민족인 만기트인을 중심으로 형성되었기 때문에 노가이인들은 몽골의 문화를 많이 계승하고 있었다. 그렇기에 이들에게도 차 문화가 존재할 가능성이 높다. 이 외에도 몽골계 민족의 차 음용에 관한 글이 러시아 문헌에도 남아 있다. 우선 1617년 러시아의 바실리 튜메네츠가 사신으로 몽골 북동부의 호트고이드 칸국의 알틴 칸을 만났을때 연회에서 음료로 버터를 넣은 암소 젖에 "본적이 없는 어떤 잎이 있는, 전혀 알지 못하는 붉은 음료"가 나왔다고 기록하고 있고, 1638년에 러시아 사신 바실리 스타르코프가 알틴 칸에게서 선물로 받은 고가의 차를 러시아 왕실에 바쳤다는 기록이 있어서 몽골인들의 차 음용은 계속되었음을 알 수 있다.

독일의 여행가 아담 올레아리우스(A. Olearius)가 1630년대 페르시아의 수도 이스파한을 방문하면서 기술한 글을 보면 차가 명기되어 있다.

> 선술집에서는 우즈베크-타타르인들이 중국에서 페르시아로 갖고 온 식물을 우려 낸 물을 마신다. 길이가 약 1인치, 너비가 0.5인치인 길고 좁은 잎이다. <...> 그것을 보관하고 운송하기 위해 검은색에 가까운 짙은 회색으로 변할 때까지

4부_차 생산 및 유통 267

> 말리는데, 너무 쪼그라들어서 실제와는 전혀 다른 모습을 띠고 있다. 그러나 따뜻한 물에 넣으면 퍼지고 이전의 녹색을 되찾는다. 페르시아인들은 물이 쓴맛과 검은색이 될 때까지 끓인 다음 회향, 아니스 또는 정향과 설탕을 첨가한다. 중국인들은 이 식물을 차라고 부른다.

이처럼 몽골인들과 그의 후손들은 아주 오래전부터 차를 알고 있었고 음용했음을 알 수 있다. 그리고 이들의 차 문화는 몽골 제국 분열 후 후손들이 중앙아시아 지역에 자리를 잡으면서 더 폭넓게 전파되었을 것으로 보인다.

중앙아시아에서 오래전부터 유행한 차는 우유와 버터가 들어간 칼미크식 차이다. 이는 티베트 수유차와 유사하다. 티베트의 수유차는 긴압차 50g을 야크유 1L에 넣어 끓인 후 건더기를 걸러내고 야크유로 만든 정제버터 (차 1L당 100g)와 소금을 첨가한 것이고, 칼미크 차는 녹차 긴압차를 찬물에 넣고 끓인 후 뜨거운 우유를 넣고 육두구, 후추, 월계수 잎, 소금 한 꼬집을 넣어 5분정도 더 끓이고, 약간의 버터 조각을 첨가한 것이다. 버터와 소금을 넣는다는 점에서 다른 차 제조법과는 차이가 난다. 티베트 차와 칼미크 차의 이런 공통점은 아마도 종교적인 이유와 연관이 있을 것이다. 칼미크인은 중가르 지역으로 이주한 서몽골족(또는 오이라트족) 일파로, 티베트 라마교를 신봉했었기 때문에 칼미크인의 생활양식에 티베트의 흔적이 나타나는 것은 당연한 것으로 보인다. 이 차가 어디서 처음 만들어졌는지는 정확히 알 수 없으나, 이 차가 어떻게 발생하게 되었는지는 칼미크인의 전설을 통해 추정할 수 있다.

한 전설에 따르면 칼미크 차는 티베트 불교의 개혁자인 총카파와 연관이 있다. 어느 날 총카파가 병에 걸려서 유명한 약사를 찾아갔는데, 그 약사는 "천상의" 음료를 하나 추천하면서 7일 동안 공복에 이 음료를 마시라고 처방했다. 총카파는 약사의 처방을 따라 7일 동안 이 음료를 마시고 나서 완쾌했는데, 이 날이 바로 음력으로 표범의 달 25번째 날이었다. 이 날은 칼미크인의 신년 명절이었다. 그는 모든 신자들에게 바로 이 날 불상 앞에 등잔을 놓고, 자신을 치유한 음료를 만들 것을 명했고 이때부터 칼미크인들이 자신들 만의 차를 마시게 되었다는 것이다. 또 다른 전설에 따르면, 이 차는 칼미크인 선조들이 육류를 섭취하게 된 시기보다 훨씬 이전에 마셨던 것으로 이야기하고 있다. 아주 오래 전에 칼미크인 선조들은 육류 섭취가 금지되었는데, 한 라마승이 칼로리면에서 육류와 비견할 만한, 그러나 야채를 재료로하는 음식을 만들려고 고심했고, 30일동안 특별한 기도를 올렸다. 그 덕분에 30일째 되는 날 이 차를 만드는 방법을 고안해 냈다는 것이다. 이 두 전설을 통해 라마승에 의해 발명된 우유와 버터를 넣어 만드는 이 차는 칼미크인들에게 치유와 건강 유지를 위해 꼭 필요한, 신성한 음료로 여기고 있음을 알 수 있다.

19세기에 칼미크 지역을 여행한 러시아와 프랑스의 대문호인 A. 푸쉬킨과 A. 뒤마가 남긴 글을 통해 이 음료의 맛을 상상해볼 수 있다.

> 솥에 양 지방과 소금을 넣어 차를 끓였다. 그녀(칼미크 소녀)는 자신이 마시던 차 그릇에 차를 담아 나에게 주었다. 나는 거절하고 싶지 않아서 숨을 쉬지 않으려 애쓰면서 쭉 들이켰다. 나는 다른 민족 음식 중 어떤 것도 이보다 더 끔찍한 것은 없을 거라 생각한다.

> 곧이어 가족은 즉석에서 칼미크 차를 우리에게 대접했다. <...> 단언컨대, 한 기독교인을 지독한 음료로 그보다 더 구역질나게 한 적은 일찍이 없었을 것이다. 나는 독살당하는 줄 알았다.

취향에 대한 논쟁은 무의미한 것이긴 하지만 칼미크 차에 대한 이런 혹평은 유럽인들에게 있어서 이 음료가 완전 낯설었기 때문일 것이다.

칼미크인들의 차가 중앙아시아에 뿌리를 내릴 수 있었던 이유는 그 당시 서몽골인(오이라트)의 강력한 힘과 칭기즈칸의 후예였기 때문일 것이다. 우선 칼미크인은 중국인과 달리 중앙아시아 주민들에게 "이방인"이 아니었다. 역사적으로 중앙아시아를 통치했던 여러 강력한 지배자들이 몽골 출신이었기 때문에 중앙아시아인들은 칼미크인들을 전혀 다른 민족으로 여기지 않았다. 예를 들면, 튀르크화된 몽골귀족의 핏줄에서 티무르 왕조, 망기트 왕조가 형성됐고, 그들의 후손들이 18세기부터 부하라를 통치했다. 그리고 콩기라트족 후손이 히바를 통치했기 때문에 중앙아시아인들과 몽골인들은 공통적으로 칭기스칸과 그의 후손들에 대한 숭배관념을 갖고 있었고, 혈연적으로도 어느 정도 공통분모를 가졌다고 여겼기 때문에 서로 유대감을 갖고 있었다. 그러나 중앙아시아인들과 서몽골족은 종교가 달랐다. 중앙아시아인들은 이슬람교를, 서몽골족은 불교를 신봉했다. 이로 인해 중앙아시아인들은 "이교도"인 서몽골족을 개종시키려고 했다. 실제로 그들 중 일부가 이슬람교로 개종하기도 했다. 17-19세기에 이슬람으로 개종한 이들을 칼목 또는 칼미크로 불렸다. 중앙아시아 통치자들은 이들에게 관료나 군인 같은 중요 직책을 맡겼기에 이들은 엘리트 계급으로 성장할 수 있었다. 1759-1760년 서몽골인이 세운 중가르 제국이 청나라에 정복당했을 때 서몽골인의 상당수가 중앙아시아로 도피했다. 이들은 자신의 부족명 만을 유지한 채 지역 주민들에 동화했다. 『바다흐샨 역사』에 따르면, 이 당시 카슈가르인과 칼미크인 12,000가구가 동투르키스탄을 떠났고, 그중 9,000가구가 페르가나에, 3,000가구가 바다흐샨 파이자바드에 정착했다고 한다.

이처럼 칼미크인은 중앙아시아 주민들과 유대감을 형성하고 있었다. 특히 이슬람으로 개종한 칼미크인들은 주로 도시와 수도에서 상류계급으로서 생활했기에 중앙아시아 엘리트층의 문화에 영향을 미칠 수 있었다. 이를 증명해주는 자료로 1797년 러시아 제국의 아르한겔스크 주를 방문한 폴란드 출신의 작가이자 여행가이며, 동양학자인 얀 포토츠키가 남긴 기록문 『Voyage dans les steppes d'Astrakhan et du Caucase(아스트라한과 코카서스 스텝지역 여행)』에서 찾아볼 수 있다. 그는 그 지역에 사는 러시아인, 칼미크인, 카라가쉬인(노가이계 민족)들이 차를 일상적으로 마셨고, 특히 칼미크인들이 차를 중국으로부터 가져왔다고 기록하고 있다. 그리고 "벽돌처럼 단단하고 두꺼운 나무판 형태의 차가 수많은 문자가 적힌 얇은 종이에 쌓여 있다.

칼미크인은 이 차를 우유와 기름과 함께 끓이는데, 이런 방법으로 이 차가 건강을 증진하고 영양가가 높은 음료를 만들었다. 타타르인들은 모두 이 관습을 받아들였다"고 기술하고 있어서 칼미크인의 차 문화가 주변 민족들의 차 문화에 직접적인 영향을 끼쳤음을 알 수 있다.

러시아 학자 S.N. 아바쉰은 칼미크 차가 중앙아시아 정주민들의 일상 식단에 자리잡게 된 원인으로 동투르케스탄의 카슈가르인들(현재 위구르인)의 영향을 꼽고 있다. 카슈가르인들은 서몽골인들과 밀접하게 접촉했고, 동투르케스탄 도시는 인구밀도가 높았기 때문에 차 음용 유행이 급속도로 전파되었을 것으로 보았다. 특히 칼미크식 차를 제물로 사용하는 동투르케스탄에서 이주한 카슈가르인들의 종교 의식인 '소크트(sokyt)'를 통해서 중앙아시아 지역에 차 문화 전파에 이 카슈가르인들의 역할이 지대했음을 알 수 있다.

소크트는 '모든 고난에서 해방되다'라는 의미를 지니고 있는데, 아팍 호자에게 바치는 의식이다. 이 의식은 단순히 꿈자리가 사나워서, 아이가 생기지 않아서, 집에 우환이 있어서, 어려운 일에 처해 있어서 등의 여러 가지 이유로 치러졌다. 이 의식에서는 우유, 소금을 넣어 끓인 차를 제물로 사용했다. 이슬람 성자와 관련된 의식에 불교를 신봉한 칼미크인의 차를 제물로 사용하게 된 것은 동투르케스탄의 영적 지도자로 추앙받는 아팍 호자가 1678년 동튀르케스탄(호탄, 야르칸드, 코를라, 쿠차, 아크수와 카슈가르까지)을 장악할 때 달라이 라마의 지지와 라마불교 신봉자인 중가르의 도움을 받았기때문에 중가르인, 특히 칼미크인들과 긴밀한 관계를 지닌 성자 아팍 호자를 기리기 위해서였다. 바로 이런 이유로 동투르케스탄의 정주 이슬람교도들 사이에서 차가 인기를 얻게 된 것이다. 이처럼 중앙아시아에 차 음용 문화가 본격적으로 전파된 것은 칼미크인과 동일한 차문화를 보유한 카슈가르인들과 중가르 제국의 붕괴로 중앙아시아로의 도주한 서몽골인, 특히 칼미크인들의 덕분으로 볼 수 있을 것이다.

1780년경 중국과 부하라 칸국의 중계무역국으로 잘 알려진 코칸드 칸국에 거주했던 F.S. 에프레모프가 "차는 귀족들만 마셨다"라고 기술하고 있다. 1823년 P.I. 데메존이 부하라 칸국을 방문하면서 남긴 기록물에 한 베크가

"자신의 집에서는 차를 거의 마시지 않고, 설탕을 넣은 차는 더더욱 마시지 않았다. <…> 손님으로 방문했을 때에는 항상 한 번에 6-7잔 미만으로 마신 적이 없고, 하루에 2-3번 손님으로 방문했다."라고 기술하고 있어서, 19세기 초까지도 차는 가격이 "꽤 나가는" 음료였음을 추정할 수 있다.

여러 여행서에 따르면, 중앙아시아에서는 칼미크식 차 외에도 설탕을 넣은 차도 많이 마신 것으로 보인다. 예를 들면, 1718-1725년 페르시아와 부하라 지역을 방문하는 사신단을 이끈 이탈리아 출신의 러시아 관료 플로리오 베네베니와 1823년 부하라 칸국을 여행한 러시아의 동방학자 P.I. 데메죤은 부하라 사람들이 달달한 차를 마셨다고 기록하고 있다.

중앙아시아에서 차가 대중화된 것은 1820-30년대 이후 카슈가르와 야르칸드에서 차를 대량으로 들여오면서부터로 추정된다. 카슈가르와 야르칸드은 "대(大)부하라 칸국 주민들을 위한 소(小)부하라 칸국(동투르케스탄, 카슈가르, 현재 신장지역)의 주요 무역도시"였으며, 이곳에서 다양한 물품들이 거래되었다. 그 중 인기 있는 품목이 바로 차였는데, 1820년에 부하라에 러시아 사신으로 방문한 메이엔도르프 백작에 따르면, 부하라인들은 카슈가르에서 품질이 나쁜 차를 대량으로 갖고 왔다. 1830년대 부하라 지역을 여행한 알렉산더 번즈는 1832년 야르칸드에서 부하라로 수입한 차가 약 80,000kg이나 되고, 시장 곳곳에서 사람들이 시도때도 없이 차를 마셨다고 기록하고 있는 것으로 추정컨대, 이 시기 차는 이미 일상생활 속에 흔히 볼 수 있는 음료였음을 알 수 있다.

중국 서부지역의 주요 차 집결지는 우르무치와 아커쑤였다. 우르무치의 차는 타르바가타이(추구차크 또는 타청시))와 일리(굴자)로, 아커쑤의 차는 야르칸드, 호탄, 카슈가르로 운반되었다. 이 당시 야르칸드에서 중앙아시아로 운반되는 차는 오시 세관을 거쳐 매년 말을 이용해서 5만~8만개의 짐이 운반됐다. 짐 1개의

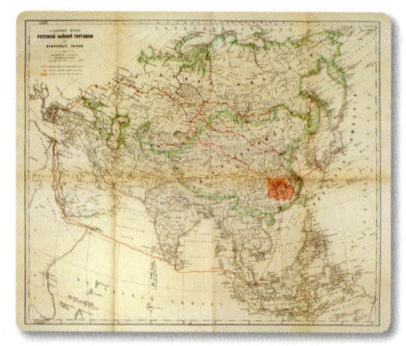

중앙아시아 티로드 지도

무게는 약 130-140kg 정도인데, 계산해보면 연간 대략 6,500t-11,200t의 차가 중앙아시아 지역으로 들어온 셈이다. 야르칸드에서 부하라까지 가는데 약 65일이 걸리는데, 이 길은 카슈가르에서 가는 것보다는 시간상 더 걸리긴 하지만 안전한 경로였기에 상인들은 점차 이 길을 더 많이 이용했다. 그러나 여전히 카슈가르가 중앙아시아와의 차 무역의 중심지였다.

19세기 중반 중앙아시아의 차 무역에는 큰 변화가 생겼다. 1862년전까지, 즉 중국 산시(陝西)성, 간쑤성(甘肅省), 칭하이성(靑海省)에서 일어난 둥간반란이 일어나기 전까지 중앙아시아 차 무역은 중국이 거의 독점했다. 둥간반란 이전에 차는 코칸드 칸국을 거쳐 부하라와 히바의 무역거점 지역으로 운송됐었다. 그러나 청나라가 반란군에게 황화 발원지부터 세미레치예 주까지 지배권을 빼앗기고 수많은 도시가 파괴되면서 이전의 카슈가르-중가르 칸국 경로를 이용해 차를 운송하는 것이 불가능하게 되었다. 이때부터 인도·영국과 러시아 상인이 중앙아시아 지역의 차 무역을 주도하게 되었다. 그러나 인도·영국 상인들과 러시아 상인들은 중앙아시아 차 시장에 대한 조사가 충분히 이루어지지 않은 상태에서 차를 갖고 왔기 때문에 중앙아시아인들의 취향에 맞지 않았다. 카슈가르에서 거래되는 차는 천산북로 경로, 즉 우르무치-추구차크-굴자를 따라 카자흐스탄으로 수입되는 차와 그리고 칼간(장자커우)-마이마첸-캬흐타를 따라 러시아로 수입되는 차들과는 종류가 달랐다. 중앙아시아 지역에서는 주로 녹차(백차), 푸차, 천량차가 소비되었으며, 잎차는 거의 들어오지 않았다. 반면 천산북쪽 경로로는 주로 칼미크 차와 같은 전차가 많이 유통되었다. 이처럼 중앙아시아 차 시장과 러시아 차 시장에서 '잘 팔리는' 차 종류는 서로 달랐다. 러시아와 인도·영국 상인들은 갖고 온 다량의 차를 빨리 소진하기 위해서 낮은 가격에 차를 판매했고, 그로 인해 차 가격이 잠시 하락했다.

영국 상인들은 중국 상인들의 부재로 생긴 차 시장의 공백을 메우기 위해 계획적으로 부하라로 많은 양의 차를 갖고 왔다. 이 당시 인도 시카르푸르, 물탄, 페샤와르에서 중앙아시아 주요 무역 거점지로 이동하는 여러 대상로가 발달하게 되었다. 가장 많이 이용된 대상로는 인도 - 파키스탄(라호르-

페샤와르-카이베르 고개) - 아프가니스탄(카불-바미안-아이바크-타쉬쿠르간-마자르 이샤리프) - 아무다리야강 도하 - 부하라 토후국으로의 경로였다. 이 경로를 따라 차를 운반하면 카불에서 부하라까지 일반적으로 27일이 소요되었다. 이처럼 운송비 절감으로 인도·영국 상인들이 차 시장을 선점하게 되었다.

러시아 상인들도 영국과 인도 상인들과의 가격 경쟁력을 확보하기 위해 투르케스탄 지역에 판매할 목적으로 캬흐타를 통해 들여오는 차에 관세를 부과하지 않도록 러시아 정부에 청원했으며, 수많은 대상들을 중앙아시아로 보냈다. 1868년부터 러시아 정부는 자국 상인들을 보호하기 위해 캬흐타에서 이르쿠츠크를 거쳐 투르키스탄으로 들어오는 차에 관세 면제를 적용했다. 그리고 1868년 부하라가 러시아보호령이 되면서 러시아 정부가 그 지역의 관세를 관리하게 되었다. 러시아 정부는 카스피해 지역과 페르시아 국경, 부하라와 아프가니스탄 국경에서 녹차 수입화물에 상당한 관세를 부과했는데, 이는 인도에서 들여오는 차 가격이 상승하는데 영향을 끼쳤다. 또한, 구빈세를 러시아상인과 인도·영국상인에게 차등으로 부과하면서 러시아 상인들에게 혜택을 주었다. 그 당시 부하라를 지나는 상인들은 모두 그 지역 통치자들에게 구빈세를 냈는데, 러시아 상인에게는 교역품 금액의 2.5%를, 인도·영국 상인에게는 22.5%를 구빈세로 부과했다. 이처럼 러시아 상인들은 러시아 정부의 각종 혜택을 받으면서 중앙아시아 차 시장에서 점유율을 높여갔다.

1860-70년대에도 중앙아시아 지역에서는 꾸준히 차 수입량이 증가했고, 이는 가격 하락이라는 결과를 갖고 왔다. 1830년대 부하라에서 차 0.4kg가 도매가로 평균 약 1루블 80코페이카 금화로 거래되었고, 1840년대에 차는 종류에 따라 도매가로 0.4kg당 1루블 40코페이카-4루블에, 그리고 녹차(진주차) 같은 경우에는 0.4kg당 7루블 50코페이카에 거래되었다. 이 당시 부하라 시장에서 비단은 143루블 50코페이카-172루블 20코페이카, 나사(羅紗)천은 86루블-93루블, 밀은 130kg당 10루블 88코페이카-14루블 35코페이카, 기장은 130kg당 3루블 40코페이카-4루블 8코페이카, 낙타는 1마리당 71루블 75코페이카-143루블 50코페이카, 소는 1마리당 28루블

70코페이카-71루블 75코페이카에 거래되었다는 점을 감안한다면, 차는 다른 생필품들과 비교했을 때 매우 비싼 물품이었음을 알 수 있다. 1871년 투르케스탄 신문 5월 17일자 기사에 따르면, 녹차는 타쉬켄트 상품거래소에서 65.5kg당 190루블-342루블에 거래되었다. 이 당시 시장에서 밀이 130kg당 11-13루블, 보리가 130kg당 10루블 60코페이카-11루블, 말이 14-50루블, 암소가 20-30루블, 숫소는 12-34루블, 쌍봉낙타는 25-55루블, 단봉낙타는 70-80루블에 거래되었다. 이처럼 1830-40년대와 1870년대 물건 가격을 살펴보면, 곡물, 가축 등의 가격 변동이 심하지 않았지만, 차 가격은 크게 하락했음을 알 수 있다.

    1860-1870년대 중앙아시아 차 무역은 인도·영국 상인들에 의해 활발해졌으나, 1878-1880년 아프가니스탄과 영국간의 전쟁으로 인해 아프가니스탄을 통해 차를 운반하는 것이 불가능해지면서 판세가 바뀌었다. 아프가니스탄을 가로질러 가는 것이 아니라 둘러가야하기 때문에 운송비가 눈에 띄게 증가하게 된 것이다. 이는 당연히 중앙아시아에서 판매되는 인도 차 가격에 직접적인 영향을 주었다. 그제야 러시아 상인들은 중앙아시아 차 시장에서 경쟁력을 갖출 수 있었다. 1884년 청나라가 중국 서부지역에 대한 지배권을 다시 회복했지만 이전의 중국-중앙아시아 무역로는 복구되지 못했고, 영국·인도 상인들이 이 지역 차 무역을 계속 주도했다.

    인도·영국 상인들이 중앙아시아에 판매한 중국 차와 인도 차는 인더스강이나 철도를 따라 파키스탄 펜자브 지방의 도시인 아토크까지 운송되었다. 이곳에서 낙타에 짐을 옮겨 실어 육로로 페샤와르와 카불을 거쳐 아프가니스탄의 바미안, 훌룸, 카르시를 지나 부하라로 들어갔다. 이들은 아프가니스탄의 여러 토후들이 다스리는 지역을 지나면서 구빈세로 교역품 금액의 최고 22.5%까지 지불했다. 대상들은 이런 경로를 이용해서 차를 부하라로 갖고왔고, 그곳에서 투르케스탄 전역으로 보급했다. 이전에는 프샤와르에서 부하라로 가는 경로가 위험하다고 여겨 자주 이용하지 않았지만, 제2차 영국-아프가니스탄 전쟁 이후 아프가니스탄이 영국의 반식민지가 되면서 대상들은 점차 아프가니스탄을 통과하는 경로를 이용해 차를 운반했다.

    한편 러시아 상인들은 1870-80년대 동안 러시아 정부의 보호주의정책 하에서 여러 혜택을 받아 성장했다. 그들은 바투미 항구에서 바쿠와 우준-아다를 거쳐 중앙아시아로 차를 운반했다. 때마침 해상운송이 가능해지게 되면서 이로 인해 운송비가 크게 절감되었다. 그리고 러시아 상인들과 영국 상인들 간의 차 시장 점유를 위한 치열한 힘겨루기가 계속된 결과 차 가격이 하락했다.

바쿠 항구의 카라반 화물

차는 여전히 봄베이에서 아프가니스탄을 통해 중앙아시아로 유입되었으나, 그 외에도 새로운 경로들이 생겨나기도 했다. 봄베이에서 배로 출발해 페르시아만을 거쳐 반다르-아바스 또는 아부시르로 들어와 그곳에서 육로로 낙타, 말, 당나귀를 이용해 짐을 야즈드까지 운반했다. 야즈드에서 다시 페르시아의 소금초원을 지나 마쉬하드 물류창고로 이동되었다. 마쉬하드에서 봄베이와 부하라 사이를 중재하는 중개업자들 중 일부는 야슈하바드로, 다른 일부는 카스피해 횡단 철도를 이용해 두샤크로 차를 운반했다. 화물 대부분이 두샤크에서 부하라, 히바, 메르브, 사마르칸트로 보내졌는데, 봄베이에서 부하라까지는 날씨에 따라 약 6-8개월이 소요되었다. 그러나 러시아 정부가 바투미, 바쿠, 우준-아다를 통해 아시가바트와 부하라 세관을 거쳐 녹차를 운반하게끔 하면서 페르시아를 경유하는 경로는 의미를 잃게 되었다. 왜냐하면 바투미를 통해 차를 운반할 경우, 절차면에서 페르시아를 경유할 때보다 비교할 수 없을 정도로 간편했기 때문이다. 이전에는 봄베이에서 배를 이용해 페르시아로 차를 실어오려면 차가 습기에 상하지 않도록 상자에 담아야했다. 그러나 페르시아에 도착하면 차를 상자에서 꺼내 자루로 옮겨 담고, 그 후 육로를 따라 차를 운반해야만 했다. 그러나 이젠 재포장 작업을 할 필요가 없어졌고, 대량으로 운반하게 되어 화물 운임료도 저렴해졌다. 또한 상자채로 짐을 운반할 수 있게 되면서 하역 작업도 수월해졌다. 그 외에도 시간상의 이점도 있었다. 페르시아 경유 시 6-8개월이 걸렸던 운송시간이

40~45일 정도로 단축되었다. 1891년이 되면 차 가격이 또 한번 떨어지게 된다. 1891년에 카스피해 횡단철도, 즉 크라스노보드스크 – 발카나바트 – 아쉬가바트 – 메르브 – 투르크메나바트 – 부하라 – 사마르칸 경로의 철도가 개통되었는데, 단시간에 대량으로 차를 운송하게 되면서 차 가격이 떨어졌다. 그 덕분에 많은 사람들이 차를 손쉽게 구매할 수 있게 되었다.

히바 칸국에서 차는 19세기 초까지도 대중적인 음료가 아니었다. 1826년 자료에 따르면, 잎차는 가격이 비쌌기 때문에 부유한 사람들만 마셨고, 가난한 사람들은 전차를 마셨는데, 주로 우유, 지방이나 비계를 넣어 마셨다. 무함메드 라힘 칸 통치기(1805-1825) 히바 칸국에 포로로 있던 러시아인 그루쉰은 "궁전에서 차는 오직 칸만이 마셨고, 칼미크차, 전차를 마셨다. 그리고 가끔 일주일에 두 번 정도 다른 종류의 차도 마셨다. 칸은 차에 설탕을 넣어 마셨다. 칸의 부인들과 자식들은 차를 전혀 공급받지 못했다."라고 구술했다. 1848년 약 두 달간 히바 칸국을 방문해 술탄들과 칸을 만나 이야기를 나눌 기회를 가졌던 러시아 상인 아브로시모프도 차를 대접받지 못했다. 그리고 그는 히바 방문 일지에 시장에서 거래되는 물품들을 열거했는데, 거기에서도 차는 언급되지 않고 있다. 그러나 1863년 히바를 방문한 헝가리 여행가인 밤베리의 여행 일지에는 아브로시모프의 기록과는 다른 내용이 발견된다. 그는 히바 칸국이 부하라 칸국과 활발하게 교역하면서 차, 향신료, 종이, 잡화 등을 구입한다고 기술하고 있다. 히바 칸국은 19세기 중반이 되서야 차를 대중적으로 마시게 되었다고 해석할 수 있겠다. 히바 칸국이 부하라 토후국에 비해 차 대중화가 늦은 이유는 중앙아시아의 차 운반경로 때문이었다. 카슈가르를 출발한 차는 코칸드 칸국을 거쳐 부하라로 반입되었다. 이때 부하라로 들어오는 차의 대부분이 그곳에서 소비되었기 때문에 히바로 들어가는 차의 양은 적었다. 그리고 지리상 가장 서쪽에 위치한 탓에 운송 시간이 길어 차 가격이 비쌌기 때문이다.

카자흐스탄 지역의 차 전파는 부하라와 히바와는 전혀 다른 양상을 띠고 있다. 카자흐스탄에 차가 언제 들어 왔는지에 대해 기록된 사료는 없다. 단지 카자흐인과 그들의 조상은 수세기 동안 실크로드의 상인과 중국인을 통해 차를 알고 있었을 것으로 추정될 뿐이다. 이들은 말과 양을 쿨자, 우르무치, 추구착으로 몰고가 비단, 면직물, 차 등과 교환했다. 중국 사료에 따르면, 1758년 "카자흐인들이 올해 일곱 번째 달 8월에 우르무치와 다른 지역에 교역을 하러 올 것이다. 새틴, 면직물 등은 벌써 바르쿨로 보냈고 창고에 보관하고 있다. 교역을 하러 오는 사람들 수에 대해서는 미리 알 수 없다. 차를 적재해 놓을 필요는 없다. 자수를 놓은 새틴도 너무 많이 준비할 필요없다."라고 기록하고 있다. 그러나 18세기 말, 청나라의 팽창주의 정책이 약해진 후 말 수요가 감소했고, 중국 정부가 대외 무역을 독점하면서 말 가격을 낮추고 차와 비단 가격을 올림으로써 이들 간의 교역이 점차 줄어들게 되었다. 이와 함께 1740년대부터 카자흐인들은 중가르 왕국과 청나라의 계속되는 위협으로 인해 러시아 제국의 보호를 요청하게 되었고, 이때부터 점차 러시아 제국에 복속되어 갔다. 1820년대가 되면 카자흐 칸국의 대부분이 러시아 제국에 복속되면서 카자흐인들과 중국인들 간의 교류가 통제되었고, 카자흐 칸국과 중국간의 직접적인 교역이 이루어지지 않았다. 따라서 이전에는 추그차크와 쿨자의 교역소를 통해 중국 상인들로부터 차가 카자흐인에게 공급되었다면, 점차 러시아 상인들이 캬흐타와 이르쿠츠크 세관을 통해 이 지역으로 차를 갖고 오게 된 것이다.

  러시아 정부는 차 무역을 통해 엄청난 규모의 국가 재정을 확보할 수 있었기 때문에 새로 영입한 영토의 원주민들이 전차를 음용하게끔 유도함으로써 차 판매량을 늘리고자 했다. 1829년 2월 20일 러시아 제국 부총리인 K.V. 네셀로드 백작이 오렌부르크 군총독인 P.K. 에센에게 보낸 편지에서 이를 확인할 수 있다.

> 우랄 너머에 사는 유목민(카자흐인과 바쉬키르인)에게 전차를 마시는 습관을 갖게 하면, 이는 중국과의, 특히 캬흐타 세관에서 이루어지는 교역으로 인해 러시아 국가 재정에 도움이 될 것입니다. <…> 몽골계 민족인 부랴트족과 칼미크족도 오랜 시간에 걸쳐 습관이 되어 그런 차를 선호하게 되었고, 현재 이 차를 고급스러운 음식으로 그리고 정신을 맑게 하고 건강에 도움을 주는 저렴한 음료로 여기고 있습니다.

K.V. 네셀로드 백작은 카자흐인과 바쉬키르인들에게 부랴트족과 칼미크인들처럼 전차를 마시는 법을 가르쳐서 새로운 중국차 판로를 모색해야 한다고 제안하기도 했다. 에센 백작은 카자흐인들에게 전차를 선물하면 이들이 전차를 즐기게 될 것이고, 그러면 주변 부족들에게도 전차 음용이 전파될 것으로 기대했다. 이에 "동양인"을 위한 선물 구매 비용으로 할당된 예산 중 1,000루블을 전차 구매 비용으로 책정했다. 오렌부르크 행정부는 이를 실행에 옮겼고, 공무를 하는 카자흐인들에게 돈과 물건 대신 차를 줬다. 그러나 여러 사료에 따르면, 이런 노력에도 카자흐인들의 전차 음용은 일상생활에 뿌리내리지 못했다. 행정부에서는 카자흐인들의 전차 음용 습관화 실패 이유로 쿠미스를 선호하는 유목민의 취향과 딱딱하게 눌린 전차를 끓이기 위한 땔감을 초원에서 구해야만하는 어려움이 있었기 때문으로 기록하고 있다. 이와 같은 시도는 1830년대에도 계속되었으나 별다른 성과를 거두지 못했다.

1850-60년대부터 세미레치카 지역이 러시아-중국간의 주요 교역 중심지가 되면서 이곳으로 중국의 차가 대량으로 들어오게 되었다. 그로 인해 차 가격이 하락했다. 이것이 카자흐인의 차 문화 대중화에 결정적인 역할을 했을 것이다.

1867년 카자흐 칸국 영토에 러시아령 투르케스탄 총독부가 설립되었다. 이 당시 중국 무역 회사가 차 무역을 독점하고 있었다. 그들은 중앙아시아의 유대상인이라는 별칭을 갖고 있는 사르트인들에게 차를 도매로 판매했고, 사르트인들은 이 차를 투르케스탄 전역에 소매로 판매하면서 차가 중앙아시아 곳곳에 보급되었다. 그러나 1870년대부터 러시아 상인들이 본격적으로 이 지역의 차 시장에 뛰어들었고, 차 판매 경쟁이 치열해졌다. 1867년부터 세미레치예 주에 정착한 P.M. 젠코프는 세미레치예 주에 약 10개의 중국 무역회사가 있었고, 중국 상인들이 자신의 사업규모에 대한 자료를 공개하기를 꺼려하기 때문에 정확한 수치는 알 수 없지만 1875년 이들은 회사당 약 400치비크(Цыбик), 또는 중국무역회사 전체가 수입한 양을 최대 4,000치비크로 추정했다. 치비크는 대나무로 엮어 짠 바구니 형태의 약 60 cm 길이의 차 상자로 1:1 비율의 정육면체나 1:1.5 비율의 직육면체였다. 정육면체 치비크에는 약 25kg의 차가, 직육면체의 치비크에는

34-36kg의 차가 들어있었다. 이는 약 13만kg로 최소 24만 루블에 이른다고 기록했다. 이 시기 중국 상인과 러시아 상인들이 주도한 차 시장은 이미 포화상태였기에 이 금액은 이전과 비교해서 많이 축소된 규모였다.

투르케스탄의 러시아 총독부는 러시아 상인에게 여러 혜택을 주었다. 특히 차 무역에 있어서 이르쿠츠크 세관을 통해 투르케스탄 영토로 들어오는 차에 부과하는 관세를 면제해주었다. 이로 인해 이 지역에서는 러시아 상인이 차 무역의 주도권을 잡게 되었고, 차는 시베리아를 통해 러시아로 운반되면서 중국 상인들의 영향력이 감소되었다. 투르케스탄 내 차 물량과 연간 판매량은 수백만 명의 소비자를 만족시킬 정도였다. 이 물량을 충족할 수 있었던 것은 물론 중국 상인들이 많은 양의 차를 공급한 것도 있지만 러시아 상인들의 역할도 무시할 수 없다. 왜냐하면 1860년 베이징조약 체결 후 러시아 상인들이 중국에서 많은 다원을 운영했고, 1870년대에 그곳에서 수확한 다량의 차를 러시아로 보냈기 때문이다.

B. 다울바예프는 『1830년~1880년까지 투르가이(Turgai) 지역의 니콜라예프스키 마을에 있는 키르기즈인들의 삶에 관한 이야기』에서 "1853년부터 <…> 농사를 짓기 시작했고, 그때부터 키르기스스탄은 호화롭고 풍요롭게 살기 시작했다. 사치스러운 생활로는 차음용을 들 수 있다. <…> 아시아 국경에 인접한 지역에 사는 키르기즈인들(이 당시 카즈흐인을 키르기즈인으로 부르기도 했음) 10가족 중 1가족만이 차를 마시지 않는다"라고 기술하고 있다. 카자흐인들의 일상생활속에 차 음용 문화가 얼마나 깊이 자리잡고 있는지는 1896년 7월 10일자 투르가이 신문의 기사를 통해서도 가늠할 수 있다.

> 가장 가난한 가구가 한달에 최대 2 푼트(약 900 g) 차와 2푼트 설탕을 소비했고, 이보다 부유한 사람들은 최대 8푼트(약 3.2kg)이상까지도 소비했다. <…> 1 루블 52 코페이카로 구매할 수 있는 차 1푼트와 설탕 2푼트 (차 - 1 루블 20 코페이카, 설탕 - 32 코페이카)는 3 루블 50 코페이카에 거래되었다. 물론 현금으로 거래된 것은 아니다. 가난한 사람들은 현금이 없었기에 돈 대신 수확철에 거둔 기장으로 지불했다. 봄에 날씨가 좋아 풍작이 되면 손해볼 것이 없겠으나, 흉작이 들면

> 키르기스(카자흐인)인들은 자신의 재산을 온전히 강탈당했고, 제3, 제4 채권자에게 빚을 지는 채무자가 되었다. 그들은 "은인"에게 양으로 빚을 갚았는데, 이 양도 또한 다른 "은인"에게서 빌린 것으로 원래 가격의 두배나 비싼 가격인 7루블 또는 그 보다 더 비싼 가격으로 갚겠다고 약속한 것이다.

여러 학자들이 카자흐인의 생활속에서 차가 보편화되는데 영향을 끼친 요인으로 크게 두 가지를 들고 있는데, 우선 생활양식의 변화가 있다. 카자흐인들이 정주생활을 하면서 사육하는 가축의 수가 감소했고, 이는 유제품 생산량 감소를 야기했다. 이런 이유로 차를 더 많이 마시게 되었다는 것이다. 또다른 하나는 "중앙아시아에 러시아인이 거주하게 되고, 철도 건설 및 새로운 무역로가 개통되면서 차 가격이 하락"하게 되어서 대중에게 공급될 수 있었다는 것이다. 그 외에도 중앙아시아에 차의 대중화가 이루어지게 된 데에는 러시아인들의 역할이 컸다. 러시아인의 중앙아시아로 이주와 함께 사모바르가 전파되었고, 그 덕분에 차를 준비하는 작업이 간편해졌다. 그리고 철로와 해로의 개통으로 차의 대량 운송이 가능해지면서 차 가격이 하락하게 되었다. 이처럼, 생활양식의 변화, 교통의 발달이 중앙아시아 지역의 차 대중화에 결정적인 영향을 끼쳤을 것으로 보인다.

6. 러시아의 차 수입과 차밭

러시아의 차 수용 역사

러시아에 공식적으로 차가 처음 알려진 것은 1638년이다. 물론 동양에서 무역하던 러시아 상인들은 그 전부터 차를 맛보았지만, 러시아 왕실은 1638년 몽골을 방문한 러시아 대사 바실리 스타르코프가 몽골 알탄 칸이 러시아 로마노프 왕조의 초대 왕인 미하일 페도로비치(1596-1645)에게 선물로 마련한 찻잎 64kg을 갖고 오면서부터 차의 존재를 알게 되었다. 아무런 가치 없는 풀을 선물로 받은 바실리 스타르코프는 몽골 칸이 러시아를 무시해서 질 나쁜 장난을 치는 것으로 생각해서 이를 아주 모욕적인 처사로 받아들였고, 이것을 버리고 가려고 했다고 한다. 그러나 칸의 대신들이 바실리 스타르코프에게 그 선물이 아주 귀한 것임을 설명해 주었고, 그 덕분에 러시아는 유럽보다 더 일찍 차를 접하게 되었다.

찻잎을 버리고 가려고 했던 바실리 스타르코프를 통해서도 알 수 있듯이, 이 시기 러시아인들은 차에 대한 지식이 전혀 없었고, 이는 러시아 왕실 또한 마찬가지였다. 러시아 황실도 몽골 칸의 선물에 그리 호의적이지 않았다. 처음에 차르(러시아 왕의 칭호)와 보야르(대귀족)는 이 차라는 것을 동양에서 왜 마시는지 전혀 이해할 수 없었다. 러시아에서는 전통적으로 딸기, 월귤, 오레가노, 장미, 까치밥나무, 물레나물, 백리향 등의 허브에 꿀을 넣어 달인 스비텐, 호밀이나 보리를 발효시켜 만든 크바스를 마셨기에 차라는 새로운 음료에 관심을 두지 않았다.

1654년 표도르 바이코프, 1659년 이반 페르필리예프가 러시아 사신 자격으로 중국에 다녀오면서 차를 갖고 왔으나 특별한 관심을 받지 못했다. 이처럼 차는 러시아인들에게 아주 낯선 물품이었다. 그러나 점차적으로 차는 러시아인의 삶에 들어가기 시작했다. 그 최초의 물꼬를 튼 것은 1655년 궁정 의사가 차르 알렉세이(1629-1676)의 위장병을 치료하는 데 차가 이용되면서부터이다. 이때부터 차는 약용 음료로 간주되었고 그 당시 포도주로 인해 발생한 질병이나 공기로 전염되는 감염성 질환을 예방하는데 효과적인 음료로 귀족들에게 사랑을 받았다. 자료에 따르면 17세기 중반에 모스크바에서 판매되는 차의 종류가 10가지나 될 정도로 인기가 있었고, 1674년 모스크바에서는 이미 중국 차 무역이 행해졌었다. 러시아가 중국으로부터 본격적으로 차를 수입하기 시작한 것은 1689년 네르친스크조약이 체결되면서부터였다.

현재 차를 의미하는 세계 각국의 단어는 중국 광동어계인 'Cha'와 복건어계인 'Te→Tea'의 계보에 따라 크게 두 갈래로 나뉜다. 일본의 차나무

권위자인 하시모토 미노루(橋本實)에 의하면, '차'라는 단어의 전파는 크게 육로와 해로로 구별되는데, 이는 중국으로부터 차가 전해진 경로의 차이에서 비롯된 것이라 할 수 있다. 광동어계의 'Cha'는 육로를 통하여 중국 북부로 해서 한국, 일본, 몽골로 전파되었고 서쪽으로는 티벳, 벵골, 인도를 거쳐 서남아시아 지역, 그리고 러시아로 전파되었다. 한편 복건어계의 'Te'는 해로를 통하여 네덜란드, 독일, 프랑스, 영국 등 유럽의 여러 나라에 전파되었다. 러시아에서는 차를 차이(чай)라고 부르는데, 이를 통해서도 러시아가 차를 접하게 된 경로가 육로임을 알 수 있다.

네르친스크 조약에 따라 양국의 국민은 통과증을 갖고 있으면 국경 지역에서 교역할 수 있었기때문에 이때부터 조직적인 국영 카라반 무역이 시작되었다. 이 시기 차는 중국과의 교역품 중에서 그리 큰 비중을 차지하고 있지는 않았다. 그러나 1716년 이후 차는 중국에서 러시아 상인들이 구매하는 주요 상품 중 하나가 되었다. 국영 카라반은 대규모로 편성되었는데, 정부가 검증한 상인, 정부 대표, 4명의 조세관, 근위장교와 100명의 카자크 병사, 잡부 등을 포함해 총인원 200명에 달했다.

1720년대가 되면서 러시아의 중국차 수입량은 연간 약 50t이나 되었다. 1727년 캬흐타조약을 통해 중국과 러시아의 국경이 좀 더 명확하게 확정되면서 양국 국경 지역에 무역거점으로서 트로이츠코-사브스크, 캬흐타, 마이마이첸 등과 같은 도시들이 건설되었다. 그 중에도 캬흐타는 몽골, 중국과 국경을 접하고 있었기에 국경무역의 중심지로 성장했으며, 특히 중국차 교역의 거점이 되었다. 이 시기 차 수입량은 10배나 증가하여, 연간 약 500t이나 되었다. 러시아의 표트르 대제(1672-1725) 이후 엘리트들에게 중국은 유교적 사상을 바탕으로 계몽된 황제가 통치하는 일종의 이상 국가처럼 보였고, 이 국가에 관한 관심이 증가하고 있었다. 그렇기에 동양의 이상적인 국가의 음료인 차를 마신다는 것은 당시의 "유행"에 완벽하게 들어맞았다. 이 시기 중국 상인들은 배로 시베리아 강의 지류를 따라 우랄 지역으로 물품을 운반했기 때문에 모스크바에 차가 도착하기까지 아주 오래 걸렸다.

18세기의 차 가격은 일반 시민들이 구입하기에는 너무나 비쌌다. 차르 정부는 차 매입가에 80-120%의 관세를 매겼고, 그 외에 운송비, 운송인 식비 및 보안 비용이 추가되어 결과적으로 차는 원가에 비해 10-12배나 비싸졌다. 그래서 왕실과 대귀족, 거상들만이 마실 수 있었다.

엘리자베타 여제 통치기(1741-1761)에 차는 0.4kg당 은화 2루블이었다. 이 시기 농노 여자아이, 돼지 1마리, 늙은 말 1마리가 약 50코페이카였고, 어른 농노가 약 10-30루블이었다. 호밀 16.4kg가 은화 26코페이카, 밀 16.4kg이 은화 64코페이카였다는 점을 감안한다면 차 가격은 놀라울 정도로 비쌌다고 할 수 있다.

19세기 초가 되면서 '시베리아 길(Сибирский тракт: 모스크바-카잔-페름-예카테린부르크-튜멘-톰스크-이르쿠츠크)' 건설 공사가 거의 완공되었고, 시베리아를 통해 운송되는 짐의 70-90%가 낙타와 말로 운송되었다. 이 길을 통해 중국으로부터 차를 수입했기에 이 길은 러시아의 '티로드'라고도 불렀다. 사실 티로드는 모스크바와 울란우데를 잇는 '시베리아 길'과 울란우데에서 몽골의 울란바토르를 지나 중국의 후베이(湖北) 지방을 잇는 길을 아우르는 명칭이다. 차는 사막과 몽골 땅, 타이가 땅을 거쳐 러시아로 운반되었는데 차 운송경로는 다양했다. 19세기 중반까지는 주로 여섯 경로를 이용했고, 19세기 후반이 되면 다섯 경로가 새로 추가되었는데, 다음과 같다.

19세기 중반까지 이용 경로
경로1. 베이징 - 칼간 - 우르가 - 이르쿠츠크 - 니즈니 노브고로드 - 모스크바
경로2. 베이징 - 칼간- 쿠쿠 - 호초 - 츠랴수타이 - 코브도 - 바르나울 - 톰스크 - 니즈니 노브고로드 - 모스크바
경로3. 베이징 - 칼간 - 쿠쿠 - 호초 - 츠랴수타이 - 사얀산맥 - 러시아 (카라반 밀수)
경로4. 중국 내륙 지역 - 중앙아시아 – 러시아 (카라반 밀수).
경로5. 산시성 - 쿨자 - 세메이 - 바르나울 - 톰스크 - 니즈니 노브고로드 - 모스크바
경로6. 산시성 - 쿨자 - 베르니 - 타쉬켄트

19세기 후반 이후 새 경로
경로7. 한커우 - 광저우 - 말라카 해협, 아덴 만, 홍해, 보스포르 및 다르다넬스
　　　해협 - 오데사 - 모스크바
경로8. 한커우 - 베이징(한커우 - 상하이) - 나가사키 - 블라디보스토크 - 니즈니
　　　노브고로드 - 모스크바
경로9. 영국 - 핀란드 - 러시아
경로10. 영국 - 유럽 국가 - 러시아
경로11. 영국 - 러시아

　차 무역을 위해 양국의 카라반 상인들은 모스크바, 야로슬라블, 코스트로마, 페름, 예카테린부르크, 튜멘, 옴스크, 노보시비르스크, 크라스노야르스크, 이르쿠츠크, 울란-우데(이전 명칭: 베르흐네우딘스크), 캬흐타(이전 명칭: 트로이츠코-사브스크), 울란바토르(이전 명칭: 우르가), 사인샨드, 칼간, 한커우, 양러우둥 등 3개국 150개 이상의 도시와 마을들을 거쳐 갔다. 이 경로는 약 11,000km로, 짐 없이 말을 타고 이동할 경우에도 6개월이나 걸리는 거리였다. 중국에서 출발한 차는 약 4,000km를 지나 시베리아의 캬흐타에서 도착했다. 캬흐타는 트로이츠코-사브스크 요새 근처의 무역거점으로 1728년에 캬흐타 강과 오로토가 산 (현재 부랴트공화국 영토) 사이에 설립되었는데, 이 지역은 중국과의 중개무역의 중심지로써 18세기 말까지 러시아의 가장 부유한 도시 중 하나였다.

　중국에서 출발한 차가 티로드를 따라 운반되어 캬흐타에서 세관을 통과한 후 수레에 실려 모스크바까지 도착하는데 걸리는 시간은 보통 16개월-18개월이었다. 이것은 상인이 모스크바에서 캬흐타를 왕복하는 시간과 현지에서 러시아 상품 판매와 중국 상품 구매 및 세관 통과에 소요된 시간이 포함된 것이다. 캬흐타에서 모스크바까지의 거리가 약 63,26km나 되었기에 캬흐타-이르쿠츠-톰스크-튜멘-카잔-모스크바 경로로 이동을 하면 최소 70-80일이 걸렸다. 날씨와 길의 상태에 따라 운송 기간이 반년 이상 걸리는 일도 다반사였다.

차는 주로 낙타나 말로 운반되었는데, 특히 몽골 국경에서 우랄로 이동하는 차 운송 행렬은 매우 유명했다. 차를 실은 썰매가 한 대씩 움직이는 것이 아니라 한 사람이 짐마차 5대를 서로 묶어서 끄는 것이 일반적이었는데, 매년 이런 규모의 짐마차 대열이 최소 3,000개나 되었다. 차를 전문으로 운반하는 마부들도 생겨나기도 했다.

시베리아를 통해 러시아로 들어온 물품 운송은 주로 겨울에 이루어졌고, 차도 마찬가지였다. 캬흐타에 도착한 차는 엄격한 기준에 따라 검사를 거쳐 재포장 되고 상표가 붙여졌다. 낙타에서 짐을 내리는 것부터 시작해서 차 상자를 감싸고 있는 외부 포장지 제거 및 차 품질 검사는 사보시니크라고 불리는 차 전문 세관검사원이 담당했다. 사보시니크라는 용어는 차를 검사할때 사용하는 작업 도구인 사보크에서 파생된 것으로, 한국에서 쌀의 품질을 검사하기 위해 쌀 가마니를 찌르는 도구로 사용한 창대와 비슷하게 생겼다. 캬흐타에 들어온 차가 러시아 전역에 보급되기 전에 거쳐야만 하는 절차는 다음과 같다. 우선 사보시니크가 사보크로 차 상자를 찔러 차가 들었는지, 그리고 차의 품질이 어느 정도인지를 확인했다. 사보시니크의 검사가 끝나면 전문적으로 치비크를 재포장하는 사람들이 치비크당 20kg 정도가 나가게 차를 담고 가공하지 않은 소가죽이나 말가죽으로 털이 있는 부분이 안쪽으로 가게 상자를 포장했다. 가죽으로 상자를 밀봉하는 것은 겨울에 눈이 많이 내리는 시베리아 지역을 통과하는 과정에서 습기때문에 차가 상하지 않게 하기 위해서였다. 그 후 차를 검사한 사보시니크가 재포장된 상자에 차의 등급과 차 소유자의 이니셜을 새겼다. 긴압차는 아주 세밀하게 검사했는데, 포장지를 완전히 제거한 후 먼지와 곰팡이까지 벗겨내어 검사한 후, 종이로 싸고 다시 가죽으로 밀봉했다. 이런 절차를 거쳐 차는 러시아 전 지역으로 운반되었다. 차를 운반한 주요 러시아 카라반 상인들은 모스크바 외에도 러시아에서 가장 큰 상품거래소인 니즈니 노브고로드 시장과 이르비트 시장에서 판매했다. 그리고 이곳에서 러시아 전 지역으로, 그리고 하리코프에 있는 우크라이나 시장과 폴란드로 이동되었다.

1762년 예카테리나 2세(재위: 1762-1796)는 국영 카라반 무역을 폐지하고 중국과의 무역을 민간 상인들의 손에 맡김으로써 중국과의 차 무역은 더욱 활성화되었다. 1764년에 러시아 상인인 밀은 자신의 노트에 "우리는 중국 차에 길들어있고, 이 습관을 포기할 수도 없다."고 적을 만큼 이 시기에는 이미 러시아인의 생활 속에 차 문화가 정착되었다. 민간 상인들이 차 무역에 종사하게 되면서 18세기 말에 이르러서는 귀족과 부유한 상인 외에도 소수의 고위 성직자들, 대도시의 주민들이 차를 마시게 되었다. 말이나 낙타, 수레로 장기간에 걸쳐 운반된 차는 당연히 비쌀 수밖에 없었다. 그래서 장기간에 걸쳐 차는 상류층의 전유물이었고, 귀족 집에서 여주인만이 차를 관리했다. 차는 아주 고가의 물품이었기때문에 다른 제품과 함께 식료품 저장실에 보관하는 것이 아니라 특별한 상자에 담아 귀족 여주인의 침실에 보관되기도 했다.

러시아 시장에 유통된 차의 품종은 다양했다. 중국에서 캬흐타로 들어온 차는 긴압차와 잎차가 있는데, 벽돌 모양의 긴압차는 특히 시베리아에서 유행했다. 잎차는 캬흐타에서 무역이 시작될 때부터 백호차라고 불렸다. 예전에 중국 상인이 러시아 상인에게 차를 판매할 때 상품을 보여주면서, 차가 고품질임을 강조하기 위해서 "백호"라는 단어를 여러 번 사용했는데, 이 단어를 정확하게 이해하지 못한 러시아 상인들은 이 단어를 고품질의 잎차를 뜻하는 것으로 인식하면서 러시아에서는 잎차를 백호차와 동일한 의미로 사용하게 되었다.

러시아에서 유통된 긴압차는 두 가지 종류가 있는데 하나는 품질은 좋으나 상급의 물품을 만들고 난 찌꺼기나 미세한 차 가루를 이용하여 만든 판상형의 것이고, 다른 하나는 차의 잎과 줄기로 만든 벽돌 형태의 것이다. 판상형 긴압차는 아시아와 러시아와의 교역을 위한 것이고 벽돌형의 긴압차는 티벳 지역을 위한 것이다. 이 두 가지 전차는 이용 방법이 다르다. 러시아 전차는 차로서만 마셨다면, 티벳 전차는 소금, 버터와 기타 재료들을 넣고 일종의 스프를 만들어 먹을때 사용되었다. 러시아용 전차 공장들은 차 생산 중심지구 안에 있는 한커우와 키우키앙에 있었고, 티벳용 전차는 스촨성 서부지역의 중국인들이 광범위하게 만들었다.

18세기 후반부터 19세기 전반에 걸쳐 차 가격은 꾸준히 하락했다. 이는 앞에서 언급했듯이, 민간 상인들의 차 무역이 가능해져 엄청난 양의 차가 러시아에 들어로게 되면서였다. 1830년대 초 '칸의 차' 또는 '황제의 차'라고 불렸던 고급 백차(白茶)는 0.4kg당 12-15루블에, 녹차는 0.4kg당 최소 7루블에 거래되었다. 그리고 "보통" 품질의 홍차는 0.4kg당 대략 4루블 50코페이카에 구입할 수 있었다.

차 가격 하락의 또다른 요인으로 조선업과 항해술 발달을 꼽을 수 있다. 해상 무역로는 대량으로 차를 운송할수 있고 운송 시간도 절약된다는 점에서 시베리아를 거치는 육로 무역보다 훨씬 이득이었다. 예를 들면, 1840년대 광저우에서 런던까지 해로를 통해 차를 운송하면 16.4kg당 은화로 30-40코페이카를 지불하면 되지만, 동일한 시기에 육로로 시베리아를 거쳐 캬흐타에서 모스크바로 차를 운송할 경우 은화로 6루블 이상이 들었다. 1850년대가 되면 해로를 통해 중국에서 영국으로 수입된 차가 러시아로 들어오게 되는데, 상트-페테르부르크에서는 잎차가 0.4kg당 1루블 50코페이카, 이르쿠츠크에서는 1루블 70 코페이카에 거래되었다.

19세기에는 러시아와 중국의 차 무역이 번성했는데, 이제 차는 중국의 대러시아 수출품목 중 전통적으로 1위를 차지했던 실크와 면직물을 밀어냈다. 1811년대 러시아의 중국차 수입량은 131만kg, 1820년에 164만kg 이상이었다. 1840년 이후 차 수입량이 급증했다. 카를 마르크스는 1857년 뉴욕 데일리 트리뷴 신문에 "러시아의 대중 교역"이라는 제목으로 게재한 기사에 "캬흐타에서 중국인이 판매하는 가장 중요한 상품은 차다. 러시아인들은 그곳에서 면직물과 모피를 판매한다. 이전에는 캬흐타의 평균 연간 차 판매량은 10만 치비크를 초과하지 않았지만 1852년에는 이미 175만 치비크에 달했으며, 상품의 총 가격은 1500만 미국 달러를 초과했다."고 기술했다.

<표27> 1880-1897년 러시아의 차 수입

수입 기간	수입량	잎차	긴압차
1800	70,000		
1801-1810	73,200		
1811-1820	96,100		
1821-1830	142,700		
1831-1840	190,300		
1841-1850	305,800		
1851-1860	363,200		113,800
1861-1870	761,500		158,800
1871-1880	1,497,900	1,059,000	440,000
1881-1890	1,907,600	1,171,300+1,225,000	639,900+779,000
1891-1895	2,236,800	1,337,000	861,800
1896	2,612,000	1,563,600	999,800
1897	2,586,241		

이처럼 차는 19세기 초부터 러시아 사회에 활발히 보급되기 시작했다. 이 시기 가장 유명한 무역거점 중 하나는 니즈니 노브고로드였는데, 캬흐타의 상인들이 이곳으로 와서 중국 물품들을 팔았다. 니즈니 노브고로드 시장에는 4개 동으로 이루어진 중국 상점들이 줄지어 있었는데, 이곳의 주요 거래 물품 중 하나가 중국의 차였다.

니즈니 노브고로드 중국상점 거리

19세기 중반까지 차는 20kg-22kg정도의 치비크당 평균 142루블 50코페이카, 즉 0.4kg당 2루블 50코페이카였는데, 이 당시 호밀이 0.4kg당 8코페이카에 거래되었으니 차가 엄청나게 비쌌음을 알 수 있다.

1840년대에는 러시아 일부 지방의 부유한 농민들도 차를 마시게 되었다. 알렉산드르 1세 통치기 근로자의 평균 월급이 은화 33루블 35코페이카였고, 호밀가루 1kg는 은화 28코페이카, 소고기 1kg는 은화 4루블이이었다. 이에 비해 차는 최상의 품종일 경우 0.4kg당 은화 2루블 50코페이카-3루블에 판매되었으니, 이 시기까지도 차는 그리 '만만한' 가격의 식품은 아니었다.

찻집

1860년대까지 차 가격은 점차적으로 하락했지만, 여전히 몽골을 경유한 중국과 러시아 간의 카라반 교역을 통해 이루어졌기에, 수입량, 운송기간, 인건비 등의 요인으로 인해 일반 농민과 노동자들이 구입하기에는 비싼 편이었다.

그러나 1870년부터 수에즈 운하가 개통되면서 차 산업은 새로운 국면은 맞이하게 된다. 중국 차가 러시아 흑해의 항구도시인 오데사로 대량 들어오게 되면서 차 가격이 급락하게 되었다.

이런 차 가격의 변화는 1880년대부터 사마라-우파 및 예카테린부르크-튜멘 간 철도가 운행되어 차의 운송 시간과 비용이 획기적으로 줄어들면서 심화되었다. 게다가 이전까지 중국에만 의존했던 차 수입이 이제 인도와 실론까지 확대되어 해로로 대량의 차를 들여올 수 있게 되면서 차 가격이 지속적으로 하락했다. 그 결과 소득이 낮은 계층도 차를 즐기게 되었고, 그로 인해 차가 러시아인들의 삶에 깊숙이 파고들게 되었다. 이제 러시아에서는 귀족에서부터 평민까지, 도시부터 시골까지 러시아 전 지역에서 많은 사람이 차를 "탐닉"할 수 있었다. 이제 차 무역 회사는 양질의 차를 고가에 판매하는 대신 많은 양의 차를 저렴한 가격에 판매하는 "박리다매"를 통해 수익을 내기 시작했다. 그리고 차 시장은 대중을 위한 상품과 "프리미엄"상품으로 나눠지게 되었고 다양한 품질의 차가 거래되면서 가격도 천차만별이 되었다. 1863년 캬흐타에서 갖고 온 잎차가 모스크바에서 0.4kg당 1루블(홍차)부터

20루블(황차)까지 다양한 금액으로 판매되었다. 대기업은 아주 저렴한 차부터 유리, 주석 및 크리스탈로 만든 차 보관함에 담긴 수십 루블에 달하는 "왕실용", "제국용" 차까지 다양한 상품의 차를 판매했다. 이처럼 해로를 통해서 차를 들여오게 되면서, 취급하는 차 종류에도 변화가 생겼다. 19세기 초까지 중국의 홍차와 녹차는 거의 같은 비율로 러시아에 보급되었다면, 이제 긴압차의 수요가 급증하게 되었다. 1870년대 중국 긴압차의 수입량이 1860년대에 비해 3배 이상 증가했다는 점이 이를 증명해주고 있다.

알렉산드르 2세 통치기(1855-1881)에 모스크바에서 찻집이 최초로 생겨났다. 찻집은 차를 마시는 공간, 사업적 협상이 이루어지는 비지니스 공간, 축음기와 당구를 즐길 수 있는 시설을 갖춘 유흥을 위한 공간으로 구분되어 있었다. 정부에서는 상세한 찻집 규정을 만들기도 했다.

> 이런 시설은 러시아인들이 친숙한 곳으로, 항상 들리기를 원하는 곳이어야 한다. 이를 위해서는 일반 고객들이 차를 마시면서 토론하고 일을 처리하는, 그러나 알코올성 음료가 없는 대중 클럽 같은 곳이어야 한다. <...> 찻집을 넓고 밝은 공간에 연다. 그곳에 간이식당과 담배, 종이, 봉투, 우표 등의 물품을 파는 상점을 설치한다. 모든 찻집에는 신문, 잡지 및 다양한 안내 책자들을 비치해 두고 도서관, 독서실, 음악 콘서트 및 기타 유흥을 위한 공간을 마련해 둔다.

이곳에는 하급관리나 대필가가 상주해 있었는데, 이들은 글을 모르는 사람이나 서류 작성에 익숙지 않은 사람들을 대신해 탄원서나 계약서 등 여러 종류의 서류를 작성해 줬기에 상인들과 농민들에게도 인기 있는 상소였다. 곧 이러한 시설은 소상인들과 하층민들 사이에서 유행했다. 사실 이 시기에 차의 소비량이 늘어난 것은 정부 차원의 금주운동과 연관이 있다. 지식인들은 러시아의 선진화를 저해하는 요소로 음주문화를 들었고, 이에 19세기 후반 러시아에서는 광범위한 금주운동이 전개되었다. 정부는 찻집에 주류 판매를 허용하지 않는 대신 여러 혜택을 주어 찻집의 활성화를 꾀했다. 찻집은 세금과 임대료를 감면받았고, 선술집이나 다른 상점들보다

영업시간이 길었다. 그리고 찻집에 간이 숙박소를 운영을 허용해 부수적인 수입을 얻을 수 있어서 찻집이 많이 생겨났다. 이처럼 19세기 중반부터 차가 러시아인들의 일상 음료로 자리 잡게 된 실질적 배경은 차 가격의 현실화와 정부의 금주운동의 결과라 할수 있다.

19세기에 접어들면서 차 가격이 하락하긴 했지만, 여전히 '흥청망청' 쓸 정도로 싼 식품은 아니었기에 시중에서는 가짜 차들이 많이 생산되었다. 찻잎은 다양한 대체품과 혼합되었다. 양심 없는 교활한 상인들은 바늘꽃 잎(러시아에서는 이반 차라고 부름), 월귤나무 및 블루베리 잎을 섞어 무게가 더 나가게 하거나 두세 번 달인 후 버린 찻잎을 모아 건조하여 화학 물질로 착색해서 다시 "새것"으로 판매하기도 했다. 그 외에도 나뭇잎(자작나무, 참나무, 물푸레나무의 잎), 풀잎을 염색해서 차로 변화시키기도 했다. 19세기 말에 차 위조에 관한 재판이 최초로 열렸다. 포포프 차 회사의 상인들이 피의자로 연루됐었고, 유죄 판결을 받아 강제노동과 추방을 선고받았다. 당국은 위조차 생산자를 가혹하게 처벌했다. 소비에트 시대에도 차 위조범과의 싸움이 계속되었고 여러 차례 시범 재판이 진행되었으며 위조범은 악의적인 범죄자로 처벌되었다. 1930년대가 되어서야 국내에 위조차가 사라지게 되었고, 이와 관련된 형법 또한 삭제되었다.

고가의 진짜 차를 구할 수 없었던 대다수의 국민들은 차의 유사품과 대체품을 찾을 수밖에 없었다. 홍차의 저렴한 유사품인 "코포르카"가 대표적이었다. 코포르카는 수입 차가 등장하기 전부터 러시아인이 마셔온 음료로 상트-페테르부르크 근처 코포리예 소도시에서 만들었기에 그런 이름이 붙여졌다. 이 차는 여름에 러시아 전역에서 자라는 바늘꽃으로 만들었는데, 철, 니켈, 구리, 붕소, 티타늄, 망간, 비타민 C를 포함하고 있어서 중국 차와 매우 흡사하다.

코포르카 차

그래서 코포르카 차는 면역, 소화, 조혈 능력을 증가시키고 두통, 신경 긴장을 완화하고 불면증에 효과적이었다. 옛날에는 차처럼 그 잎으로 약용 음료를 만들었고, 심지어 모스크바에서는 이 "러시아 차"를 영국, 독일, 오스트리아 등 유럽으로 수출하기도 했다. 그러나 동인도 차회사와의 치열한 경쟁 끝에 '해외에서 들여온 차'가 등장하면서 러시아에서 코포르카 생산이 사실상 중단됐다.

해로와 철도를 통한 차 수입으로 인해 차 가격이 급격히 하락하면서 19세기 중반-후반이 되면 자선가들이 감옥과 사설 구빈원(救貧院)에 차를 공급하기도 했다. 러시아의 유럽 지역에 위치한 여러 대도시에서 자선 단체가 구호물품으로써 차를 무료로 나눠주기까지 했다.

인도 차는 중국 차와 비교했을때 등급이 낮아 가격이 저렴했을 뿐만 아니라 중국 차보다 진하게 우려낼 수 있어서 농민과 노동자들은 인도차를 더 선호했다. 이들이 차를 마시는 목적은 차 맛과 향을 즐기는데 있는 것이 아니라, 대부분 "배부르게 마시고 몸을 따뜻하게 데우는 데" 있었기 때문에 차의 품질을 중요하지 않았다. 그래서 인도의 홍차는 파이와 함께 곁들어 먹는 차, 선술집에서 파는 차가 되었다.

이미 말한 것처럼, 18세기 차는 소수들만이 즐길 수 있는 고급품이자 희귀한 상품이었고, 귀족들의 고급문화를 쫓는 사람들이 추종하는 물품이었다. 그리고 중국을 아는 사람들은 항상 차에 대해 긍정적인 반응을 보였다. 그러나 모든 사람이 차의 음용을 환영한 것은 아니다. 오랫동안 러시아 사회의 일부는 "칸의 물약"에 대해 비판적이었다. 차는 주로 편협하고 보수적인 시민과 성직자, 그리고 구교도파들 사이에서 강한 반대를 받았다. 『러시아, 몰도바, 터키, 성지 유람과 여행에 관한 이야기』의 저자인 파르페니는 "… 누구도 포도주와 담배를 사용하지 마십시오. 그리고 되도록 차도 마시지 마십시오"라는 사로프의 세라핌 신부의 훈계를 적고 있다. 그러나 교회는 차를 악으로 규정하고 싸우는 것은 무익한 일임을 깨닫고 차에 대한 태도를 바꾸었다. 심지어 일부 사제들은 상인들 다음으로 열렬한 차 추종자가 되기도 했다. 차에 대한 이런 급격한 변화는 차가 술과는 달리 금식과 휴일에 모두 마실수 있다는 점 때문이었다. 19세기 말이 되면서 교회에서는 더이상 차를 악으로 규정하는 현상이 사라졌으며, 오히려 자연 속에서 차를 마시는 사제들이 문학과 미술작품의 인기있는 주제가 되기도 했다.

그러나 19세기 말-20세기 초까지도 일부 종교적으로 보수적인 사람들은 "차와 차가 끼치는 육체적 유해함, 정신적, 도덕적, 정신적 해악"과 같은 제목으로 간행물과 브로셔들이 출판되기도 했다.

선술집

혁명가로 유명한 보수적인 사제인 A.M. 바쿠닌은 19세기 초에 자신에게 친숙한 알코올 음료인 와인과 러시아에 이질적인 차를 대조하면서 시를 썼다.

> 그러나 우리는 조국의 충성스러운 자식으로서
> 물을 마시지 않는다, 크바스와
> 반숙성 와인을 마신다
> 그것은 우리를 매우 총명하게 해주고
> 더 건강하게 해준다
> 그러나 따뜻한 물인 차는
> 중국이 우리를 해하기 위해 고안해 낸 것으로
> 우리를 곤경에 빠뜨릴 것이다

구교도파 신자들만이 차 음용을 반대한 것은 아니다. 민중들의 속담에서도 이런 경향을 찾을 수 있다.

> 차는 3대 공의회에서 저주 받고, 커피는 7대 공의회에서 저주받는다.
> 차, 커피, 감자, 담배는 세계 7대 공의회에서 저주받는다.
> 차, 커피, 담배는 정신과 육체를 파괴한다.
> 감자는 저주받았고, 차는 두배나 더 저주 받으며, 담배와 커피는 세배나 더 저주받는다.
> 차를 마시는 사람은 구원을 기대하지 마라.
> 중국의 화살(차를 의미함)이 러시아로 들어와 기독교인들의 심장을 파고 들어와 모든 사람의 모든 것을 파괴했다.

그러나 대부분의 러시아인들은 "차는 선한 음료"라고 말한 17세기 중국을 방문한 대사인 N.G. 스파파리와 의견을 같이했다.

1917년까지 러시아인들은 유럽인들보다 훨씬 폭넓게 차 품종을 고를 수 있었다. 좀 더 많은 소비자를 확보하고자 했던 차 상인은 고객에게 백차, 녹차, 꽃차, 홍차, 보이차를 포함한 흑차 등 다양한 차를 고객에게 제공했고, 또한 가격도 천차만별이었다.

1917년 차 가격은 대략 0.4kg당 80코페이카였다. 1913년 월급이 여자 하인이 3-5루블, 남자 하인이 5-10루블, 공장노동자가 8-15루블, 모스크바, 상트-페테르부르크의 공장노동자 25-35루블, 하급 관리가 20루블이었다는 점과 찜닭 1kg 가격이 그 금액과 동일했다는 점에서, 비록 이전보다는 가격이 많이 하락했지만, 결코 싼 가격은 아니었음을 알 수 있다.

제1차 세계 대전이 발발하면서 유럽의 주요 차 시장과 거래소의 차 공급 시스템이 붕괴되기 시작했고, 이후 러시아 혁명으로 인한 정권 교체, 차 무역 회사의 국유화 및 시민 전쟁(적백내전)으로 러시아의 차 시장은 실질적으로 파괴됐다. 바로 이때부터 거의 모든 농촌 주민들이 차가 아닌 그와 유사한 대체품을 마시기 시작했고, 스비텐과 당근을 말려서 만든 "당근 차"를 대량으로 마시게 되었다.

20세기 중반 러시아에서는 실론, 인도, 그루지야, 아제르바이잔, 크라스노다르의 5가지 종류의 차만 마셨다. 이들은 대부분 중저 품질의 홍차였다. 중국과의 정치적 갈등으로 중국차는 수입이 거의 되지 않아서 점차 구하기 힘들게 되었다. 중국과의 관계가 악화되기 전인 1970년대까지는 중국 차를 마셨으나, 1970년대부터는 중국 차를 거의 수입하지 않게 되었고, 실론 차와 인도 차, 저품종의 조지아 차와 크라스노다르 차를 마셨다. 90년대에는 고품질의 중국 차가 러시아에 유입되긴 했으나, 대체로 시장에서 판매되는 차 품질은 여전히 매우 낮았다. 상점에는 저품질의 실론 차와 인도 차가 주를 이루고 있으며, 케냐, 자바, 베트남, 터키, 이란, 크라스노다르 차가 판매되었다.

러시아 연방 관세청에 따르면 2016-2020년 러시아 차 시장 소비량은 계속 증가하고 있다. 2020년 말 러시아의 차 소비량은 전년 대비 8.0% 증가한 261.9천t에 달했다. 2021년 1월-5월 러시아 시장의 차 소비량은 2020년 같은 기간보다 1.2% 증가한 110.6천t이었다. 그리고 2020년 러시아의 1인당 소비량은 1.79kg이었고, 점차 증가하고 있는 추세다. 이에 따라 러시아 차 수입량도 증가하고 있다. 러시아는 스리랑카, 인도, 케냐, 중국, 아랍에미리트, 카자흐스탄, 인도네시아에서 차를 수입하고 있는데, 2016년 말 러시아 차 수입량은 약 16만4천t으로, 약 5.4억 미국달러를, 2020년 말에는 15만1천t으로, 약 4.1억 미국달러를 지불했다. 전문가들은 러시아 차 시장이 앞으로도 계속 성장할 것으로 전망하고 있는 것으로 보아 러시아인의 차 사랑은 계속될 것으로 기대된다.

러시아 차 무역 대표 상인

차 무역은 러시아 상인들에게 엄청난 수익을 보장해주는 상품이었다. 러시아에서 차 산업은 시장에서 전통적인 음료인 크바스와 스비텐과 경쟁하면서 새로운 판로를 찾고 있었다. 19세기 후반까지 상인들은 차의 이국성에 중점을 둬서 광고를 했다. 광고지에는 주로 중국 여자 또는 잘 차려 입은 중국 고관이 그려져 있는데, 화려하고 명료한 색상을 사용해 중국풍을 강조했다. 이런 광고로 인해 차는 건강을 주고 질병을 치료하는 "생명수"로서

엘리트층만이 즐기는 음료라는 인식이 러시아인들 사이에서 자리 잡게 되었다. 19세기 후반부터 동양의 이국성을 이용한 광고가 대중들에게 식상해지면서 점차적으로 '러시아'스타일의 광고가 인기를 얻기 시작했다. 이제 중국 여성은 보석으로 장식된 러시아 의복을 입은 미녀로 대체되었다. 러시아 차 무역회사의 이런 노력에 힘입어 19세기 말부터 차는 중국에서 수입한 물품임에도 불구하고 전통적인 "러시아 음료"로 자리 잡게 되었다.

러시아 사람들이 차를 즐길수 있게 된 데에는 보트킨 가문, 페를로프 가문, 포포프 가문의 역할이 컸다. 보트킨 가문은 예카테리나 시대부터 제1길드에 속한 상인이었는데, 캬흐타에 직접 모피, 가죽, 옷감등을 갖고가서 중국 차와 교환했었다. 19세기 전반이 되면서 보트킨 가문은 국내 최대의 차 무역상이 되었고, 자손들이 가업을 이어받아 운영했다. "보트킨 차"는 1차 세계 대전 이전까지 유명했다.

캬흐타에 진출한 또 다른 대표적인 차 상인으로 알렉세이 페를로프를 들 수 있다. 사실 페를로프 가문은 18세기 초에 이미 "중국 풀"을 판매했었다. 알렉세이가 1787년 모스크바에 최초의 차 유통회사 '페를로프와 그의 아들들'을 설립하면서 차 무역업에 본격적으로 뛰어들었다. 알렉세이 페를로프는 당시 상당한 위험을 감수하며 사업을 확장해 나갔다. 중개업자들로부터 차를 사들이지 않고 캬흐타에 사무소를 개설해 중국의 차 상인과 직접 거래한 것이었다. 이를 통해 페를로프가 이끄는 회사는 다른 회사보다 저렴한 가격에 차를 판매함으로써 러시아 차 시장에서 우위를 점할 수 있었다. 100년 이상 차 무역에 종사한 페를로프 가문은 러시아에서 "차의 왕"이라는 별명을 얻었다. 19세기 말에 페를로프 가문은 러시아와 유럽에 88개의 상점을 소유했었다. 1895년 중국 사절단과 중국 황제의 재상인 이홍장이 니콜라이 2세 대관식에 참석하러 모스크바에 왔을 때 중국 황실의 호의를 얻기위해 먀스니치나야 거리에 자신의 집을 중국 양식으로 수리하기도 했다. 이 집은 현재 찻집으로 사용하고 있으며, 모스크바의 이국적인 명소 중 하나로 남아있다.

포포프 가문은 1842년에 차 무역회사를 설립했다. 이들은 가장 늦게 러시아

차 시장에 뛰어들었지만 급속하게 세를 확장해 19세기와 20세기 초반에 러시아에서 가장 존경받는 회사 중 하나가 되었다. 이들은 한커우(후베이성에 자리 잡고 있으며, 현재 우한시의 일부)에서 구입한 차를 시베리아를 통해서가 아니라

모스크바 중국풍 찻집 전경

오데사를 통해 바다로 운송했다. 해상 운송이 육로보다 저렴했기 때문에 캬흐타에서 들여온 다보다는 가격이 저렴했다.

이처럼 이 세 가문의 활약으로 차는 19세기 초가 되면 러시아인의 삶에 확고하게 자리잡게 되고, 단순히 갈증을 해소해주는 음료가 아니라 일종의 사회생활을 하는데 필수적인 요소가 되었다.

차밭

러시아 땅에 차를 재배하려는 시도는 18세기부터 있어왔다. 그 당시 차는 비쌌지만, 매우 대중적이어서 여러 번의 실패에도 불구하고 이런 시도는 계속되었다. 러시아 제국은 차 재배에 적합한 영토가 거의 없었음에도 이미 18세기부터 "러시아 차"를 재배하려는 열망으로 가득 차 있었다. 1792년, G.F. 시베르스가 러시아의 한 잡지에 "러시아에서 차를 재배하는 방법"이라는 제목의 기사를 실었다. 그는 일본에서 차 모종을 갖고 와 당시 러시아 제국의 최남단(크림 반도)에 위치한 키즐랴르 지역에서 차를 재배할 수 있을 것으로 제안했으나 그의 이런 생각은 현실화되지 않았다. 그러다가 1817년에 크림 지역의 니키츠키 식물원에서 최초의 차가 재배되었다. 그리고 1830-1840년에 러시아 교회 선교단의 의사로 베이징에 있었던 포르피리 키릴로프가 차나무 종자를 가져와 가정에서도 차나무를 재배할 수 있음을 보여주었다. 19세기 중반이 되면서 실제로 차 재배가 여러 차례 시도되었고, 몇 번의 실패를 겪긴

했지만, 재배에 성공했다.

　러시아에서 차 재배에 성과를 올리지 못했던 이유 중 하나로 일본과 중국에서 수입된 종자의 품질이 좋지 않았기 때문으로 보는 견해가 지배적이었다. 실제로 종자가 썩거나 발아하지 않은 경우가 많았다. 나중에 밝혀진 바에 의하면 다원의 주인인 중국인과 일본인, 그리고 영국인이 러시아로 종자를 보내는 일을 담당하고 있었고, 이들은 러시아에서의 차 재배를 방지하기 위해 종자에 끓는 물을 붓기도 했었다. 러시아는 금화로 수백만 루블 상당의 차를 수입했기에 러시아가 차 의존도에서 "자유로워"지는 것은 외국의 차 회사 입장에서는 전혀 환영할 일이 아니었기 때문이다.

　이미 19세기에 몇몇 열렬한 차 애호가들의 시도로 러시아의 아열대 지방이 차 재배에 적합하다는 것이 입증되었다. 그러나 러시아 정부의 경제부와 행정부의 보수성과 늦장 대응이 국내 차 재배 발전을 방해했다. 1917년까지 러시아에 설립된 다원의 총면적은 겨우 900헥타르였다.

　러시아 영토 내에서 차나무 재배가 시도되었고 또 성공적인 결과를 얻은 지역으로는 조지아, 아제르바이잔, 크라스노다르가 있다.

　1830년대 조지아의 흑해 연안에서 차를 재배하려는 최초의 시도가 있었다. 제일 처음 차 재배를 시도한 곳은 정교회였는데, 이는 차가 금욕에 도움이 된다고 믿었기 때문이다. 1834년 수도승 살류스티가 러시아 내에서 차나무 재배 가능성에 대해 설득력 있게 증명했다. 그러나 차르 정부는 이 문제에 대해 세심한 주의를 기울이지 않았다.

　조지아에서의 차나무 재배에 관한 문제를 좀 더 심각하게 고려하게 된 것은 크림 전쟁(1853-1856) 덕분이다. 1854년 포티 마을 근처에서 영국 군함이 난파되었고 영국 군인이 포로로 잡혔다. 이때 포로로 잡힌 영국 장교 중 한 명인 야콥 맥 나마라 (Jacob McNamarra)가 조지아 귀족 여성과 결혼하여 조지아에 머물렀다. 그는 진정한 영국인으로서 차 없이는 살 수 없었다. 바로 그가 조지아에서 차나무를 재배하자고 제안했고, 에리스타비 공작이 자신의 영지 중 한 곳인 오주르게티 지역에서 최초로 차 재배 실험을 했다. 그리고

1864년에는 러시아의 한 무역-산업 전시회에서 "카프카스 차"를 최초로 선보이기까지 했다. 그것이 바로 오늘날의 조지아 차의 원형이었다. 그러나 그 품질은 중국차와 경쟁할 수 없을 정도로 낮았기 때문에 나중에 수입차와 혼합하는 용도로만 사용되었다.

차크비 차밭

1893년 포포프 가문이 운영 하는 차 회사의 상속인 K.S. 포포프가 조지아 수도 바투미 근처의 차크비에서 다원을 설립했다. 그는 1889년, 1891년, 1893년 중국, 일본, 인도 및 실론의 다원을 방문하여 종자와 묘목 재배를 관찰하고 찻잎 가공 기술을 연구했다. 또한 중국에서 차 전문가인 류준주(劉峻周)를 초대했고 중국인 노동자들도 고용했다. 류준주의 지도 아래 고품질 찻잎을 재배했고 1896년에는 다원에서 첫 번째 차를 수확했다. 1900년에는 이 다원에서 생산한 차가 파리에서 열린 전시회에서 금메달을 받을 정도로 이곳에서의 차 재배는 성공적이 었다. 포포프는 니콜라이 2세(재위 1894-1917)에게 이 차를 선보이고 1파운드를 선물했는데, 그때 니콜라이 2세가 차 1파운드의 가격이 어느 정도 되냐라는 질문에 20만 루블이라고 답했다고 한다. 이는 이 차를 얻기위해 얼마나 엄청난 금액이 투자되었느지를 보여주는 일화라 할 수 있다.

류준주

실제로 포포프는 러시아 차 1파운드의 원가를 전시에는 1루블 50코페이카, 평시에는 1루블 13코페이카로 매겼다. 1917년 1월 15일, 포포프는 유명한 러시아 화학자 I.A. 카블루코프에게 "러시아에서 제대로 된 차 사업을 계획하기 위한 프로그램을 요약한 메모"를 보냈다. 그것은 러시아 과학 아카데미 기록

보관소에 보존되어 있다. 이 문서에는 코카서스에서 다원의 수를 늘리기 위한 대담한 프로젝트를 수행하기 위한 여러 사항들이 적혀있는데, 러시아를 차 수출국으로 만들겠다는 포포프의 계획이 상세히 기술되어 있다. 또한 그 메모에는 자연적인 조건상 코카서스, 특히 흑해 연안은 중국의 주요 차 재배지들이 갖춘 조건들, 예를 들면, 바다와의 근접성, 해수면 높이, 지하수의 위치와 방향, 지하수층의 깊이, 토질, 기온, 강수량, 풍향 등이 비슷하고, 이곳에서 재배한 러시아 차를 분석해본 결과 중국의 최고 품종의 차와 견주어 전혀 뒤처지지 않기에, 이 지역에서 차나무를 재배하면 눈부신 성공을 거둘 수 있다고 설명하고 있다.

조지아의 다른 다원에서 생산된 차는 1917년 혁명이 일어나기 전까지 지방 시장에서 판매되긴 했지만, 상품으로서의 가치를 지니고 있진 않았다.

19세기 말과 20세기 초에 몇몇 육종가와 차 애호가들은 조지아보다 더 북쪽에 위치한 러시아의 다른 아열대 지역인 아제르바이잔에서도 차나무를 재배하려고 시도했다. 1896년 M.O. 노보셀로프는 아제르바이잔의 렌코란 지역에 처음으로 차 묘목을 심었고, 1900년경에는 소량의 찻잎을 수확했다.

크라스노다르에서는 19세기 후반부터 소치 근처의 산에서 차를 재배하려는 시도가 있었지만 실행되지 못했다. 그러다 1901년에 농학자이자 육종가인 유다 코쉬만이 조지아에서 묘목을 갖고와 솔로크-아울에 심었다. 지역 주민들은 그를 괴짜로 여겼다. 이 산은 겨울이 되면 눈으로 뒤덮이고 밤에는 기온이 영하 10도까지 떨어지기 때문에 아무도 차나무가 솔로크-아울에 자랄 수 있다고 믿지 않았다. 그러나 4년 후 코쉬만은 이 다원에서 처음으로 상품으로서 가치가 있는 찻잎을 수확했다. 코쉬만이 재배한 차는 1923년 모스크바에서 열린 전시회에서 금메달을 획득하면서 공식적으로 인정을 받았다. 이것이 국내 상업용 차 재배 역사의 시작이었다.

본격적인 차나무 재배와 산업화는 소련 정부가 들어선 이후에 이루어졌다. 1920년대 중반 국내 차 사업 발전을 위한 국가 프로그램이 채택되었다. 소련 정부는 우선 조지아를 주시했다. 다원은 흑해 연안의 아자리야와 구리야 지역뿐만 아니라 아브하지야, 이메레치야, 멘그렐리야 등 조지아 여러 지역에 설립되었고, 그리고 심지어 흑해 연안에서 멀리 떨어진 카헤티야에도 설립되었다.

아제르바이잔의 렌코란 및 자카탈라 지역에도 1920년대 후반과 1930년대 초반에 차 생산지를 만드는 작업이 진행되었다. 1932-1934년에 이곳에 생산 설비를 만들었고, 1937년에는 첫 번째 아제르바이잔 차 상품을 생산했다.

소련 정부는 1936년 이후 크라스노다르의 아쫄레로프스키 지역과 라자레프스키 지역, 마이코프 지역, 툴라와 고랴치-클류체프스키 지역에, 1940년대 말에는 아들레르, 다고미스, 마체스틴스카야 근처에 다원을 설립했다. 이곳은 수년 동안 인도 및 그루지야와 함께 소비에트 연방에 차를 제공했지만 1990년대에는 폐쇄되었다. 버려진 마체스타 다원은 2006년에 새로운 경영자를 맞게 되었다. 경영진은 차나무를 새로 심지 않고 거의 100년 전에 심어진 오래된 차나무를 그대로 재배하기로 했다. 현재 173헥타르에서 차가 재배되고 있다. 마체스타 차는 2016년 상하이에서 열린 SIAL China 전시회에서 금메달을, SIAL Paris에서 녹차와 흑차 프리미엄 부문에서 각각 금메달을 수상했다. 현재 이 지역은 크라스노다르 지역에 속해있다. 그것은 공식적으로 러시아 영토에서 자라는, 완전한 의미의 러시아 차라 할 수 있다.

전통적인 차 재배 지역 외에도, 1948년에 스타브로폴 지역의 젤렌추크스키에 다원을 세웠으나 찻잎의 질이 좋지 않아 경제성이 떨어졌다. 1949년에 우크라이나 자카르파타 주에 차 종자를 뿌렸고, 1952년에 라토리츠 강 지역에서 최초의 우크라이나 차가 수확되었다. 그러나 이곳에서도 수익성이 떨어져 중단되었다. 1953년, 육종가인 A.V. 파라뱐이 카자흐스탄에서 최초로 차를 재배했고, 장기간의 노력으로 결실을 보았다.

이처럼 북코카서스, 카자흐스탄 등 건조한 아열대 지방의 최북단 경계에서 차 묘목이 자랄 수 있으며 5개월이라는 긴 겨울동안에도 생존할 수 있을 뿐만 아니라 상품화할 수 있는 찻잎을 생산할 수 있음이 증명되었다. 그러나 소련 정부는 이 지역은 상업적 규모로 찻잎을 생산하기에는 적절하지 않다는 판단을 내리고 결국 국내 차 재배의 전통적 지역인 조지아, 아제르바이잔, 크라스노다르 지역을 차 생산 특화지역으로 전문화했다.

1970년 말경에는 조지아에서만 완제 차 95,000t이 생산되었다. 조지아인들은 자신들의 영토에서 차나무를 재배하는 것을 반대했다. 그들은 단지 러시아와 여러 소비에트 연방 공화국 국민의 입을 즐겁게 해 주기위해 고된 작업이 요구되는 다원이 설립되는 것에

조지아 긴압차

불만스러워했다. 더군다나 차는 조지아인들이 선호하는 음료도 아니었다. 게다가 그 당시 소련은 정책적으로 육체노동의 해방, 노동의 기계화를 선전하고 있었는데, 차 산업은 이 정책과는 반대로 수작업으로 이루어졌기 때문에 이들의 반대는 극심했다. 1980년대 이후 기계로 찻잎을 수확하게 되었는데, 그로인해 원자재의 품질이 현저히 떨어졌고, 조지아 차는 러시아 내에서도 수요가 점점 줄어들었다. 1981-1991년 동안 조지아에서 차 생산은 거의 절반 수준, 약 57,000t으로 감소했다. 이는 소련의 차 수입량의 증가와 국내 차 재배 및 생산에 관한 관심 감소라는 결과를 가져왔다.

1970년대 말까지 소련의 차 재배 면적은 97,000헥타르에 달했다. 이는 제정 러시아 때와 비교했을 때 100배 이상 증가한 것이다. 국내에 80개의 차 산업에 종사하는 기업이 있었다. 차르 시대에 130-140kg의 차가 생산되었는데, 1960년대 초가 되면 전국적으로 연간 6만t의 차가 생산되었다. 1950년대-1970년대 소련은 차 수출국으로 전환되었다. 조지아, 아제르바이잔, 크라스노다르 차는 폴란드, 동독, 헝가리, 루마니아, 핀란드, 체코슬로바키아, 불가리아, 유고슬라비아, 아프가니스탄, 이란, 시리아, 남예멘과 몽골에 수출되었다. 소련은 홍차와 녹차의 부산물을 원료로한 판상의 긴압차, 녹차로 압착한 푸른 전차를 생산했는데, 전차와 판상차는 아시아로 수출했다. 소련은 자국 차 소비량의 2/3에-3/4까지 자체 생산으로 충족할 수 있었다.

1980년대에 차 재배자들은 국제 표준을 충족할 수 있는 크라스노다르 차 품종을 개발했다. 그러나 생산량이 부족하여 거의 판매되지 않았다. 소비에트

연방이 붕괴된 후 러시아 연방의 다원은 크라스노다르 영토, 즉 소치 근처와 마이콥 지역에 집중되어 있었고, 재배 면적은 1,500헥타르가 넘었다.

소치 라자레프스키 지역 차밭

1989-1992년 소련과 동유럽에서 일어난 정치·경제의 변화로 러시아는 세계 차 생산국에서 배제되고 차 수입에 완전히 의존하는 국가로 전락했다. 경제 위기였던 1990년대에 러시아의 차 재배 또한 어려운 시기를 겪었다. 당시 가게에는 품질이 낮은 차만 구입할 수 있었다.

오늘날 러시아는 자국 차를 재배하는 지역으로는 크라스노다르가 유일하다. 이곳의 다원에서는 상품화를 위해 차 품질을 높이고자 많은 노력을 기울이고 있지만 아직까지는 기존의 차 강대국들과 시장 경쟁을 하기에는 아쉬운 점이 많다.

맺음말

　차는 자연이 인류에게 준 최고의 선물이다. 한 그루의 차나무에서 만든 차는 지금까지 인류의 생존과 문화에 매우 큰 영향을 주었기 때문이다. 만약 인류가 고대부터 지금까지 차를 마시지 않았다면 인류의 문화는 훨씬 빈약했을 것이다. 그러나 인류는 수천 년간 차에게 큰 신세를 지고 있지만, 아직도 차를 제대로 평가하지 못하고 있다. 그 이유는 우선, 차가 매우 다양한 요소를 가진 융합 학문이기 때문이다. 차는 나무의 기원부터 차밭, 제다, 마시기, 풍속 등 매우 다양한 분야를 이해할 때만이 정확하게 평가할 수 있다. 다음은 중국에서 탄생한 차가 전 세계로 전파되었기 때문이다. 그래서 각 국마다 차를 각각 다르게 수용했다. 중국만 하더라도 지역에 따라 차밭, 제다 방식, 차의 종류가 다르다. 게다가 중국에서 차를 수입한 나라들도 다양한 차 문화를 갖고 있다.

　본서에서 다룬 중국을 비롯한 세계 각국의 차에 대한 정보는 기본 상식에서 출발했다. 여전히 부족하지만 그나마 최소한의 티로드를 그릴 수 있었던 것은 공동 작업 덕분이었다. 차 만들기와 종류 및 차 마시기 풍속은 문헌의 내용도 중요하지만 무엇보다도 경험이 중요한 분야이다. 특히 인도 및 스리랑카의 경우는 현지답사 없이는 이해하기 어렵다. 그래서 그 동안의 차 생활과 제다 및 현장 답사 경험은 큰 도움이 되었다.

　차 연구에서 현지답사는 차 산업을 이해하는 데도 아주 중요하다. 차는 기호 식품이라서 사람들의 기호에 따라 생산과 소비 형태가 바뀌기 때문이다. 그래서 세계 각국은 우수한 차 품종을 생산하기 위해 끊임없기 기술 개발에 힘쓰고 있다. 이러한 추세를 이해하기 위해서는 정기적으로 각국의 현장을 답사하고, 그곳의 차를 직접 구입해서 마셔야만 각 지역의 차 수준은 물론 풍속까지 이해할 수 있다. 그래서 가능하면 현지 사진을 많이 제공하려 했다. 특히 차를 따는 노동자들의 모습이나 차를 만드는 장소 등과 관련한 사진은 관련 지역의 차 산업과 문화를 이해하는 데 큰 도움을 줄 것이다.

 러시아와 중앙아시아의 차 마시기와 차 문화는 티로드에서 상당히 중요한 역할을 담당한다. 왜냐하면 차가 중국을 넘어 유럽으로 건너가는 창구에 해당하기 때문이다. 이 부분을 담당한 저자는 아직 차에 대한 이해가 깊지 않지만 러시아의 민속을 전공한 이력과 유학 생활에서 경험한 차 풍속은 이 분야를 정리하는 데 큰 도움이 되었다. 특히 사모바르를 중심으로 한 러시아와 주변 국가의 차 풍속은 차가 문명 교류에 얼마나 큰 영향을 주었는지 실감할 수 있는 좋은 기회였다. 더욱이 러시아와 중앙아시아의 차 풍속을 티로드의 출발지인 중국을 비롯해서 중국의 차와 차 문화를 아주 오래 전부터 수입한 한국과 일본 등의 국가와 함께 비교할 수 있는 기회를 가질 수 있었던 점은 개인적으로 유익한 경험이었다. 그 덕분에 이제 한 잔의 차를 마시면서도 세계 각국의 차 풍속까지 음미할 수 있는 여유를 얻었다. 그러나 언어 한계와 답사 부족 등으로 서아시아를 비롯해서 차와 관련한 국가의 차 풍속을 치밀하게 점검하지 못한 아쉬움은 훗날을 기약할 수밖에 없다.

2022년 3월
계명한학촌 차밭이
햇살에 빛나던 날,
설현·윤중숙, 이재정

참고문헌

橋本 實, 박용구 옮김, 茶의 起源을 찾아서, 경북대학교출판부, 1997.
김명애, 「하동 녹차와 발효차의 제다방법에 따른 기호도 연구 : 관능평가를 중심으로」, 성균관대학교 석사논문, 2013.
金善敬, 「러시아의 홍차문화에 관한 연구-사모바를 중심으로-」, 원광대학교 동양학대학원, 석사학위논문, 2017.
김명자, 「경남 김해장군차의 특성에 관한 연구」, 원광대학교 동양대학원 석사학위논문. 2013.
김신연, 「중국 10대 명차 연구」, 문명연지, 2008.
김종직 지음, 부산대학교 점필재연구소, 점필재집 역주사업팀 옮김, 『역주점필재집1-4』, 점필재, 2016.
김진숙, 『중국차 문화 茶經』, 국학자료, 2009.
도스토옙스키 표도르, 채수동 옮김, 학대받은 사람들, 동서문화사, 2013.
뒤마 알렉상드르, 김경란 옮김, 『뒤마의 볼가강』, 그린비, 2010.
류영숙, 「오룡차 제다법을 응용한 홍차의 花香 강화 가공방법 연구」, 원광대학교 대학원 박사학위논문, 2015.
박금옥, 「보성 녹차의 복합산업화를 위한 마케팅 전략」, 목포대학교 대학원 석사학위논문, 2010.
박기환·허성윤·최세균, 「일본 및 중국의 차(茶)산업 동향과 시사점」, 한국농촌경제연구원, 문원사, 2014.
박동춘, 『초의선사의 차문화 연구』, 일지사, 2010.
박지배, 「18~19세기 전반 근대세계체제 내에서 영국의 대중국 차 무역이 갖는 의미」, 『歷史學報』, 224, 2014.
徐銀美, 「北宋代 福建 臘茶와 茶法」, 『歷史學報』, 173, 2002.
서희수, 「차생산지별 차문화콘텐츠를 활용한 K-티로드 연구 : 전라남도 중심으로」, 남부대학교 대학원 석사학위논문, 2021.
설배환, 『蒙·元제국 쿠릴타이(Quriltai) 연구』, 서울대학교 대학원 박사학위 논문, 2016.
세종대왕기념사업회 편집부 지음, 양대연 옮김, 『국역매월당시집』, 세종대왕기념사업회, 2011.
수인, 『청규와 차』, 동국대학교출판부, 2010.
신소희·정인오, 『차의 관능평가』, 이른아침, 2017.
신호정, 「인도 차산업 동향과 정책」, 세계 농업, 2016.
안규미, 「스리랑카의 차(茶) 산업 동향」, 세계 농업, 2016.
왕젠룽, 김정경, 안유리 역, 『기초부터 배우는 중국차』, 한국 티소믈리에 연구원, 2018.
왕총련(王從仁) 지음, 김하림·이상호 옮김, 『중국의 차문화』, 에디터, 2004.
원각대자본 석성한 교주, 최덕경 역주, 『농상집요 약주』, 세창출판사, 2012.
오명진, 「16세기 다서에 나타난 炒製茶-茶錄과 茶疏를 중심으로」, 한국차학회지, 15(2), 2009.
유경숙(劉敬叔) 지음, 김장환 옮김, 『이원』, 지만지, 2019.
유동훈, 「초의차(草衣茶) 제다법과 특징」, 한국차학회지, 27(4), 2021.
육우 지음, 유건집 주해, 『茶經註解』, 이른아침, 2010.
윤중숙, 「중국한국일본 다서(茶書)에 나타난 차 효능 연구」, 계명대학교 대학원 박사학위논문, 2020.
위안커 지음, 김선자·이유진·홍윤희 옮김, 『중국신화사 上』, 웅진지식하우스, 2010.
이경희, 「한·중·일 다기에 나타나는 차문화 인식 비교: 다관과 찻잔을 중심으로」, 비교민속학, 2007.
李幸哲, 「崔漢善中國 宮廷의 飮茶文化-朝鮮使行錄을 중심으로」, 동아인문학, 2014.
이소영, 「하동 화개면 야생수제차 생산의 전승양상」, 고려대학교 대학원 석사학위논문, 2008.
이순옥, 「靑苔錢 연구」, 목포대학교 대학원 석사학위논문, 2006.
이진수, 『정석 茶의 이해』, 꼬레알리즘, 2015.
정동효, 『차의 성분과 효능』, 홍익제, 2004.
정민, 『새로 쓰는 조선의 차 문화』, 김영사, 2011.
정민·유동훈, 『한국의 다서』, 김영사, 2020.
조기정, 박용서, 마승진, 『차의 과학과 문화』, 학연문화사, 2016.
전정애, 「인도 차산업의 형성과 발전 연구」, 차문화산업학, 2017.
정동효, 윤백현 외 1명, 『차생활문화대전』, 홍익재, 2012.
주홍걸 저, 차오보 역, 『주홍걸 교수의 보이차 교과서』, 티웰, 2019.
최성희, 「사천 다솔사의 차제조법과 향기성분」, 『生活科學論集』, 173, 東義大學校 生活科學硏究所, 2002.
정현구, 「터키 차산업의 발전 요인에 대한 고찰」, 『한국차학회지』, 19-2, 2013.

崔女眞, 「영국과 터키의 홍차문화 연구」, 성균관대학교 생활과학대학원, 석사학위논문, 2015.

천종은 외17인, 『명차 만들기』, 한솜미디어, 2009.

토비 머스그레이브 외 지음, 이창신 옮김, 『식물의 추적자』, 넥서스BOOKS, 2004.

톨스토이 레프, 홍서연 옮김, 『결혼의 행복』, 뿌쉬낀하우스, 2016.

韓鄂, 崔德卿 역주, 『四時纂要譯註』, 세창출판사, 2017.

홍정화, 「김해 장군차의 맛과 향에 대한 성분분석」, 『김해발전연구』 4-1, 2001.

황정규·김용덕, 「하동지역 재배조건에 따른 차나무 생육특성 및 수확량변화에 미치는 영향」, 『농업생명과학연구』, 50-2, 2016.

황정규 외 9인, 「국내육성 차 품종별 홍차(잭살차)의 성분 및 항산화 특성」, 한국차학회지, 24(4), 2018.

賈思勰, 『齊民要術』(許嘉璐 主編, 『中國茶文獻集成1』), 中國文物出版社, 2016.

江西省政府經濟委員會, 『江西之茶』(許嘉璐 主編, 『中國茶文獻集成25』), 中國文物出版社, 2016.

高橋樹編, 『製茶論』(許嘉璐 主編, 『中國茶文獻集成20』), 中國文物出版社, 2016.

顧元慶), 『茶譜』(許嘉璐 主編, 『中國茶文獻集成3』), 中國文物出版社, 2016.

歐陽修, 『大明水記』(許嘉璐 主編, 『中國茶文獻集成2』), 中國文物出版社, 2016.

歐陽詢 等, 『藝文類聚』(許嘉璐 主編, 『中國茶文獻集成1』), 中國文物出版社, 2016.

郭璞, 『爾雅注疏三種』(許嘉璐 主編, 『中國茶文獻集成1』), 中國文物出版社, 2016.

金陵大學農學院農業經濟系編, 『祁門紅茶之生産製造及運銷』(許嘉璐 主編, 『中國茶文獻集成28』), 中國文物出版社, 2016.

段玉明, 『大理國史』, 雲南民族出版社, 2003.

唐庚, 『鬪茶記』(許嘉璐 主編, 『中國茶文獻集成2』), 中國文物出版社, 2016.

陶穀, 『荈茗錄』(許嘉璐 主編, 『中國茶文獻集成2』), 中國文物出版社, 2016.

屠本畯, 『茗笈』(許嘉璐 主編, 『中國茶文獻集成5』), 中國文物出版社, 2016.

屠隆, 『茶說』(許嘉璐 主編, 『中國茶文獻集成3』), 中國文物出版社, 2016.

萬邦寧, 『茗史』(許嘉璐 主編, 『中國茶文獻集成6』), 中國文物出版社, 2016.

冒襄, 『岕茶彙抄』(許嘉璐 主編, 『中國茶文獻集成6』), 中國文物出版社, 2016.

木村孔陽編繪, 『賣茶翁器圖』(許嘉璐 主編, 『中國茶文獻集成18』), 中國文物出版社, 2016.

文震亨 著, 海軍·田君 注釋, 『長物志圖說』, 山東畫報出版社, 2004.

朴馥泉, 「武夷茶葉之生産製造及運銷」(許嘉璐 主編, 『中國茶文獻集成42』), 中國文物出版社, 2016.
福建省政府建設廳編, 『調查福建北路茶業報告』(許嘉璐 主編, 『中國茶文獻集成27』), 中國文物出版社, 2016.
福建省政府建設廳茶業管理局編, 『世界茶業概觀』(許嘉璐 主編, 『中國茶文獻集成34』), 中國文物出版社, 2016.
謝循貫 編著, 『茶樹品種調查研究法』(許嘉璐 主編, 『中國茶文獻集成34』), 中國文物出版社, 2016.
四川省政府建設廳編, 『四川邛名雅滎四縣茶業調查報告』(許嘉璐 主編, 『中國茶文獻集成34』), 中國文物出版社, 2016.
山中吉郎兵衛 編輯, 『青灣茗讌圖誌』(許嘉璐 主編, 『中國茶文獻集成20』), 中國文物出版社, 2016.
徐曉望, 『中國福建海上絲綢之路發展史』, 九州出版社, 2017.
徐, 『茗譚』(許嘉璐 主編, 『中國茶文獻集成4』), 中國文物出版社, 2016.
徐獻忠, 『水品全秩』(許嘉璐 主編, 『中國茶文獻集成3』), 中國文物出版社, 2016.
石莉, 『文徵明』, 河北教育出版社, 2003.
薛琳 主編, 『新編大理風物志』, 雲南風物志叢書, 1999.
實業部上海商品檢驗局農作物檢驗組, 『爪哇蘇門答臘之茶業』(許嘉璐 主編, 『中國茶文獻集成25』), 中國文物出版社, 2016.
鄂爾多斯青銅器博物館, 『漫漫絲路 澤遺百代: 草原·海上絲綢之路文物精粹』, 科學出版社, 2018.
安徽農學院 『製茶學』, 中国农业出版社, 1999.
王廣智, 『中國茶類與區域名茶』, 中國農業科學技術出版社, 2003.
王文治, 『龍井茶歌』(許嘉璐 主編, 『中國茶文獻集成6』), 中國文物出版社, 2016.
王澤農, 「武夷茶岩土壤」(許嘉璐 主編, 『中國茶文獻集成42』), 中國文物出版社, 2016
王褒, 『僮約』(許嘉璐 主編, 『中國茶文獻集成1』), 中國文物出版社, 2016.
劉雲明, 『清代雲南市場研究』, 雲南大學出版社, 1996.
陸溁, 『乙巳年調查印錫茶務日記』(許嘉璐 主編, 『中國茶文獻集成13』), 中國文物出版社, 2016.
陸溁, 『調查國內茶務報告書』(許嘉璐 主編, 『中國茶文獻集成13』), 中國文物出版社, 2016.
陸羽, 『茶經』(許嘉璐 主編, 『中國茶文獻集成1』), 中國文物出版社, 2016.
奧玄寶, 『茗壺圖錄』(許嘉璐 主編, 『中國茶文獻集成19』), 中國文物出版社, 2016.
元昭, 『賣茶翁偈語』(許嘉璐 主編, 『中國茶文獻集成18』), 中國文物出版社, 2016.

熊明遇, 『羅岕茶記』(許嘉璐 主編, 『中國茶文獻集成3』), 中國文物出版社, 2016.
熊蕃, 『宣和北苑貢茶錄』(許嘉璐 主編, 『中國茶文獻集成2』), 中國文物出版社, 2016.
李時珍, 『本草綱目』, 人民衛生出版社, 2002.
逸名, 『日本製茶書』(許嘉璐 主編, 『中國茶文獻集成12』), 中國文物出版社, 2016.
張又新, 『煎茶水記』(許嘉璐 主編, 『中國茶文獻集成2』), 中國文物出版社, 2016.
全國經濟委員會農業處編, 『印度錫蘭之茶業』(許嘉璐 主編, 『中國茶文獻集成28』), 中國文物出版社, 2016.
全國經濟委員會農業處編, 『日本臺灣之茶業』(許嘉璐 主編, 『中國茶文獻集成27』), 中國文物出版社, 2016.
田能村竹田編, 『石山齋茶具圖譜』(許嘉璐 主編, 『中國茶文獻集成19』), 中國文物出版社, 2016.
田藝蘅, 『煮泉小品』(許嘉璐 主編, 『中國茶文獻集成3』), 中國文物出版社, 2016.
浙江省常務管理局編, 『浙江之茶』(許嘉璐 主編, 『中國茶文獻集成27』), 中國文物出版社, 2016.
鄭世璜, 『乙巳考察印錫茶土日記』(許嘉璐 主編, 『中國茶文獻集成12』), 中國文物出版社, 2016.
趙佶, 『大觀茶論』(許嘉璐 主編, 『中國茶文獻集成2』), 中國文物出版社, 2016.
趙汝礪, 『北苑別錄』(許嘉璐 主編, 『中國茶文獻集成2』), 中國文物出版社, 2016.
周高起, 『洞山岕茶系』(許嘉璐 主編, 『中國茶文獻集成6』), 中國文物出版社, 2016.
周亮工, 『閩小紀』(許嘉璐 主編, 『中國茶文獻集成6』), 中國文物出版社, 2016.
中央銀行經濟研究處編, 『華茶對外貿易之回顧與前瞻』(許嘉璐 主編, 『中國茶文獻集成26』), 中國文物出版社, 2016.
中華茶人聯誼會 編著, 『中華茶葉五千年』, 人民出版社, 2001.
陳如乾編, 『四川之茶業』(許嘉璐 主編, 『中國茶文獻集成27』), 中國文物出版社, 2016.
馮可賓, 『岕茶箋』(許嘉璐 主編, 『中國茶文獻集成6』), 中國文物出版社, 2016.
黃賢庚, 『武夷茶說』, 福建人民出版社, 2009.
許次紓, 『茶疏』(許嘉璐 主編, 『中國茶文獻集成3』), 中國文物出版社, 2016.
J. Lossing Buck編 岩田孝三 譯, 『支那土地利用地圖集成』, 東學社, 1938.
Thomas All0m著, 李天綱 編著, 『大淸帝國城市印象』, 上海古籍出版社, 2002.
Ukers, W.(1935) All About Tea. New York.
https://archive.org/details/allabouttea00uker (검색일: 2021. 09. 20.)

Бакунин А.М.(2001) Собрание стихотворений. Тверь,

Белинский В.Г.(1981) Петербург и Москва. Собрание сочинений в девяти томах. Т.7. М.

Вьюрков А.И.(1958) Рассказы о старой Москве. М.

Егоров Б.Ф.(2004) Боткины. СПб.

Лю Цзайци.(2009) Чайная торговля между Китаем и Россией// Теория и практика общественного развития. Электронное периодическое издание. Вып. 2. [Электронный ресурс]. www.teoria-practica.ru/index.php (검색일: 2021. 09.17.)

Парфений. И.(1856) Сказание о странствии и путешествии по России, Молдавии, Турции и Святой земле. Ч. 1. М.

Хоголава И.А.(1977) Технология чая. М.,

Burnes A.(1834) Travels into Bokhara, Vol.1. https://archive.org/details/travelsintobokha01burnuoft/page/n10/mode/2up?q (검색일: 2021.10.11)

Gens A.(1839) Nachrichten uber Chiwa, Buchara, Chokand und den nordwestlichen Theil des chinesischen Staates gesammelt von g. m. Gens, bearb. und mit Anmerkungen verschen von Gr. v. Helmersen. St. Petersburg.

Jenkinson, A.(1886) Early voyages and travels to Russia and Persia by Anthony Jenkinson and other Englishmen, with some account of the first intercourse of the English with Russia and Central Asia by way of the Caspian Sea. New York.

Olearius A.(2000) The Travels of Olearius in Seventeenth-Ctntury Persia. https://depts.washington.edu/silkroad/texts/olearius/travels.html (검색일: 2021.10.10)

Potocki J.(1829) Voyage dans les steppes d'Astrakhan et du Caucase. Paris. (Путешествие по Астраханским степям и по кавказу, 2003.) http://www.vostlit.info/Texts/rus13/Potockij/text.phtml?id=1142 (검색일: 2021.10.19.)

Vámbéry, Á.(1865) Travels in central Asia; being the account of a journey from Teheran across the Turkoman desert on the eastern shore of the Caspian to Khiva, Bokhara, and Samarcand. New York.

https://archive.org/details/travelsincentral00vm/page/394/mode/2up?q (검색일: 2021.10.28.)

Vábéy Á.(1868) Sketches of Central Asia: Additional Chapters on My Travels, Adventures and on the Ethnology of Central Asia.

https://archive.org/details/in.ernet.dli.2015.83112/page/n7/mode/2up?q (검색일:

2021.10.03)

Абашин С.Н.(2001) Чай в Средней Азии: история напитка в XVIII-XIX веках // Традиционная пища как выражение этнического самосознания. М. 204-230.

Бекназаров Р.А.(2009) Казахи и чай: историко-этнографическое исследование // Этнографическое обозрение. №5. 51-62.

Валиханов Ч.Ч.(1984) Собрание сочинений в пяти томах. т. 5. Алма-Ата. http://www.vostlit.info/Texts/Dokumenty/M.Asien/XIX/1840-1860/Valichanov_Cokan/pril5.htm (검색일: 2021.10.11)

Веселовский Н.И.(1887) Очерк историко-географических сведений о Хивинском ханстве от древнейших времен и до настоящего. СПб.

Вольного экономического общества.(1877) Т. 2. вып 2, 223-232.
https://rus-turk.livejournal.com/305042.html (검색일: 2021.10.25)

Государственный архив Оренбургской области. Ф.6.Оп.10.Д.3487. Л.1.

Даулбаев Б.Д.(1881) Рассказ о жизни киргиз Николаевского уезда Тургайской области с 1830 по 1880 год / Записки Оренбургского отдела Императорского Русского географического общества. Вып.4. Оренбург, 98-117.

Демезон П.И.(1983) Записки о Бухарском ханстве. М.

Ефремов Ф.С.(1995) Странствование филиппа Ефремова в киргизской степи, Бухарии, Хиве, Персии, Тибете и Индии и возвращение его оттуда чрез Англию в Россию//Путешествия по Востоку в эпоху Екатерины II. М. http://www.vostlit.info/Texts/rus8/Efremov/frametext22.htm (검색일: 2021.10.30.)

Зенков П.М.(1962) Китайские чаи и маральи рога в Семиреченской области // Труды Императорского

Кузнецов В.С.(1962) Казахско-китайские торговые отношения в конце XVIII века // Турды института истори, археологии и этнографии им. Ч.Ч. Валиханова Академии наук казахской ССР т. 15, Алма-Ата, 138-145.

Мейендорф Е.К.(1975) Путешествие из Оренбурга в Бухару. М. http://www.vostlit.info/Texts/rus4/Meiendorf/text3.htm (검색일: 2021.10.11)

Небольсин П.И.(1855) Очерки торговли России с Средней Азией. СПб.

Пещерова Е.М.(1959) Гончарное производство Средней Азии. М.-Л.

Плоских В.М.(1977) Киргизы и Кокандское ханство. Фрунзе.

Посланник Петра I на Востоке: Посольство Флорио Беневени в Персию и Бухару в 1718-1725 гг.(1986) М.

Пушкин А.С.(1951) Полное собрание сочинений в 10-ти томах, т. 6, М.-Л.

Рассказ торговца Абросимова о поездке в Хиву. Материалы для статистки// Туркестансого края(1873). вып. 11, СПб., 353-377.

Рюи Гонзалесъ Де Клавихо() Дневник путешествия ко двору Тимура. СПб. http://ostrog.ucoz.ru/ist_doc_5/1_250.htm (검색일: 2021.10.15)

Субботина А.П.(1892) Чай и чайная торговля в России и других государствах: производство, потребление и распределение чая. СПб.

Тарих-и Бадахшан(1997) М.

Тургайская газета(1896) №80.

Турекестанские ведомости(1871), №16.

Хальмг тууль(1968). т. 2, Элиста.

Хальмг туульс(1972). т. 3, Элиста.

사진출처

사모바르
저작자: Luigi Chiesa

https://upload.wikimedia.org/wikipedia/commons/thumb/f/f3/Samovar.silver.jpg/484px-Samovar.silver.jpg

스비텐 장수
저작자:Николай Алексеевич Богатов

https://commons.wikimedia.org/wiki/File:%D0%9D%D0%B8%D0%BA%D0%BE%D0%BB%D0%B0%D0%B9_%D0%90%D0%BB%D0%B5%D0%BA%D1%81%D0%B5%D0%B5%D0%B2%D0%B8%D1%87_%D0%91%D0%BE%D0%B3%D0%B0%D1%82%D0%BE%D0%B2_%D0%A2%D0%B8%D0%BF%D1%8B_%D0%9C%D0%BE%D1%81%D0%BA%D0%B2%D1%8B._%D0%A1%D0%B1%D0%B8%D1%82%D0%B5%D0%BD%D1%8C%D1%89%D0%B8%D0%BA.jpg

왕실도자기 공장 생산 다구세트
저작자: Ал Силонов

https://commons.wikimedia.org/wiki/File:LFZ_chinaware_3.jpg

가드너 도자기 공장 생산 찻잔세트
저작자: Melee
https://commons.wikimedia.org/wiki/File:Chajnaja_para_fabriki_Gardnera.JPG

다과와 함께하는 차
저작자: Dobschuetz
https://upload.wikimedia.org/wikipedia/commons/thumb/4/47/Hayat-02.JPG/800px-Hayat-02.JPG

피알라
저작자: Екатерина Квелидзе
https://commons.wikimedia.org/wiki/File:Uzbek_tea_couple_with_traditional_coloration.jpg

코포르카 차
https://commons.wikimedia.org/wiki/File:Koporye_Tea.JPG

조지아 긴압차
저작자: TeaShop.by
https://upload.wikimedia.org/wikipedia/commons/8/81/%D0%9F%D1%80%D0%B5%D1%81%D1%81%D0%BE%D0%B2%D0%B0%D0%BD%D0%BD%D1%8B%D0%B9_%D0%B3%D1%80%D1%83%D0%B7%D0%B8%D0%BD%D1%81%D0%BA%D0%B8%D0%B9_%D1%87%D0%B0%D0%B9._%D0%93%D1%80%D1%83%D0%B7%D0%B8%D1%8F._%D0%90%D0%B4%D0%B6%D0%B0%D1%80%D0%B8%D1%8F.jpg

소치 라자레프스키 차밭
저작자: LxAndrew
https://commons.wikimedia.org/wiki/File:094_%D0%A7%D0%B0%D0%B9%D0%BD%D0%B0%D1%8F_%D0%BF%D0%BB%D0%B0%D0%BD%D1%82%D0%B0%D1%86%D0%B8%D1%8F.JPG

저자 약력

강판권

계명대학교 사학과 교수, 나무인문학자이자 생태사학자
논문 44편, 저서로는 어느 인문학자의 나무세기, 공자가 사랑한 나무 장자가 사랑한 나무(민음사 2003년 올해의 논픽션상 역사와문화 부문 우수상), 나무열전, 미술관에 사는 나무들, 역사와 문화로 읽는 나무사전(2011년 한국간행물윤리위원회 올해의 자작상), 선비가 사랑한 나무(2014년 세종도서 교양부문 선정), 나무철학(2019 제주시 올해의 책 선정), 세상을 바꾼 나무, 숲과 상상력(2019년 우수콘텐츠 제작지원사업 선정작), 나무예찬, 위대한 치유자 나무의 일생, 유네스코 세계문화유산 서원생태문화기행(2020 세종도서 학술부문 선정) 등 30권이 있다.
현재 교차로 연재(2010-현재), KBS 충주 라디오 생방송 충청은 지금-나무예찬 출연(2020.1-현재), 네이버 지식저술가 활동-강판권의 생태문화이야기(2022.2-현재).

윤중숙

계명대학교 일반대학원에서 차문화전공(중국·한국·일본 다서(茶書)에 나타난 차 효능 연구)으로 박사학위를 받았다. 차 고전 및 다서 등의 문헌과 현대 과학의 차 효능을 융합하는 연구를 진행하고 있으며, 설현(蕺賢)차문화연구원을 운영하고 있다. 현재 계명대학교와 계명문화대학교에서 다도·인성, 캡스톤 지도, 티테라피(Tea Therapy) 등을 강의하고 있다.

이재정

러시아 상트-페테르부르크 국립대학교에서 러시아 민속학을 수료하고, 러시아문학연구소에서 박사학위를 받았다. 지금은 계명대학교 실크로드중앙아시아연구원에서 연구교수로 근무하고 있다. 『동북아시아와 카라수크 문화』, 『카자흐스탄의 바위예술』, 『알타이스케치 2』, 『데데 코르쿠트의 서』 등의 번역서가 있으며, 『유라시아 신화여행』(2019년 세종도서 선정)을 공저로 펴냈다. 러시아와 중앙아시아의 민속과 문화, 종교에 관심을 가지고 연구 중이다.